기독교 복음의 핵심은
"448-5510"이다

기독교 복음의 핵심은 "448-5510"이다

손형식 지음

좋은땅

세 번째 책을 열면서!

　세 번째 책을 내면서 책의 제목을 무엇으로 할까 고민을 많이 했습니다. 결국은 제목을 《448-5510》으로 정했습니다. 무슨 군대 기밀 암호인가 하는 생각이 듭니다. 그렇습니다. 성경 전체를, 그리고 복음의 핵심을 숫자로 표현한다면 '448-5510'으로 할 수 있다는 것입니다.
　6.25 전쟁 이전, 어린 시절에 강원도 철원에서, 기막힌 하나님의 인도하심 속에서 남쪽으로 피난을 나온 이후, 어릴 적 주일학교 때부터, 교회 중심으로만 살아왔던 저에게 있어 오늘의 세상 모습은 너무나 혼란, 변질, 부패, 타락, 노아 홍수 직전 모습이 아닌가 하는 생각을 늘 확인하게 됩니다. 그러면서 하나님의 분노를 늘 되새김합니다!
　왜? 어찌하여 이렇게 되었는가? 그 원인이 어디에 있는 것일까! 성경에서 원인을 찾아냅니다! 바로 에스겔서 22장입니다!

> 　이 땅을 위하여 성을 쌓으며 성 무너진 데를 막아서서 나로 멸하지 못하게 할 사람을 내가 그 가운데서 찾다가 얻지 못한고로 내가 내 분으로 그 위에 쏟으며 내 진노의 불로 멸하여 그 행위대로 그 머리에 보응하였느니라 나 주 여호와의 말이니라(겔22:30~31)

저는 이 말씀에 큰 충격을 받았습니다.

네! 그렇습니다. 오직 예수의 복음의 성을 제가 쌓겠습니다! 오직 예수의 복음의 성을 쌓고, 더 이상 무너지지 못하게 막아내는 사명자로 삶을 드리겠습니다! 결단입니다! 왜 성이 무너졌는가? 에스겔 22장은 분명히 밝힙니다! 제사장들이, 선지자들이, 백성의 관리들이, 다 돈에, 물질에, 쾌락에, 권세에 빠져서 세상을 파멸로 빠뜨렸기 때문이다 라고 분노하고 계신 것입니다! 마귀의 공격에 다 무너진 것입니다! 이것이 그때의 모습이요, 오늘의 모습입니다. 이것을 회복시킬 파수꾼의 사명! 나팔수의 사명! 잃어버린 양을 찾아오는 목자의 사명을 '부족하지만 제가 해 보겠습니다'라고 기도하며 '오직 예수님만이 해답이시다'라고 설교하고 유튜브로 부르짖으며 오늘까지 왔습니다.

이것을 정리하여 《448-5510》 책을 출판하게 하셨습니다.

특별히, 저의 믿음의 의형제인 김현택 목사님(전 기무사 교장)께서 가족들까지 총동원하여 저의 부족한 졸저를 정리, 정돈, 보강해주어서 이 책이 나오게 된 것에 대해 깊은 감사를 드리면서 하나님께 영광을 돌려 드립니다! 모쪼록 이 책을 통하여 독자들께서 오직 예수의 복음에 굳게 서서 성령과 말씀이 충만한 천국 순례자로서 에스겔의 사명을 감당하시며 승리하시기를 기도합니다!

2025년 3월 미국 워싱턴 지역 버지니아에서
저자 손형식 목사

추천사

지금의 시대를 3무(無)의 시대라고 합니다.
무관심(無關心), 무감동(無感動), 무기력(無氣力)의 시대입니다.
이런 시대일수록 열정의 사람이 그립습니다.
에너지로 충만하고 이웃을 감동시키는 관심의 사람….
손형식 목사님은 그런 사람입니다.

저는 직접적으로 10년, 간접적으로 10년을 동역했습니다.
평신도 지도자로, 목회 동역자로 동역했습니다.
그래서 저는 그의 사역의 산증인입니다.
때로 저는 그의 열정에 끌려다니기도 했습니다.
그래도 싫어할 수 없는 묘한 매력의 사람입니다.

이제는 그도, 나도 사역의 무대를 결산할 시점입니다.
그러나 그의 열정은 아직도 식지 않았습니다.
그래서 아직도 나는 그의 열정에 끌리고 있습니다.
평범하지만 평범하지 않은 그의 일생은 열정의 모본(模本)입니다.

그런 의미에서 또 다른 도전과 감동의 교과서가 될 것입니다.

그의 평신도 사역에서 우리는 평신도 사역의 모범을,
그의 늦은 목회에서 오후 5시의 포도원 일꾼의 모범을,
그리고 그의 리더십에서 이웃 사랑의 전염성을,

무엇보다도 그의 복음의 열정에서 사도 바울의 귀감을,
식지 않는 예수 사랑에서 예수의 혼을 만나게 되옵기를….

이 책을 감동이 그리운 모든 이웃에게 추천합니다.

주후 2025년 정초
옛 동역자 이동원 목사(지구촌교회 원로목사)

추천사

존 파이퍼 목사는 '복음은 단순히 좋은 소식이 아니라
죽은 자를 살리는 생명의 능력이다'라고 했습니다.

오늘날 많은 사람들이 신앙과 복음의 본질을 잊고 살아갑니다.
복음은 단순한 교리나 이론이 아닙니다.
복음은 생명을 살리고, 영원을 결정하는 능력입니다.

손형식 목사님!!

제가 만난 손형식 목사님은
뜨거운 심장과 타오르는 복음의 불꽃으로 평생을
'예수천당 불신지옥'을 외쳐온 이 시대 작은 예수입니다!

세상을 살리는 유일한 해답은 오직 예수 그리스도시라며
광야에서 외치는 소리, 이 시대 세례 요한입니다!

세상을 가슴에 품고 예수님의 눈물로 탄식하시며
죽어가는 영혼들을 깨우는 이 시대 복음의 나팔소리입니다.

이 책은 단순한 신앙 서적이 아닙니다.

이 책을 통해 복음의 비밀과 영광을 보게 될 것입니다!
이 책을 통해 낙원세계, 부활세계, 영원세계를 보게 될 것입니다!
이 책을 통해 말구유, 십자가, 부활, 감람산의 표적을 보게 될 것입니다!

이 책을 통해 영적 세계의 놀라운 비밀과 영광을 알게 될 것입니다!
이 책을 통해 영안이 열리고, 가슴이 뜨거워질 것입니다!
이 책을 통해 죽었던 소망과 생명이 살아날 것입니다!

이 책을
복음의 다이돌핀을 경험하고 싶으신 분들께 강력 추천합니다.
복음의 비밀과 능력과 자유를 경험하고 싶은 분들께 추천합니다.
복음에 붙잡힌 모든 목회자님들과 사명자들께 추천하고 싶습니다.
삶의 문제로 낙심하고, 신앙에 회의를 가진 분들께 추천합니다.

2025년 2월 서울에서
김현택 목사(육군 MCF 지도목사, 전 국군기무학교 교장)

목 차

세 번째 책을 열면서!   4
추천사   6

제1부 창조 · 타락 · 죄 · 저주 · 사망 · 심판 · 구원

01   신앙과 신학의 핵심은 《448-5510》에 있다   14
02   기독교만이 가지는 '8721' 탁월성   31
03   신앙! 신학! 성화! 사명! 4가지 영적 뼈대가 든든해야!   40
04   모리아산! 갈보리산! 변화산! 감람산! 4개 산을 통한 복음   51
05   스티븐 호킹의 망언! 진리가 무엇? 내 눈에 눈물이 있어야!   61
06   구약과 신약, 성경 66권 전체를 5절로 요약하면!   70
07   성탄의 사건! 문득의 사건! 하나님의 사건! 나에 대한 사건!   77
08   세상의 혼란과 파멸을 살릴 해답은 오직 복음뿐!   82

제2부 임박한 종말 · 재림 · 예수천당 불신지옥

01   하나님은 사랑이신가? 잔인하신가? 복음은 무엇인가?   96
02   생명보험! 영생보험! 천국보험! 예수천당! 불신지옥!   103
03   복음이 우상에 밀리면! 인생 망치고 나라 망친다!   114
04   세상 악에 빠진 총독 벨릭스, 신령한 백부장 고넬료! 나는?   123
05   헤밍웨이, 마릴린 먼로의 자살! 유럽의 파멸! 해답은?   132
06   오길남 박사의 통곡, 도올의 궤변을 따라가면 안 된다!   143
07   분변하고 분별해야! 유대교, 개신교, 천주교, 무슬림   151
08   빌라도의 재판, 엉터리 재판! 예수님은 죽고, 나는 살았다!   158
09   아! 이 사람이구나, 억울하다. 분하다. 원망스럽다!   163

제3부 부득불 사명 · 시대분별 · 만민구원

01	네 손에 든 것이 무엇이냐? 지팡이, 그것을 던져라!	174
02	가장 가치 있고 보람 있는 삶은 무엇인가? 성직의 직분!	181
03	예언자로, 구원자로, 보호자로, 위로자로, 신이 된 자로!	190
04	히말라야 산을 올라갈까, 내려갈까? 나의 값은 얼마인가?	200
05	복음의 다이돌핀으로 세상을 살려야 한다!	209
06	요단강 건너, 한강 건너, 낙동강 건너, 영생의 강을 건너	218
07	교회는 많고 가야 하는데, 갈 교회가 없어요! 왜요?	222
08	할 수 있다! 하면 된다! 해 주신다! 절대 믿음과 기도	232
09	과거, 현재, 미래, 나는 무엇을 붙잡고 어떻게 사는가?	244

제4부 부활 · 천년왕국 · 새 하늘 · 새 땅 · 하나님 나라

01	성도들이 가져야 할 5가지 확신(구원, 부활, 재림, 천국, 사명)	256
02	고행인가, 쾌락인가, 철학인가, 복음인가, 부활이다!	262
03	사슴 피로 목욕하는 푸틴! 예수님 피로 영생하는 복음!	272
04	하나님 나라, 지상세계, 낙원세계, 부활세계, 영원세계	280
05	천국은 진짜 있는가, 어떤 나라인가, 보여 달라!	289
06	성경대로 파니 석유가 나왔다! 성경대로 파면 영생이 나온다!	298
07	변화산으로 올라가서, 새 하늘과 새 땅을 바라보자!	311
08	주여! 내 눈을 여소서! 보았다! 알았다! 잡았다! 드린다!	318

제1부

창조 · 타락 · 죄 · 저주 · 사망 · 심판 · 구원

01 신앙과 신학의 핵심은 《448-5510》에 있다

◆ **첫째 '4'란 무엇인가?** ☞ **4대 믿음**

* 4대 믿음 : 구원의 믿음. 창조의 믿음. 승리의 믿음. 재림의 믿음.

◆ **둘째 '4' 무엇인가?** ☞ **4대 표적**

* 말구유의 표적! 십자가의 표적! 부활의 표적! 변화산의 표적(천국의 표적)!

◆ **셋째 '8'이란 무엇인가?** ☞ **8가지 믿음**

1. 하나님의 살아계심을 믿음!
2. 하나님의 전능하심을 믿음!
3. 하나님께서 예수님을 구주와 주님으로 믿는 나에게 죄 사함과 영원한 천국, 영생 주심을 믿음!
4. 하나님이 나와 항상 함께 계심을 믿음!
5. 하나님이 나의 기도를 응답해 주심을 믿음!
6. 하나님이 어떠한 상황에서도 믿음으로 나아가면 승리를 주심을 믿음!
7. 하나님이 심은 대로 거두게 해 주신다는 것을 믿음!
8. 예수님 부활! 나도 부활을 믿음!
   (죽음! 육체와 영혼-분리! 신자/낙원-불신자/음부, 재림/영혼을 데리고 오심. 몸의 회복)(사26:19. 요5:38. 단12:2.-DNA불멸의 법칙. 원자불멸의 법칙. 회복된 육체와 영혼의 재결합-부활체!)

◆ **넷째 '5'란 무엇인가?** ☞ **사도 바울의 다메섹 사건의 5가지**

1. 예수님은 메시아시오, 유일하신 구원자이시다!
2. 부활이 참으로 있다!
3. 하나님 나라, 천국이 있다!

4. 예수를 믿는 사람들을 죽이려던 나를 택하시고 구원하신 것은 하나님의 은혜다!

5. 나도 사람들을 예수 믿어 구원받게 해야 하는 부득불의 사명!

◆ **다섯째 '5'란 무엇인가?** ☞ **신, 구약 성경 66권 전체를 요약하면 5절이다**

1. 창3:15. 여인의 후손으로 구원!
2. 시2:7. 너는 내 아들이라 오늘날 내가 너를 낳았도다!(형상의 개념, 사역의 개념, 능력의 개념)
3. 시110:1. 여호와께서 내 주에게 말씀하시기를 내가 네 원수로 네 발등상되게 하기까지 너는 내 우편에 앉으라 하셨도다.
4. 시110:4. 여호와는 맹세하고 변치 아니하시리라 이르시기를 너는 멜기세덱의 반차를 좇아 영원한 제사장이라 하셨도다.
5. 벧후3:10~13. 그러나 주의 날이 도적 같이 오리니 그날에는 하늘이 큰 소리로 떠나가고 체질이 뜨거운 불에 풀어지고 땅과 그중에 있는 모든 일이 드러나리로다(11) 이 모든 것이 이렇게 풀어지리니 너희가 어떠한 사람이 되어야 마땅하뇨 거룩한 행실과 경건함으로(12) 하나님의 날이 임하기를 바라보고 간절히 사모하라 그날에 하늘이 불에 타서 풀어지고 체질이 뜨거운 불에 녹아지려니와(13) 우리는 그의 약속대로 의의 거하는 바 새 하늘과 새 땅을 바라보도다.

◆ **여섯째 '10'이란 무엇인가?** ☞ **임박한 재림의 10가지(이전과 이후가 다르다)**

1. 이스라엘 독립 이전과 이후!
2. 핵무기 이전 이후가 다름!
3. 컴퓨터 이전과 이후가 다름!
4. 왕래가 빨라지고 지식이 더해지기 이전과 이후 다름!
5. 다니엘의 금신상의 발가락 시대!
6. 부시 이전과 이후 다름!
7. 오바마-바이든 이전과 이후 다름!
8. 트럼프 이전 이후 다름!
9. 복음이 땅끝까지-믿는 자를 보겠느냐!
10. 기후의 변화, 지진, 화재, 가뭄 등 지구의 이상!

우리가 공부할 때 중요한 공식은 외워야 합니다. 공식을 외우지 않으면 시험 때 문제를 풀 수가 없습니다. 마찬가지로 우리가 교회 직분자라면 반드시 암송해야 할 것이 있습니다. 그것은 신앙과 신학의 핵심입니다. 설교를 100번 들어도 흘려버립니다. 저는 우리 신앙과 신학의 핵심은 《448-5510》에 있다고 생각합니다. 그래서 이것을 암송하고 무장해야 한다고 생각합니다.

저는 고등학교를 미션 스쿨인 대광고등학교를 다녔습니다. 대광고등학교에는 커다란 굴뚝이 있었습니다. 한경직 목사님이 이사장이셨는데, 그분의 주도 아래 굴뚝에 '그리스도를 바라봐라! 예수 그리스도를 바라보자!'라고 크게 써 붙였습니다. 그러니까 누구든지 안 보려야 안 볼 수가 없고, 무조건 봐야 했습니다. 그런데, 그것이 제 인생에 영향력을 주었습니다. 그 감격이 저에게 있습니다. 예수 그리스도를 바라보면, 개인이 살고, 가정이 살고, 민족이 살고, 나라가 삽니다. 우리 원래 인간은 하나님께서 교제의 대상으로 우리 인간을 창조하셨습니다. 그래서 우리 속에 하나님의 신(神)이 들어와 계십니다. 그러므로 인간은 영적인 존재입니다. 원숭이들이 모여서 예배드리는 것 보았습니까? 절대 있을 수 없는 일입니다.

우리 인간들은 어디든지 신(神)을 찾는 본능이 있습니다. 하나님의 신이 우리 속에 들어와 있기 때문입니다. 우리 인간은 영생하는 존재입니다. 잠깐 살다가 죽으면 없어지는 게 아니라 영생하는 존재이고 그렇게 창조하셨습니다. 그리고 인간에게 자유 의지를 주셨습니다. 이 자유 의지를 가지고 마귀를 따라갈 것이냐? 하나님을 따라갈 것이냐? 어느 쪽을 따라갈 것이냐를 결정해야 합니다. 오늘 우리가 살고 있는 이 세상은 전쟁터입니다. 정치, 돈, 권세, 마약, 동성애 같은 것들로 엉망진창입니다. 지금 지구라는 배가 침몰하고 있는 현상이 오늘의 모습 아닌가요? 해답은 무엇입니까? 그것은 '믿음의 주요, 온전케 하신 예수 그리스도를 바라보라'라는 말씀이 해답입니다. 예수님을 바라보면 예수님이 답을 주십니다. 거기에 집중하면 예수님이 우리를 바로잡아 주시고, 회복시켜 주시고, 고쳐 주시고, 치료해 주시고, 살려주십니다. 어떻게? 예수님의 복음을 통해서입니다. 복음은 무엇입니까? 하나님과의 관계 회복입니다. 우리가 예수 믿는다고 하지만 무엇을 믿느냐 물으면 정확히 대답하지 못하는 사람들이 많습니다. 우리가 믿는 것에는 신앙과 신학이 있는데, 신앙과 신학의 핵심은 《448-5510》에 있다고 생각합니다.

저는 음악 사역자로 오래 있었습니다. 34년을 지휘자로 있었습니다. 평범한 보통 지휘자도 아닌 헨델, 메시아, 할렐루야 전문 지휘자였습니다. 그리고 하이든의 천지창조는 지금도 다 외우고 있고, 멘델손의 엘리야, 드보아의 가상칠언 곡 등을 주로 많이 했는데, 음악이 저의 신앙을 활성화시켰다고 생각합니다. 과분하게도 카네기홀까지 갔고, 1990년 크리스마스 날에는 NBC 방송에서 내가 지휘하는 헨델 메시아를 1시간 반 동안 방영하기도 했습니다. 그 당시 음악 사역을 했지만,

음악만 한 것이 아니라 성가대원들에게 계속해서 복음의 의미를 병행해서 확신시켜주는 노력을 했습니다. 메시아를 통해서 구원의 신앙, 하이든 천지창조를 통해서 창조의 신앙, 멘델손을 통해서 승리의 신앙, 드보아를 통해서 주님이 은혜로 회복과 재림하신다는 은혜와 재림의 신앙을 강조했습니다. 음악 사역과 성경 사역을 같이 했던 것입니다. 이런 과정은 나 자신에게도 훈련이 됐습니다. 그런데 언젠가 성가대원 중 핵심 멤버 한 사람이 안 보여서 물어보았더니 그분이 불당에 갔다는 것입니다. 또 어느 성가대원 중 한 사람은 3개월 정도 안 보이다가 어느 날 만나자고 해서 맥도날드에서 만났는데, 나에게 성경책을 가지고 오라고 해서 갔습니다. 알고 보니 3개월 동안에 여호와의 증인에 빠졌던 것을 만나고 나서 알았습니다. 나를 따르는 분 중에는 박사학위 공부하는 분이 계셨었습니다. 한동안 보이지 않아서 알아보니까 천주교 여성과 결혼해서 천주교로 갔다는 것이었습니다. 이런 일들을 경험하면서 왜 이런 일들이 일어나는 것일까 고민을 많이 했습니다. 결국 이런 일들은 기초가 잡히질 않아서 생기는 것이라는 결론에 이르렀습니다. 오랫동안 복음 사역을 한 후 은퇴하신 분이 계셨는데, 교인들이 다른 종교에도 구원이 있느냐, 없느냐는 문제를 가지고 논쟁이 붙었습니다. 그런데 은퇴하신 그분에게 가서 물어봤더니 그분이 하는 말이 '그것이나 저것이나 다 똑같다'라고 하더라는 것입니다.

12년 전에 부산에서 WCC가 있었습니다. 그때 무당을 데려다가 굿을 하는 어처구니없는 일이 있었는데, 도대체 어떻게 이럴 수가 있느냐는 것입니다. 왜 이런 일이 생길까? 그것은 기초가 안 돼 있기 때문이라고 생각합니다.

고 이병철 삼성 회장이 78세 때 폐암 선고를 받아 의사에게 2달 정도밖에 남았다는 선고를 받고, 너무 답답하니까 "정말 천국과 지옥이 있느냐?" "내세가 있느냐?" "예수만 믿어야 천국 가느냐?" "어떻게 믿는 것이냐?" "지구에 종말이 정말로 오느냐?"는 등의 24개 질문을 했습니다.

《삼성 이병철 회장 임종 전 24개 질문》

1. 신(神)의 존재를 어떻게 증명할 수 있나? 신은 왜 자신의 존재를 똑똑히 드러내 보이지 않는가?
2. 신은 우주 만물의 창조주라는데, 무엇으로 증명할 수 있는가?
3. 생물학자들은 인간도 오랜 진화 과정의 산물이라고 하는데, 신의 인간 창조와 어떻게 다른가? 인간이나 생물도 진화의 산물 아닌가?
4. 언젠가 생명의 합성, 무병장수의 시대도 가능할 것 같다. 이처럼 과학이 끝없이 발달하면 신의 존재도 부인되는 것이 아닌가?
5. 신이 인간을 사랑했다면 왜 고통과 불행과 죽음을 주었는가?
6. 신은 왜 스탈린이나 히틀러 같은 악인을 만들었나?
7. 예수는 우리의 죄를 대신 속죄(贖罪)하기 위해 죽었다는데, 우리의 죄란 무엇인가? 왜 우리로 하여금 죄를 짓게 내버려 두었는가?
8. 《성경(聖經)》은 어떻게 만들어졌는가? 그것이 하느님의 말씀이라는 것을 어떻게 증명할 것인가?
9. 종교란 무엇인가? 왜 인간에게 필요한가?
10. 영혼이란 무엇인가?
11. 종교의 종류와 특징은 무엇인가? 기독교, 유대교, 불교, 회교, 유교, 도교.
12. 천주교를 믿지 않고는 천국에 갈 수 없는가? 무종교인, 무신론자(無神論者), 타 종교인들 중에도 착한 사람이 많은데, 이들은 죽어서 어디로 가는가?

> 13. 종교의 목적은 모두 착하게 사는 것인데, 왜 천주교만 제일이고 다른 종교는 이단시하나?
> 14. 인간이 죽은 후에 영혼은 죽지 않고, 천국이나 지옥으로 간다는 것을 어떻게 믿을 수 있나?
> 15. 신앙이 없어도 부귀를 누리고, 악인(惡人) 중에도 부귀와 안락을 누리는 사람이 많은데 신의 교훈은 무엇인가?
> 16. 《성경》은 부자가 천국 가는 것을 약대(낙타)가 바늘구멍에 들어가는 것에 비유했는데, 부자는 악인이란 말인가?
> 17. 이탈리아 같은 나라는 국민의 99%가 천주교도인데, 사회 혼란과 범죄가 왜 그리 많으며 왜 세계의 모범국이 되지 못하는가?
> 18. 신앙인은 때때로 광인처럼 되는데, 공산당원이 공산주의에 미치는 것과 어떻게 다른가?
> 19. 천주교와 공산주의는 상극(相剋)이라고 하는데, 천주교도가 많은 나라들이 왜 공산국이 되었나?
> 20. 우리나라는 두 집 건너 교회가 있고 신자도 많은데, 사회 범죄와 시련이 왜 그리 많은가?
> 21. 로마 교황의 결정엔 잘못이 없다는데, 그도 사람인데 어떻게 그런 독선이 가능한가?
> 22. 신부(수녀)는 어떤 사람인가, 왜 독신인가?
> 23. 천주교의 어떤 단체는 기업주를 착취자로 근로자를 착취당하는 자로 단정, 기업의 분열과 파괴를 조장하는데, 자본주의 체제와 미덕을 부인하는 것인가?
> 24. 지구의 종말은 오는가?

이 질문서를 천주교 높은 분한테 줬는데 답변을 주지 못했습니다. 그때 답변을 제대로 주어서 그 대답대로 예수를 믿고 구원받고 갔으면 삼성 재벌이 기독교 재벌이 될 뻔했는데, 대답을 못 줬습니다. 그리고 24년이 흐른 이후 차동엽 신부가 그 대답을 그때서야 했습니다. 그런데, 내가 보니까 차 신부가 준 대답은 복음이 아니었습니다.

그래서 내가 기독교 대표로 대답을 했습니다. 고 이병철 회장의 질문과 답변하는 과정을 통해서 여러 가지 아쉬움들이 너무 너무 많았습니다. 그것은 확실한 기반이 없기 때문이어서 내가 강권적으로 신앙의 핵심에 대해 강조하는 것입니다.

떡 5개와 물고기 2마리로 2만 명이 먹고 열두 바구니가 남은 것에 대해 어떻게 된 것이냐고 물었더니 어느 추기경이 말하기를, 소년이 자기 도시락을 내놓고 먹는 걸 보고 각자 자기 도시락 꺼내 먹었다고 했답니다. 어떻게 이럴 수가 있어요? 우리가 무엇을 믿고, 어떻게 믿고 어떻게 살고 있느냐? 늘 확인해야 합니다.

빌라도가 예수님을 재판하면서 묻습니다. "네가 왕이냐?" 이에 예수님께서 "그렇다. 내가 왕이다. 내 나라는 이 세상에 속한 나라가 아니다"라고 하니까, 빌라도는 못 알아들어요. 이에 예수님이 "진리에 속한 자들은 내 말을 알아듣는다"라고 말씀하셨습니다.

나는 교회를 오래 다니고, 신앙생활을 오래 하고, 목사다, 장로다, 권사다, 직분자다 하면서도 예수님의 말을 알아듣지 못한다는 말입니다. 나는 진리에 속한 자로, 진짜 신앙을 가지고 있느냐? 진짜를 진짜로 믿고 있느냐? 우리 각자는 점검해야 합니다.

저는 기독교 복음의 핵심은 《448-5510》에 있다고 생각합니다. 《448-5510》 중 첫째 4대 믿음으로 4가지 믿음이 필요합니다.

제1부 창조·타락·죄·저주·사망·심판·구원

4대 믿음은 구원의 믿음, 창조의 믿음, 승리의 믿음, 재림의 믿음인데, 이 4가지 믿음은 믿는 표적이 있어야 합니다. 왜 예수만 믿어야 되느냐? 왜 다른 종교는 안 되느냐? 왜 부처님을 따라가면 안 되느냐? 왜 소크라테스를 따라가면 안 되느냐? 공자 따라가면 안 되느냐? 그것은 표적이 있었습니다. 그것은 말구유의 표적, 십자가의 표적, 부활의 표적, 변화산의 표적이며, 이 변화산은 천국의 표적을 말합니다.

예수님이 이 땅에 처녀의 몸을 빌려 베들레헴 말구유에서 나셨습니다. '천사들이 가서 말구유에 놓인 아기를 보리니' 이것이 확실한 대답입니다. 그 다음에 예수님이 십자가에 죽으신 후 3일 만에 부활하셨습니다. 그리고 변화산에 올라가서 모세와 엘리야가 나타났습니다. 죽은 성도들이 같이 사는 것입니다. 변화산의 사건은 가장 신비한 사건입니다. 천국을 보여주는 것입니다. 1,500년 전의 성도, 750년 전의 성도, 베드로와 요한과 야고보가 같이 만나서 같이 영광을 누리는 그것을 보여주는 것이 변화산이며, 그것이 우리에 있다는 것입니다.

다음으로 '8'은 무엇인가?

첫째, 하나님의 살아계심을 믿습니다. 두 번째, 하나님의 전능하심을 믿습니다. 세 번째, 예수님을 믿는 나에게 죄 사함과 영생을 주신 것을 믿습니다. 네 번째는 성령님이 항상 나와 함께 계심을 믿습니다. 다섯 번째, 믿음으로 기도하면 응답을 주신다는 것을 믿습니다. 여섯 번째, 믿음으로 나아가면 승리를 주신다는 것을 믿습니다.

일곱 번째, 심은 대로 거두게 해 주시는 것을 믿습니다. 여덟 번째,

예수님이 부활하신 것처럼 나도 부활할 것을 믿습니다. 교회에 오래 다닌 사람도, 권사님도, 장로님도 기도하시는 것 보면 세상 얘기로 가득하고, 신앙의 확신은 없습니다. 조금 부담스럽지만, 목사님들도 '부활', '예수천당 불신지옥' 이런 얘기 안 합니다. 언제부터인지 목사들의 설교에 지옥이라는 말이 없어졌습니다. 그렇다면 예수 믿을 필요가 없지 않은가? 지옥이 없는데 왜 예수 믿습니까? 지옥이 없다면 나도 안 믿을 것입니다. 천국이 없다면 나도 안 믿습니다.

우리는 언젠가 반드시 죽습니다. 죽으면 육체와 영원히 분리되는 것입니다. 그래서 죽는 순간 몸에서 영혼이 빠져 나와 믿은 사람의 영혼은 낙원으로 들어가고, 믿지 않는 사람의 영혼은 음부로 빠지는 것입니다. 분리가 되는 것입니다. 그래서 낙원의 세계, 음부의 세계, 지상의 세계로 갈라진다는 것입니다. 확실히 알아야 합니다. 또한 복음이 땅끝까지 전파되고, 때가 되면 주님이 재림하십니다. 그때 낙원에 가 있는 영혼을 데리고 오시고, 땅속에 묻혀있는 시체들이 다 썩어서 없어진 것 같지만, 원자(DNA)는 그대로 남아 있습니다.

과학자들은 '원자론'에서 원자는 변하지 않는다고 했습니다. 몸속에 있든지 밖에 있든지 인간이 자라고 죽고, 꽃이 피고 지든지, 원자에게는 인간의 죽음이 특별할 것이 없다고요. 죽음 후 핏속의 철 원자는 여전히 철 원자이고, 뼛속의 칼슘 원자는 여전히 칼슘 원자이며, 원자는 불멸의 존재라고 말했습니다.

겨울에 초목이 없어진 것 같지만 봄에 싹이 나오지 않습니까? 마찬가지로 무덤에서 다 썩어 없어진 것 같아도 DNA는 살아있습니다. 원자

불멸의 원칙에 의해서 몸으로 다시 회복시킵니다. 하나님의 능력으로 끌어 올려 낙원에 가 있던 영혼을 데리고 오시는데, 이것을 '부활체'라고 하는 것입니다. 재결합을 해서 부활체로 다시 살아나는 것입니다.

봄에 생물들이 다시 살아나는 것처럼 그래서 천년왕국, 새 하늘과 새 땅에서 영원히 영생하는 것입니다. 이것이 성경의 말씀이고 우리에게 주신 영원한 보장입니다. 무슨 손오공 얘기처럼 생각하면 안 됩니다. 우리가 확실하게 믿고, 확실하게 알고, 신앙생활을 그냥 대충 하려고 하지 말아야 합니다. 목숨 걸고 믿어야 합니다.

주기철 목사님이 일본 군인들에게 붙잡혀서 그렇게 고문을 하고 예수 믿는 것을 포기하라고 해도 '생각건대 현재의 고난은 장차 우리에게 나타날 영광과 족히 비교할 수 없도다'를 외치면서 "나 죽여라" 그러면서 순교했던 것입니다. 솔직히 그런 경우 나도 배반할까 겁이 나는 것이 사실입니다. 그러나 그런 상황이 되면 하나님께서 우리에게 능력을 주실 줄로 믿습니다.

다메섹 도상에서 사도 바울은 예수 믿는 사람은 다 죽이려고 했습니다. 현재 시리아와 이스라엘 간 전쟁이 진행되고 있는 바로 그 지역입니다. 그때 예수님이 나타나셔서 사울에게 말했습니다. "사울아! 사울아! 네가 나를 왜 핍박하느냐? 네가 핍박하는 예수다"라고 말씀하셨습니다. 이 사건을 통해 바울은 깨달았습니다. '예수님이 메시아구나! 예수님이 부활하셨구나! 천국이 있구나! 예수 믿는 사람을 잡아 죽이려고 했는데도 구원을 해 준 은혜다! 그래서 만민구원의 사명을 감당해야겠다'라는 것을 깨닫게 된 것입니다. 결국 바울은 이것을 확신하고 그 사명을 위해 로마로 가서 성경을 다 기록하고 목이 잘려 순교했던 것입니다.

또한, 성경 66권을 핵심 구절을 뽑으면 5개 절로 요약할 수가 있습니다. 이 내용만 정확히 알고 확실히 믿으면 대단한 일입니다.

첫째는 뱀의 꾀임을 받아 선악과를 따 먹고 인간이 타락했을 때 여인의 후손을 통해서 구원을 주시겠다고 약속하셨는데, 바로 창세기 3장 15절, '내가 너로 여자와 원수가 되게 하고 네 후손도 여자의 후손과 원수가 되게 하리니 여자의 후손은 네 머리를 상하게 할 것이요 너는 그의 발꿈치를 상하게 할 것이니라'라는 말씀입니다.

두 번째는 시편 2편 7절, '여호와께서 내게 이르시되 너는 내 아들이라 오늘 내가 너를 낳았도다'라는 말씀입니다. 여기서 '너'가 누구인가? 오늘날 내가 처녀의 몸을 빌려서 너를 낳았다는 말이고, 낳았다는 개념은 엄마와 아빠가 생식의 개념으로 애기를 낳았다는 뜻이 아닙니다. 하나님께서 전능하신 능력으로 처녀 마리아의 몸을 빌려 잉태해서 아기를 낳았다는 말입니다. 그래서 하나님이 인간의 형상을 입고 이 땅에 오셨다는 것입니다. 그래서 십자가에서 죽으시고 부활해서 3일 만에 부활하셨습니다.

다시 설명하면 형상의 개념으로써 인간의 형상을 입었다는 것이고, 사역의 개념으로써 십자가에서 죽고 부활하셨으며, 구원의 개념을 완성해서 사역을 완성하셨습니다. 또한, 능력의 개념으로 부활하셔서 하나님의 아들로 인정되셨습니다.

세 번째는 시편 110편 1절, '여호와께서 내 주에게 말씀하시기를 내가 네 원수들로 네 발판이 되게 하기까지 너는 내 오른쪽에 앉아 있으라 하셨도다'입니다. 예수님 지금 어디 계십니까? 십자가에서 죽으시고 부활하셔서 하나님 우편에 앉아 계십니다. 그런데 왜 그렇게 했어야 되는가? 마귀 때문이며, 마귀가 인간을 망쳤기 때문에 예수님이 이 땅에 오실 수밖에 없었던 것입니다. 예수님이 마귀를 짓밟을 때가 반드시 오는데, 그때가 재림의 때입니다.

넷째는 시편 110편 4절, '여호와는 맹세하고 변하지 아니하시리라 이르시기를 너는 멜기세덱의 서열을 따라 영원한 제사장이라 하셨도다'라는 말씀입니다. 예수님이 십자가에서 제사를 완성하셨습니다. 사실 예수님은 제사장 자격이 없었습니다. 왜냐하면 제사장의 자격이 되려면 레위지파가 되어야 하는데 예수님은 유다지파였었습니다. 그래서 "어떻게 예수님이 제사장이 되느냐? 그것은 말이 안 된다는 것이다"라고 따지는 사람이 있습니다. 그런데 히브리서는 멜기세덱의 계열을 통한 제사장이라고 가르치고 있습니다. 멜기세덱이 누구냐면 아브라함의 제사장입니다. 아브라함의 계열로 통해서 예수님이 제사장이라는 임명을 받았다는 사실입니다. 그렇기 때문에 예수님이 제사장으로 이 땅에 오셔서 제사를 완성하신 것입니다. 십자가 제사를 완성하신 것입니다.

다섯 번째, 베드로후서 3장 10절 말씀입니다. '그러나 주의 날이 도둑 같이 오리니 그날에는 하늘이 큰 소리로 떠나가고 물질이 뜨거운 불에 풀어지고 땅과 그중에 있는 모든 일이 드러나리로다.' 11절에서 13절을 보면 '이 모든 것이 이렇게 풀어지리니 너희가 어떠한 사람이 되어야 마땅하냐 거룩한 행실과 경건함으로 하나님의 날이 임하기를 바라보고 간절히 사모하라 그날에 하늘이 불에 타서 풀어지고 물질이 뜨거운 불에 녹아지려니와 우리는 그의 약속대로 의가 있는 곳인 새 하늘과 새 땅을 바라보도다'라는 말씀이 나옵니다. 주님이 재림하시면 주님과 결혼 생활을 하는 것입니다.

우리가 주님과 결혼을 해서 영광을 누리는 영원한 나라가 우리에게 있는 것입니다. 이런 말씀에 흥분이 안 되면 곤란합니다. 그때가 언제냐? 지금 임박했습니다. 최근에 일어나고 있는 이란, 이라크, 시리아, 레바논, 터키, 러시아, 중국이 결국은 한패가 되어가고 있고, 반면에 이스라엘, 미국, 유럽이 한패가 되고 있습니다. 그것이 마지막 전쟁입니다. 무서운 얘기입니다. 지금 그렇게 가고 있습니다. 성경이 말하고 있는 아마겟돈 전쟁입니다. 성경이 말한 성경의 역사는 그대로 이루어지고 있습니다. 그러면 우리는 어떻게 해야 하는가? 준비된 자로 살면 그날이 우리의 승리의 날이며, 주님과 결혼하는 날입니다.

다음은 임박한 재림의 징조 10가지입니다.

첫째, 이스라엘의 회복 이전과 이후가 다릅니다. 이스라엘이 독립한 1948년에 5월 14일, 종말의 무대가 시작되었습니다.

둘째, 핵무기가 나오기 이전과 이후가 다릅니다. 노아 홍수는 물 심판이고 핵무기는 불 심판입니다.

셋째, 컴퓨터 이전과 이후가 다릅니다. 컴퓨터로 바벨탑을 쌓고 하나님을 대적합니다.

넷째, 지식과 왕래가 빨라집니다. 다니엘서 12장 4절에 보면 과거에 이런 때가 없었습니다.

다섯째, 다니엘서 금신상의 발가락 시대입니다. 흙과 철이 같이 있지만 섞이질 않는 듯이 코스트코에 가 보면 알 수 있습니다. 그곳에 가 보면 각종 인종들이 다 섞여 있는데, 다 따로 살면서 섞이지 않습니다. 이것이 오늘의 모습입니다.

여섯째, 부시 대통령 이전과 이후가 다릅니다. 부시 대통령 때 무엇이 있었습니까? 9.11 테러가 있었습니다. 이 사건 이후 소위 '찍찍의 시대'가 시작되었습니다. 과학이 발달해서 비행기를 타려면 '찍' 하면, 누가 어디 살고, 누구인가를 다 알 수가 있습니다. 물건 살 때도 마찬가지입니다. 그것이 666 시대입니다. 결국은 666 시대로 가고 있다는 사실입니다.

일곱째, 오바마 대통령 이전과 이후가 다릅니다. 오바마 대통령 때 무슨 일이 있었습니까? 동성연애를 합법화시켰습니다. 그리고 바이든이 부통령일 때 이것을 적극지지해서 동성연애를 합법화시킨 것입니다. 이것은 소돔과 고모라를 멸망시킨 것처럼 가증한 짓입니다. 하나님의 창조의 원리를 파괴하는 동성연애가 이루어지고 있다는 현실입니다. 어떤 목사들은 "사랑으로 받아 줘야 된다"라고 말하기도 하는데, 사랑의 이름으로 죄를 덮어줄 수는 없습니다.

여덟째, 트럼프 대통령 이전과 이후가 다릅니다. 트럼프 대통령 이전에는 이스라엘의 수도가 텔라비브였습니다. 그런데 트럼프가 등장해서 이스라엘 수도를 예루살렘으로 바꿨습니다. 이 말은 예루살렘이 세계의 중심이며, 신앙의 중심이 되었다는 것입니다. 예수님이 예루살렘의 감람산에서 승천하셨는데, 감람산으로 재림하셔야 됩니다. 이것은 엄청나게 중요한 사건입니다. 솔로몬의 성전을 회복하겠다는 것이 유대인들의 소망이고 그것이 이루어지면 대적들이 결코 가만히 있지 않게 될 것인데, 결국은 세계 대전으로 인해 인류 역사가 끝난다는 것을 볼 수가 있을 것입니다.

아홉째, 복음이 땅끝까지 전파되나 그러나 말세에 믿는 자를 보겠느냐는 말씀처럼 복음이 땅까지 전파되지만 사람들이 믿지 않고 받아들이지 않습니다.

열 번째, 각처의 지진, 재난, 온난화, 지각의 변동, 각종 전염병 등이 일어납니다.

결론적으로, 신학과 신앙의 핵심이 무엇이냐? 《448-5510》입니다. 이 세상이 죄와 악으로 가득 차 있습니다. 주님이 재림하실 때가 아주 아주 임박했고, 점점 파멸로 가고 있습니다. 하나님은 하루를 천년 같이, 천년을 하루 같이 기다리고 계십니다. 우리 성도들이 돌아올 때를 기다리고 계십니다. 실례로 한국을 보십시오. 미국을 보십시오. 자유주의, 인본주의로 가득 차 있습니다. 북한을 보십시오. 왜 이렇게 무너졌느냐? 그것은 기준이 무너져서 그렇습니다.

우리의 죄 때문에 예수님이 십자가를 지셨습니다. 이것이 복음입니다. 《448-5510》, 이것을 딱 붙잡고 흔들리지 말아야 됩니다. 그냥 교회 다니면서 10년 다녔다, 20년 다녔다, 나 목사다, 나 장로다, 집사다, 권사다 하는 것으로 천국 가는 것 아닙니다. 예수 바르게 믿어야 됩니다.

우리 어머니가 90년도에 미국에 오셔서, 시민권을 받을 때 시험을 치러야 했는데, 예상 문제 분량이 너무 많아서 걱정을 하셨습니다. 그래서 내가 160개 문제 중에서 60개 정도를 골라서 시험을 치르도록 했는데, 시험을 치를 때 골라준 데서 다 나와가지고 어머니가 감동을 받은 기억이 있습니다.

마찬가지로 성경 전체 중 핵심적인 말씀을 제대로 믿고 승리하는 신앙생활을 해야 한다고 생각합니다. 이런 차원에서 복음의 핵심인 《448-5510》을 강조하는 것입니다.

02   기독교만이 가지는 '8721' 탁월성

세상에는 여러 종교가 있습니다. 민족 별로, 나라 별로, 지역 별로 다양한 종류의 종교들이 있습니다. 그렇다면 우리가 믿는 기독교는 무엇이 다릅니까? 왜 기독교만 믿어야 되는가? 우리 기독교 신앙에 대한 합리적이고 타당한 이유가 있고 근거가 있는가? 기독교만이 가지고 있는 유일한 특징이 있는가? 아니면 그저 자기주장이고, 독선이고, 배타적인 것은 아닌가 생각해 볼 필요가 있습니다.

저는 기독교만이 가지는 탁월성을 '8721'이란 숫자로 표현하고 싶습니다. 이 숫자를 통해서 기독교만의 탁월성이 무엇이고, 복음에 대해 무엇인지 되새김질할 수 있으면 좋겠습니다.

매년 성탄절을 맞이하면서 생각해 보아야 할 것은 '예수님이 누구신가? 무슨 일을 하셨는가? 나와 무슨 관계가 있는가?'에 대해 생각해 보아야 합니다. 예수님께서 하신 일은 간단하고 분명하죠. 십자가에서 피 흘려 죽어주셨습니다. 우리 죄를 위해 희생 제물과 속죄 제물로 죽으신 것입니다. 그리고 부활하셨습니다. 그래서 믿는 자에게 은혜로 죄 사함과 구원과 하나님의 자녀됨과 영생을 주신 것이죠.

그런데, 아무나 십자가에 달려서 희생 제물이 될 수 있는 것입니까? 아무나 십자가에 달리면 희생과 대속의 제물이 될 수 있는가에 대한 질문입니다. 그것은 아닙니다. 자격이 있어야 합니다. 신약 성경의 마태, 마가, 누가, 요한복음의 시작은 한결같이 크리스마스 얘기로 시작됩니다. 그런데 이 크리스마스로 얘기가 시작되면서 내용의 줄거리는 서로 다릅니다.

마태복음은 마리아가 약혼자와 정혼을 했지만, 육체관계는 없었던 요셉을 중심으로 예수님이 왕으로 오셨다는 것을 강조합니다. 누가복음은 마리아를 중심으로 처녀가 잉태하여 아들을 낳았다는 인간 중심의 관점으로 성령에 의해 잉태되어 오셨다는 인간으로 오신 예수님을 강조하고 있습니다. 요한복음은 창조주이신 하나님이 인간으로 오셨다는 것을 강조하고 있습니다. 모두 크리스마스 얘기입니다. 그런데 마가복음은 곧바로 사역의 현장으로 진행되죠.

4복음서의 특징들을 종합해 보면 크리스마스 이야기를 통해서 예수님이 희생 제물이 될 수 있는 자격을 7가지로 정의할 수가 있습니다.

첫째, 예수님은 완전한 인간이자, 완전한 하나님이시라는 것입니다. 요한복음 1장에서 예수님이 세상에 오셨다는 말이 나오는데, 크리스마스 얘기입니다. 그가 세상에 계셨으며 세상은 그로 말미암아 지은 바 되었다는 말은 예수님이 창조주시다는 말입니다. 그러나 세상은 그를 알아보지 못했습니다. 크리스마스에 오신 아기 예수를 백성들이 영접하지 않았으나, 영접하는 자 그 이름을 믿는 자들에게는 하나님의 자녀가 되는 권세를 주셨다는 엄청난 선포를 하신 것입니다. 이것은 혈통으로나 육종으로나 사람의 뜻으로 나지 않고 하나님께로 나신 것입니다. 우주 만물을 말씀으로 창조하신 그 말씀이신 하나님이 인간의 몸을 입고 육신이 되어 우리 가운데 오셨다는 말입니다. 예수님이 근본 하나님이시며, 하나님의 독생자이시며, 삼위일체 중 제2 위격의 하나님이신 것을 분명하게 선포합니다. 즉, 예수님은 완전한 하나님이시자, 완전한 인간이라는 말씀입니다.

둘째, 예수님은 왕이시며, 종이십니다.

> 헤롯왕 때에 예수께서 유대 베들레헴에서 나시매 동방으로부터 박사들이 예루살렘에 이르러 말하되 유대인의 왕으로 나신 이가 어디 계시냐 우리가 동방에서 그의 별을 보고 그에게 경배하러 왔노라 하니 헤롯 왕과 온 예루살렘이 듣고 소동한지라(마2:1~3)

마태복음 2장에 보면 헤롯왕 때 동방의 박사들이 '유대인의 왕으로 나신 이가 어디 계시냐? 우리가 동방에서 그의 별을 보고 그에게 경배하러 왔다'고 하면서 예수님을 '왕이시다'라고 말합니다. 그런데 누가복음 2장에 보면, 거기 있을 그때 해산의 날이 차서 첫 아들을 낳아 강보에 싸서 구유에 뉘었다고 합니다. 왕으로 오신 그 예수님이 종으로 오셨다는 얘기입니다. 예수님은 '왕'이시다. 그런데 '종'이시다. 마가복음 10장에 보면, 인자가 온 것은 섬김을 받으려 함이 아니라 도리어 섬기려 하고 자기 목숨을 많은 사람의 대속물로 주려 함이니라고 했는데, 예수님께서 목숨을 주려고 오셨다는 말은 종으로 오셨다는 것입니다.

셋째, 예수님은 선지자이시고 제사장이십니다.

> 홀연히 수많은 천군이 그 천사와 함께 하나님을 찬송하여 이르되 지극히 높은 곳에서는 하나님께 영광이요 땅에서는 하나님이 기뻐하신 사람들 중에 평화로다(눅2:13~14)

땅에서는 모든 사람에게 '평화로다'라고 하지 아니하고, 땅에서는 기뻐하심을 입은 사람들이라고 합니다. 기뻐하심을 입은 사람이 있고, 기뻐하심을 입지 않은 사람도 있다는 것입니다. 예수를 믿으면 기뻐하심을 입은 사람이 되는 것이고, 안 믿으면 기뻐하심을 입은 사람이 되지 않는 것이라는 말입니다.

그러면 예수님은 무엇을 하셨느냐? 이 땅에 오셔서 어린 양으로 희생 제물이 되어 주셨습니다. 성경 전체는 제사의 중심이고, 제물의 피가 중심인데, 예수님이 이 땅에 어린 양으로 오셨어요. 그리고 예수님 자신이 제사장이 되셨어요. 그리고 예수님이 십자가 제사장으로 달리신 그 갈보리 언덕이 제사의 현장이요, 역사의 중심이고, 우주의 중심인 갈보리 언덕에서 십자가에 어린 양으로 희생 제물이 되어 피 흘려 죽으시고, 자신이 친히 제사장이 되셔서 제사를 완성하시고, 돌아가시기 직전에 "다 이루었다!"라고 선포하심으로 제사를 완성하시고, 운명하시는 순간 성소와 지성소를 가려놓는 휘장이 위로부터 아래로 쫙 찢어졌습니다. 그래서 예수 그리스도를 통해서 믿음으로 누구나 다 당당하게 은총의 보좌 앞에 나갈 수 있게 해주셨습니다. 이것을 믿는 사람이 기뻐하심을 입은 사람입니다. 이것을 믿지 않는 사람은 기뻐하심을 입은 사람이 되지 못합니다.

넷째, 예수님은 아브라함의 씨에서 다윗의 후손으로 이 땅에 오셔서 예언을 성취하신 예언의 성취자이십니다.

하나님의 아들 예수 그리스도의 복음의 시작이라(막1:1)

마태복음의 1장 1절에서 아브라함의 씨에서 다윗의 왕권을 가진 왕이 나오신다고 했습니다. 또한, 누가복음 1장에는 하나님께서 조상 다윗의 위를 저에게 주신다고 했는데, 여기서 조상이란 마리아 자신이 다윗의 후손이라는 선포입니다. 그 조상 다윗의 위를 저에게 주시리니 영원히 아브라함과 이삭과 야곱의 집에서 그 씨에서 왕권을 가진 메시아가 날 것이라고 선포했습니다. 여기서 왕으로 다스리고 그 나라가 무궁하리라는 말은 마리아 자신이 다윗의 후손이고, 예수님은 혈통상으로도 다윗의 후손이며, 족보상으로도 다윗의 후손이라는 의미입니다. 다윗의 후손으로 이 땅에 오셨으며, 아브라함의 씨, 다윗 왕권을 가지시고 예언 성취로 이 땅에 오신 분이 예수님이십니다.

다섯째, 예수님은 인간이시지만 죄가 없으신 분입니다. 무슨 얘기입니까? 모든 인간은 원죄와 자범죄가 있습니다. 그런데 예수님은 원죄도 없고 자범죄도 없습니다. 인간인데 어떻게 원죄도 없느냐? 말할 수 있죠. 누가복음에서 예수님의 잉태에 대해 마리아에게 성령이 임하고 능력이 덮으리라는 말은 성령께서 마리아의 잉태한 몸을 덮어서, 세상 말로 하면 마리아의 자궁까지도 원죄까지 들어오지 못하게 막아주셨다는 얘기입니다. 예수님은 완전한 인간이시지만 원죄까지도 없으신 분으로 성령께서 덮어주셨다는 것입니다.

여섯째, 임마누엘 구원자요, 우리와 함께하시는 분이십니다.

> 아들을 낳으리니 이름을 예수라 하라 이는 그가 자기 백성을 그들의 죄에서 구원할 자이심이라 하니라 보라 처녀가 잉태하여 아들을 낳을 것이요 그의 이름은 임마누엘이라 하리라 하셨으니 이를 번역한즉 하나님이 우리와 함께 계시다 함이라(마1:21~23)

예수님께서 자기 백성들을 죄에서 구원할 구원자이시며, 우리와 함께 하시는 임마누엘의 하나님이십니다.

일곱째, 예수님의 탄생은 역사적인 사건입니다. 크리스마스는 인간이 만들어낸 우화나 신화나 설화가 아니라 역사적인 사건입니다. 마태복음 2장에 보면 헤롯왕 때 예수께서 이 땅에 오셨다는 것은 헤롯왕이 그 당시에 통치자였고, 그 역사에 기록된 인물이라는 것입니다. 결국 예수님은 역사적인 인물이요, 역사적인 사건이요. 우화나 실화나 설화가 아니라는 얘기입니다. 누가복음에 2장에 보면, 가이사 아구스도가 영을 내려 호적하라 하였다고 했는데, 그때의 가이사 아구스도는 로마 황제입니다. 로마 황제는 역사적인 인물입니다. 그때 그가 호적하라고 명령을 내려서 호적을 했고, 그때 총독이 누구냐? 구레뇨가 수리아의 총독일 때 오셨다는 말로써 예수님의 탄생은 역사적인 사실이며, 설화나 우화나 신화가 아닌 실제 있었던 사건이라는 것입니다.

이와 같이 자격을 가지신 예수님이 십자가에서 피 흘려 죽어주심으로 속죄 제물이 되어 주셨고, 그리고 부활하심으로 하나님의 아들이심이 증거되어서 예수 그리스도를 믿는 것만이 구원의 길이요, 다른 구원의 방법은 없다는 말입니다. 예수님 외에 다른 어떤 이름으로도 구원을 받을 방법이 없습니다. 그래서 신앙은 독선이고, 독선일 수밖에 없어요. 하나님께 나가는 천국 가는 길은 오직 하나뿐입니다.

성경의 구약과 신약 전체를 종합하면 여덟 가지 특성이 나옵니다. 먼저, 하나님은 인격성을 가지신 분이십니다. 그리고 하나님은 전능하신 하나님이십니다. 전능성입니다. 그 하나님은 역사 속에서 실제 일하셨다. 역사성입니다. 그 하나님은 그냥 역사를 운행하신 것이 아니라 수백, 수천 년 전에 예언하시고 2,000번 이상 예언을 성취하셨습니다. 예언성입니다. 그리고 모든 예언과 성취는 인간을 죄와 사망에서 구원하시기 위한 것이다. 복음성입니다. 그런데 모든 사람을 위해서 예수님을 보내셔서 구원의 길을 열어주셨지만 모든 사람이 믿는 것이 아니라 믿는 사람만 구원합니다. 그리고 구원받은 사람은 죄 용서와 하나님의 자녀됨과 영원한 천국의 영광을 보장해 주신다. 영원성입니다. 성경 전체는 인격성, 전능성, 역사성, 예언성, 성취성, 복음성, 구원성, 영원성이 정확합니다. 다른 종교나 종파에서는 이런 것이 없습니다.

> 너는 진리의 말씀을 옳게 분별하며 부끄러울 것이 없는 일꾼으로 인정된 자로 자신을 하나님 앞에 드리기를 힘쓰라(딤후2:15)

우리는 항상 진리의 말씀을 바르게 분별해야 하며, 우리가 믿는 신앙에 대해서 분명한 대답을 가지고 세상과는 무엇이 다르며, 왜 다르냐에 대해 확실하게 대답할 수 있어야 된다는 것입니다. 군사 용어에 지피지기 백전불태(知彼知己, 百戰不殆)라는 말이 있습니다. 적을 알고 나를 알면 백번 싸워도 위태로움이 없으며, 적을 알지 못하고 나를 알면 한 번 이기고 한 번 지며, 적을 모르고 나를 모르면 반드시 위태롭다는 말입니다. 내가 믿는 신앙에 대해서 확실하게 알고 이것을 늘 확인해야 됩니다.

기독교만이 가진 탁월성이 뭐냐? 바로 '8721'입니다. '8721' 숫자가 뜻하는 것은 다른 종교가 갖지 못하는 인격성, 전능성, 역사성, 예언성, 성취성, 복음성, 구원성, 영원성이고, 예수님은 하나님이시며, 왕이시고, 하나님이시면서 동시에 인간이시며, 왕이시고, 종이시며, 제사장이시고, 선지자이십니다. 아브라함의 씨에서 다윗의 왕권을 가진 예언의 완성으로 오신 분이고, 예수님은 인간이지만 죄가 없으신 분이고, 임마누엘 구원자로 우리와 함께 하시는 분이고, 크리스마스의 모든 사건은 역사적인 사실이고, 인간이 만들어낸 우화나 실화나 설화가 아니라 실제 있었던 사건입니다.

이러한 자격으로 예수님이 십자가에서 피 흘려 희생 제물로 죽으시고, 장사된 지 3일 만에 부활하셔서 하나님의 독생자이신 것이 증명됐고, 누구든지 이 예수를 믿는 자만이 구원을 받는다. 예수님 믿지 않으면 지옥입니다. '예수천당 불신지옥'이라는 것을 확실하게 믿으며, 마귀와 싸워 승리해야 합니다.

03 신앙! 신학! 성화! 사명!
   4가지 영적 뼈대가 든든해야!

저는 은퇴한 목사로서 가끔 질문을 받습니다. "목사님 요즘 뭐해요?" 내가 "골프를 칩니다"라고 하면 "아, 그래요. 얼마나 치세요?"라고 물으면 저는 이렇게 대답합니다. 골프는 작은 구멍에다가 공을 넣는 거잖아요? "저는 오직 예수의 구멍에다 초점을 맞춰서 공을 치는 그것을 합니다. 그리고 저는 낚시질도 합니다" 그것은 "오직 예수님을 통해서 영혼을 구원하는 영혼의 낚시질을 하고 있습니다"라고 말합니다.

저는 34년을 음악 지휘자로 봉사했어요. 음악에서 중요한 것은 음정, 화음, 박자, 표현입니다. 음악적인 차원에서 오직 예수 외에는 구원이 없다는 것이 음정입니다. 화음은 창세기부터 요한계시록까지가 맞아야 돼요. 화음이에요. 그리고 박자는 '오실 예수, 오신 예수, 다시 오실 예수' 이것이 박자예요. 그것을 내가 어떻게 표현하는가? 가장 중요한 것은 원칙 아래에서 신앙이 분명해야 한다. 그 다음에 신학이 분명해야 한다. 삶의 성화가 이루어져야 된다. 그리고 사명이 이루어져야 된다. 신앙, 신학, 성화, 사명, 이 네 가지가 영적인 뼈대를 든든히 해 주는 것입니다.

첫째, 신앙이 분명해야 한다. 구원의 확신이 분명해야 한다. 나 구원 받았는가? 나는 지금 죽어도 천국 가는 것이 확실한가? 저는 우리 아버님이 57세에 심장 계통의 질병으로 돌아가시면서 돌아가시기 직전에 "하나님, 내 영혼을 불러 주세요"라고 돌아가셨습니다. 이것이 감동이 되었습니다. 얼마나 멋집니까? 언젠가 우리 모두는 다 죽잖아요. 그런데 하나님 나라와 천국과 직결되는 것이 우리가 가진 신앙이에요. 죽음은 없어지는 것이 아닙니다. 그다음 단계로 연결되는 것입니다. 요한복음 3장에 보면 니고데모가 예수님 찾아왔지요. 예수님이 네가 거듭나지 않으면 하나님 나라를 볼 수가 없다고 하니까 "아니, 내가 나이가 몇 살인데 엄마 뱃속에 다시 들어갔다 오란 말입니까?"라고 말합니다. 그때 예수님이 "육으로 난 것은 육이요, 영으로 난 것은 영이다"라고 말씀하십니다. 어머니가 피를 흘려서 낳은 육으로는 천국 못 간다는 거예요. 영으로 난 것은 뭡니까? 예수님이 피를 흘리셔 나를 위해서 죽으셨다는 것을 내가 믿는 영으로 난 것이며, 그렇게 영으로 낳아야 천국 간다는 거예요. 그렇게 해야 영생을 소유한 자가 된다는 것이죠. 2천 년 전에 십자가에서 흘리신 예수님의 피가 나를 위해서 흘리신 피라는 것을 내가 인정하고 받아들여야 내가 구원받은 사람이고, 그 사람이 죽으면 천국 가는 거예요. 그거 안 믿으면 교회 백날 천날 다녀도 아무런 의미가 없어요.

예수님의 피는 역사적인 사실이에요. 역사적인 사실 뿐만 아니라 객관적인 사실이에요. 그 역사적인 사실을 나를 위한 주관적인 사건으로, 그 객관적인 사실을 나를 위한 개인적인 사건으로 내가 받아들여야 그것이 나에게 효력을 미쳐서 내가 하나님의 사람으로 거듭나게 되는 것이죠. 죄 사함과 구원과 하나님과의 관계 회복과 영생 천국이 우리에게 주어지는 것입니다. 나는 어떻습니까? 로마서 3장 10절, 모든 사람이 죄를 범하였으매 하나님의 영광에 이르지 못하더니, 그리스도 예수 안에 있는 성령으로 말미암아 하나님의 은혜로 값 없이 의롭다 하심을 얻은 자 되었습니다.

우리가 믿는 믿음은 간단합니다. 그러나 결단이 필요합니다. 선택과 결단이 필요합니다. 우리가 결혼 생활하면서 이 남자를, 이 여자를 나의 배우자로 삼고 일생을 살겠다고 결단해서 결혼하잖아요. 마찬가지로 우리가 한 번 사는 인생, 이 땅에서 살다가 천국 가야 되는데 그 방법은 예수 그리스도의 피를 통해서만 주어지는 것입니다. 그래서 나는 '예수님을 믿고 구원자로 삼고 천국가는 삶으로 살겠습니다'라고 결단을 하는 거예요. 결국 결혼이란, 만남과 결단을 통해 일생을 사는 것처럼 예수님을 나의 주님으로 만나고 결단해서 영생을 살려야 합니다. 예수님의 십자가와 부활을 마음으로 믿고, 입으로 "예수님은 나의 하나님이십니다. 하나님의 독생자이십니다. 내가 믿습니다. 나를 위해서 죽으신 것을 내가 믿습니다"라고 시인하면 구원을 받는 것입니다. 구원은 순간적인 사건입니다. 예수님을 믿는 순간 내 위치가 바뀌어요. 위치상으로 죄인에서 의인으로, 마귀의 자녀가 하나님의 자녀로, 지옥 갈 사람이 천국 갈 사람으로 완전하게 순간적으로 바뀌는 것, 이것이 우리 삶 속에 이루어져야만 한다는 것입니다.

성경은 분명하게 우리에게 말합니다. 안 믿으면 지옥 갑니다. 그래서 이 확실하고 분명한 복음을 확실하게 믿고 지금 죽어도 나는 천국 간다는 확신을 가지고 신앙생활을 바르게 똑바로 해야 합니다. 교회에 다닌다고 다 믿는 것이 아닙니다. 예수님을 나의 구주와 주님으로 모시고 구원의 확신을 가지고, 천국의 확신을 가지고 믿음으로 살아야 됩니다.

둘째, 신학이 분명해야 합니다. 기독교 신앙의 핵심, 신학의 핵심, 모든 중심은 예수님이 나를 위해서 죽어주셨다는 것입니다. 요한복음 3장 16절, 하나님이 세상을 이처럼 사랑하사 독생자를 주셨으니, 왜 주셔야만 하느냐? 인간이 죄로 인해 죽음이 왔는데, 하나님과의 관계가 단절됐다는 것입니다. 이 문제를 해결하기 위해서 하나님이 독생자를 주셨습니다.

그래서 피흘림이 없는 즉 사함이 없느니라는 것이 원칙입니다. 하나님의 독생자인 예수님이 인간의 몸을 입고 이 땅에 오셔서 피 흘려 십자가에 죽으시므로 그것이 나를 위한 것이라고 받아들일 때 내가 죄사함과 영생을 소유하게 되는 것입니다. 짐승의 피로는 안 됩니다. 오직 예수님의 피로 해야만 됩니다.

구약에서는 짐승의 피로 제사를 지냈습니다. 그것은 일시적이고 임시로 덮어두는 것입니다. 오직 예수님의 십자가에서 흘리신 피, 그 피만을 내가 믿어야 됩니다. 세상에서 똑똑한 사람들, 지적인 사람들, 따지기 좋아하는 사람들이 "나는 안 믿어! 나는 못 믿겠어!"라며 이를 악물고 거절을 해요. 그렇게 살다가 지옥 가는 것은 자기 책임입니다. "어떻게 처녀가 애를 낳냐?" "어떻게 죽은 사람이 부활하냐?" 이러한 사람들에게 답은 무엇입니까? 인간의 피로만은 죗값이 안 되는 것입니다.

모든 사람이 죄인이기 때문에 그렇습니다. 그런데 하나님으로만은 안됩니다. 왜냐하면 하나님은 신이시잖아요. 하나님은 신이시니까 피가 없잖아요. '피흘림이 없이는 사함이 없다'는 원칙에서 하나님은 피가 없잖아요. 따라서 인성과 신성의 양성을 가지신 예수 그리스도의 피만이 효력이 있는 것을 받아 들이셔야 되는 것입니다. 신성과 인성, 양성을 소유하신 예수님만이 우리를 위한 속죄 제물이 될 수 있는 것입니다. 이것이 신앙과 신학의 핵심입니다.

> 너희는 여호와의 책에서 찾아 읽어보라 이것들 가운데서 빠진 것이 하나도 없고 제 짝이 없는 것이 없으리니 이는 여호와의 입이 이를 명령하셨고 그의 영이 이것들을 모으셨음이라(사34:16)

성경 신, 구약은 다 예수님에 대한 것입니다. 예수님의 피와 부활을 통해서 죄성과 영생을 얻는 것이 성경 전체예요. 구약도 예수님을 증거하고, 신약도 예수님을 증거하고, 이거 짝이 맞는 거예요. 짝이 딱딱 들어맞아요.

그래서 신학이란 무엇인가? 신학자들 중에 이상한 얘기들을 하는 사람들이 종종 있습니다. 기독교는 학문의 대상이 아닙니다. 기독교는 연구의 대상이 아니라 믿음의 대상입니다. 믿음으로 구원받는 것입니다. 믿음으로 영생을 소유하게 되는 거예요. 또한, 믿을 수 있는 증거를 다 주셨다는 것입니다. 그런데 인간의 교만 때문에, 지적인 그런 논리 때문에, 안 받아들이고, 따지고 딴소리하는 것입니다.

신앙의 핵심의 틀은 하나님께서 이런 방법으로 인간을 구원하셔야만 하는 것입니다. 하나님께서 이러한 방법으로 예수님을 통해서 인간을 구원하실 수밖에 없어요. 이것이 여인의 후손이고, 이것이 예수 그리스도예요. 인간을 죄와 사망에서 구원하시기 위해서 이러한 방법으로 우리를 구원해 주신다, 구원해 주셨다.

기독교만의 탁월성은 무엇입니까? 다른 종교가 갖지 못하는 기독교 신앙의 탁월성은 역사적인 사실이고 사건이라는 것입니다. 역사적인 사실과 사건은 그 역사 속에 하나님이시라고 하는 인격이 있어요. 그 인격이 전능하신 능력으로 역사를 지배하고 있어요. 인류 역사를 자세히 보세요. 거기는 하나님의 신적인 통치가 이루어진다. 그런데 그 역사는 그냥 단순히 이루어진 것이 아니라 예언된 역사예요. 성경에 예언된 모든 예언은 그대로 다 성취되었습니다. 이것이 성취성입니다. 그런데 모든 사람이 예수를 믿어 구원받도록 하나님께서 복음을 주셨는데 다 믿는 사람이 아닙니다. 주님이 재림하시면 믿는 사람들의 영혼을 데리고 오시고, 다시 부활해서 부활체로 영원한 영생을 소유하게 됩니다. 기독교만의 탁월성은 역사성, 인격성, 전능성, 예언성, 성취성, 복음성, 구원성, 재림성, 부활성, 영생성입니다. 신앙이 분명하고 신학이 분명해야 됩니다.

성경의 10대 파노라마가 있습니다. 창조, 타락, 하나님의 부르심, 하나님의 주권, 아브라함, 하나님의 나라 다윗 왕국, 예수 그리스도, 성령과 교회, 복음전파, 만민구원, 종말과 재림, 천년왕국, 새 하늘과 새 땅, 영원한 영생입니다. 이 10대 파노라마를 통해 하나님이 창조하시고 역사가 흘러가는 것을 확실히 알고 믿어야 돼요.

오늘날 이 땅을 바라보면 자유주의와 다원주의와 혼합주의 등으로 복음을 변질시키고, 각종 이단이 판치고 있습니다. 그런데 말도 안 되는 이단을 따라가는 목사들과 성도들이 있는 것이 현실입니다. 왜 그래요? 신학이 약해서 그래요. 신학이 없어서 그래요. 신학이 혼란에 빠진 것입니다. 그래서 신학을 강조하는 것입니다.

오직 예수 외에는 구원의 길이 없는 거예요. 거기에는 십자가가 없잖아요. 거기에는 양성이 없잖아요? 거기에는 부활이 없잖아요? 어떻게 다른 종교와 똑같은가? 그것은 신학의 뿌리가 없어서 그런 것입니다. 인간 삶의 기준은 절대적으로 성경입니다. 성경이 그렇다면 그런 것이고, 그렇지 않다면 그렇지 않은 것입니다.

어떤 사람들이 말을 합니다. '이스라엘 역사를 왜 공부해야 되냐? 특별히 구약 성경을 왜 공부해야 되느냐? 우리 한국 역사도 모르면서 왜 이스라엘 역사를 공부해야 되느냐?'라고 말을 합니다. 함석헌, 유동식, 문동환 이런 사람들입니다. 내가 학생 때 아주 이름을 날렸던 사람들인데, 이들은 "고구려, 신라, 백제, 이조 역사도 모르면서 왜 구약 성경을 우리가 공부해야 되느냐?"라며 사람들을 혼란시켜서 한국 기독교가 혼란에 빠진 거예요. 부처님도 공자님도 하나님이 보내신 예언자라고 합니다. 그런 사람들이 한국의 '오직 예수의 복음'을 망쳐놓았고,

혼란시켰던 것입니다.

이스라엘 역사를 공부하는 것이 아니라 아브라함에게 '네 씨로 말미암아 천하 만민이 복을 받으리라' 그 씨가 누구냐? 예수님이시다. 그 예수님이 오셔서 십자가와 부활로 죽으시고 부활하셔서 믿는 자에게 그 은혜로 구원을 완성해 주셨다. 그렇기 때문에 성경은 이스라엘 중심일 수밖에 없는 거예요. 그래서 이스라엘을 통해서 예수님이 나오시고, 십자가에서 죽으시고, 부활하셔서 만민구원의 길을 열어주신 거예요.

세 번째는 성화입니다. 교회를 열심히 다니고, 잘 믿는 것 같은데, 하나님과의 개인적인 만남과 교제가 없는 사람들이 있습니다. 지난 한 주 동안에 나는 기도 한 번도 안 했다면 잘못된 것입니다. 하나님과 매일 만남의 삶이 이루어져야 됩니다. 나의 부족한 것을 회개합니다. 나를 용서하여 주시고 성령의 능력으로 나를 채워주시옵소서. 나의 모난 것을 다듬어 주시고, 나의 부족한 것을 채워주시고, 성령의 능력으로 내게 있는 쓴 뿌리를 제거시켜 주시고 정결하게 하소서. 이것이 자신과의 싸움, 이런 삶이 성화의 삶입니다. 사도 바울이 "내가 매일 죽노라"라고 했고, 디모데가 말한 거짓 없는 믿음, 청결한 양심, 선한 마음 이것이 나한테 있느냐? 예수님이 나다나엘에게 얘기했어요. "네 속에 간사함이 없다! 무화과나무 아래 있을 때 내가 너를 보았다!" 예수님의 이 말씀에 나다나엘이 깜짝 놀랐습니다. 교회에서는 잘 믿는데 세상에 나가서는 세상 사람들하고 똑같이 살아요. 싸울 거 다 싸우고, 탐낼 거 다 탐내고, 이건 아닙니다. 오늘 내가 나 자신을 보면

제1부 창조·타락·죄·저주·사망·심판·구원   47

서 내가 세상을 따라갈 것이냐? 세상이 나를 따라오게 할 것이냐? 성 어거스틴이 하나님 앞에서 어떻게 변화되었습니까? 그는 로마서 13장 12~14절, '밤이 깊고 낮이 가까웠으니 그러므로 우리가 어둠의 일을 벗고 빛의 갑옷을 입자. 낮에와 같이 단정히 행하고 방탕하거나 술 취하지 말며 음란하거나 호색하지 말며 다투거나 시기하지 말고 오직 주 예수 그리스도로 옷 입고 정욕을 위하여 육신의 일을 도모하지 말라'는 말씀에 쓰러졌어요. 그래서 성자가 됐어요. 내 삶이 변화되어야 됩니다.

네 번째, 사명입니다. 내가 은혜를 받고 구원받았으면 이런 고백으로 살아야 합니다. 나의 나된 것은 하나님의 은혜입니다. 하나님의 사랑이 나를 강권하십니다. 하나님의 사랑에서 나를 끊을 자가 없습니다. 나는 주님을 섬기는 일에 어려움과 시련이 있어도 부득불 내야 사역해야 합니다. 사명을 감당해야 합니다. 어려워도 주님이 나를 위해서 면류관을 준비하신 것을 믿기 때문에 나는 견고하여 흔들리지 않고 더욱 더 주의 일에 힘쓰는 자로 살겠습니다. 죽도록 충성하라. 생명의 면류관을 너에게 주겠다고 약속하셨습니다.

학생 때 박재훈 선생님이 지휘하는 합창단 멤버였어요. 그때 그분으로부터 지휘법을 많이 배웠습니다. 그런데 한 번은 연습곡 중에 '나 주님을 안 떠나리'라는 부분이 있었는데, 그곳이 테너가 먼저 나오는 합창의 전주예요. 그래서 우리는 그대로 했어요. 그런데, 박재훈 선생님은 "아니야! 다시!"를 계속하시는 거예요. 하라는 대로 7번이나 계속

했는데도 계속 아니래요. 그러더니 결국은 집어던지고 나가버렸어요. 저는 그때 그 경험을 잊지를 못합니다.

우리가 주를 위해서 충성을 다하고 열심히 섬겼다 하지만 주님이 보실 때는 '아니야! 그거 아니라니까! 아니라니까! 다시 다시 해봐! 다시 해봐!'라고 할 수 있습니다. 저는 지금도 그때 일을 기억하면서 사명을 감당할 때 주님이 "그게 아니야! 다시 해봐"라는 소리를 늘 듣는 것 같습니다.

오늘 나는 이 땅에 살면서 어떻게 살고 있는가? 나는 열심히 섬겨왔는데 사실은 종교인이다. 사실은 껍질뿐이다. 사실은 외식하는 자다 사실은 바리새인이다. 사실은 사두개인이다. 그래서 주님 오실 때 "다시 해봐! 다시 해봐!" 주님이 화를 내실까 두렵고, 주님의 음성이 들리는 것 같아요.

지금 미국이 몰락하고 있습니다. 청교도로 신앙으로 무장하여 세워진 미국입니다. 대통령이 서로 되겠다고 하면서도 성경 얘기는 하나도 안 나와요. 신앙 얘기는 하나도 안 해요. 청교도 신앙으로 세워진 나라가 미국인데 얼마나 안타깝습니까?

북한이 6.25 전에는 남한보다 기독교가 더 강했었어요. 그런데 북한의 백성들이 굶어 죽고, 얼어 죽고, 매 맞아 죽고, 총 맞아 죽고 있어요. 독재자 하나 때문에 그렇습니다. 미안하지만 나는 "하나님! 저 잔인한 독재자가 자다가 깨지 않게 해주세요"라고 기도하고 있어요. 우리 한국이 다시 회복되어야 합니다.

우리는 입으로 전도하고, 삶으로 전도하고, 주머니로도 전도하고,

손가락으로도 전도해야 합니다. 신앙과 신학과 성화와 사명이 분명한 하나님의 사람인가? 주님이 재림하시기 직전이 오늘 이 시대입니다. 핍박의 시대가 다가옵니다. 나는 주님의 재림을 준비한 다섯 처녀인가? 기름을 준비하지 못한 다섯 처녀인가? 늘 새롭게 점검하면서 사명자로 살아가야만 합니다.

04 모리아산! 갈보리산! 변화산! 감람산! 4개 산을 통한 복음

어느 나라에 왕이 세 아들이 있었습니다. 한 번은 왕이 세 아들을 불러놓고 저 뒤에 높은 산이 있는데, 거기 올라갔다 와서 무엇을 보았는지 나한테 보고하라고 했습니다. 세 아들이 똑같이 산에 올라갔다가 내려왔습니다. 큰 아들이 말하기를 "산에 올라가서 우리 왕실을 보고 우리 동네를 보니까 너무나 아름다웠습니다"라고 답했습니다. 둘째는, "그 산의 주변이 너무 너무 꽃이 많고 나무도 아름답고 산 풍경이 좋았습니다"라고 답변했습니다. 셋째는, "저 산 너머에는 어마어마한 큰 평야가 있고 너무너무 기름진 땅이 있습니다. 우리가 그쪽 나라로 땅을 옮겼으면 좋겠습니다"라고 답변을 했습니다.

그래서 왕이 왕권을 누구에게 물려줬느냐? 비전을 가지고 산을 넘어서 그 아름다운 땅을 개간하여 우리 것으로 삼자고 하는 비전을 가진 셋째 아들에게 넘겨주었다는 얘기가 있습니다.

기독교 복음의 특징은 산으로 연결됩니다. 기독교 복음은 산에서 시작해서 산으로 끝납니다. 다른 종교에는 이런 산이라는 것이 없습니다. 기독교만의 특징은 산의 연결인데 이 산이 어떤 산인가?

첫째 모리아산, 둘째 갈보리산, 세 번째 변화산, 네 번째 감람산입니다. 이 4개의 산의 연결이 기독교 복음입니다. 셋째 왕자가 그 산 너머에 어마어마한 비옥한 땅에 있는 것을 보고 그 땅으로 옮기자고 한 것처럼 우리도 이 산을 넘어서 하나님이 마련하신 영원한 천국 그 나라를 향해서 가는 것이 신앙생활입니다. 산을 넘어서 펼쳐지는 영광의 그것을 바라보아야 합니다.

성경의 주제는 하나님 나라입니다. 하나님 나라는 현재적이고 미래적입니다. 현재 내가 하나님의 나라를 누리고 그리고 장차 나에게 주어지는 영원한 하나님의 나라 그것이 나에게 보장되어 있는 것입니다. 하나님 나라는 어떻게 세워지는가? 산들을 통해서 어떻게 이루어지는가?

첫 번째 산이 모리아산입니다. 성경 역사상 가장 중요한 인물이 아브라함입니다. 아브라함은 100세까지 아이가 없었습니다. 그런데 하나님께서 놀라운 방법으로 아들 이삭을 주신 것입니다. 그 이삭이 틴에이저(teenager)로서 한참 막 활기차게 자라고 있을 그때에 하나님께서 갑자기 아브라함에게 명령하십니다. "너 이삭을 데려가서 나에게 제물로 바치라" 죽이라는 얘기입니다. 정말 말이 안 되는 얘기입니다. 줄 때는 언제이고 죽이라는 것이 말이 됩니까? 정말 황당하고 도저히 이해가 안 되는 말입니다. 그런데 아브라함은 아무 소리 안 하고 그다음 날 새벽에 일찍 일어나서 모리아산의 3일 길을 걸어가는 것입니다. 브엘세바에서부터 모리아산까지 3일 길인데, 그 사이에 무슨 생각을 했겠습니까? 별별 생각이 다 났겠지요. 내가 잘못했나? 잘못 들었나? 하나님이 잘못 말씀하신 것 아닌가? 별 생각이 다 들었을 것 같습니다. 그런데 이삭이 "나무는 여기 있는데, 양은 어디 있습니까?"라고 묻는 것이었습니다. 정말 기가 막힌 일이 아닙니까? 하나님이 너를 잡아 제사 지내라 했다고 말할 수는 없지 않습니까? 모리아산으로 올라갔습니다. 단을 쌓고 이삭을 칼을 찌르려고 했습니다. 그러니까 하나님이 깜짝 놀랐습니다. "야야! 스톱! 찌르지 마라! 네가 네 독자 외아들이라도 나에게 바친 네 믿음을 보니까 나를 경외하는 줄 알겠다"라고 말씀하시는 것이었습니다. 주위를 보니까 숫양이 하나 걸려있어 그걸 잡아다가 이삭 대신에 제사를 지냈습니다. 이것이 그 유명한 모리아산 제사입니다.

그 당시 이삭이 10대였고, 아브라함은 노인이었습니다. 이삭이 확 밀치고 '아버지 왜 이러세요? 노망 걸리셨어요? 왜 나를 잡으려고 해요?'라며 도망갈 수도 있었던 것입니다. 그러나 아브라함이 "하나님이 너를 잡아 제사를 지내라고 그랬다"라고 하니까, 이삭이 "그래요? 하나님이 하신 거예요? 그렇다면 하세요"라고 했던 것입니다. 이것이 바로 하나님을 경외(awesome)하는 믿음입니다. 그 시험에 합격해서 아브라함에게 약속을 주십니다. 너의 씨로 말미암아 천하만민이 복을 받으리라 약속하셨고 아브라함이 사라의 몸에서 난 그 약속의 씨를 죽여도 다시 살릴 줄을 알고, 다시 부활시킬 줄을 알고 경외함으로 순종한 것입니다. 경외함으로 그래서 이삭 대신 준비해 놓으신 양을 잡아 제사를 드린 놀라운 사건입니다.

이것이 역사 속에서 실제 일어났던 사건입니다. 중요한 단어는 하나님을 경외함인데, 하나님을 두려워하고 높여드리며 순종의 마음으로 이룬 것으로 모리아산의 제사는 앞으로 이루어질 메시아를 통한 영원한 하나님 나라를 여는 서곡이었습니다. 모리아산에서 갈보리산으로 연결되는 것이 복음입니다. 그런데 이 모리아산에서 갈보리산으로 연결시켜 주는 것이 누구냐? 다윗입니다. 다윗이 골리앗을 때려잡고 사울왕의 시기로 말할 수 없는 핍박과 고난을 당합니다. 그 시편은 다윗을 죽이려고 사울이 쫓아다녔을 때 피해 다니면서 쓴 것이 시편입니다. 그 시편 속에는 메시아가 장차 탄생할 것이라는 것을 계속 예언하고 있습니다. 다윗의 시편은 거의 대부분 메시아에 대한 예언이 놀랍습니다. 다윗 왕국은 율법이 완성되고 제사가 완성되고 모든 백성들이 풍성한 축복을 누리고 그래서 네 나라가 영원히 계속되리라며, 다윗 왕국이 영원히 계속되리라고 하나님이 약속하셨습니다.

　드디어 마태복음 1장 1절에 보면 모리아 산에서 시험에 합격한 다윗의 왕권을 가진 아브라함과 다윗의 자손 예수 그리스도의 세계라고 증거하고 있습니다. 이것이 연결되는 것입니다. 메시아 왕국을 통한 하나님 나라의 선포가 성경의 주제입니다.

　두 번째 산은 무엇이냐? 갈보리산입니다. 갈보리 언덕에서 예수님이 십자가에 매달려 죽어주셨습니다. 십자가에 희생 제물로 피 흘려 죽으시고 3일 만에 부활하신 것입니다. 마지막 돌아가시면서 "다 이루었다. 제사를 다 완성했다"고 하셨습니다. 속죄 제물로 죽으셔서 믿는 자에게 죄 사함을 다 이루시고 하나님과 인간 사이를 화목하게 하셨습니다. 속죄 제물로 죽으심으로 하나님의 공의를 만족하게 하셨습니다. 그래서 다 이루었다 하는 순간 예루살렘 성전의 휘장이 위에서

부터 아래로 쫙, 쫙, 찢어졌습니다. 밑에서 위로 찢어졌다면 인간이 한 것인데, 위에서부터 아래로 쫙, 찢어진 것입니다. 하나님의 은혜로 지성소에 누구나 다 들어갈 수 있도록 길을 열어주신 것입니다. 예수님의 피를 통해 하나님 나라에 들어갈 길을 완성해 주신 것입니다.

하나님의 나라는 어떻게 이루어지느냐? 모리아산 제사로 기반을 쌓았고, 다윗 왕국으로 기둥을 세우고, 갈보리 제사로 제사를 완성하신 것입니다. 제사를 완성하셔서 누구든지 예수님의 피가 나를 위해서 흘리신 피라고 믿는 자에게 영생을 주셨습니다.

세 번째 산은 변화산입니다. 변화산은 성경에 나오는 가장 신비한 산입니다. 변화산 사건은 신비하고, 해석하기 어려운 사건입니다. 그러나 굉장히 중요한 사건입니다. 장차 신, 구약 성도들이 다 예수님 안에서 영원한 천국의 영광을 누릴 것을 보여주는 것이 변화산의 사건입니다. 그러므로, 우리 성도는 잠시 사는 동안 매일 매일 변화산으로 올라가는 삶이 우리 성도들의 삶이 되어야 합니다. 그래서 천국의 영광을 경험하고, 누리는 삶이 우리 성도들의 삶인 것입니다. 변화산 사건은 기적 중에 기적입니다. 원래 성경은 기적의 책입니다. 죽은 자가 살아나고, 바다가 잔잔해지고, 문둥병자가 고침을 받고, 이것들이 다 기적 아닙니까?

우리가 성경의 대표적인 기적을 하나를 뽑는다면 아마도 오병이어의 사건이 아닐까 싶습니다. 떡 다섯 개와 물고기 두 마리로 어른들만 5천 명이고, 아이들까지 합하면 2만 명이 다 배불리 먹고 열두 광주리가 남은 사건입니다.

　이것이 어떻게 가능하냐? 기적 중의 기적입니다. 이것은 차원의 문제고, 표적의 문제이고, 실상의 문제입니다. 메뚜기와 원숭이는 차원이 다르잖습니까? 이러한 차원의 문제라는 것입니다. 예수님이 하나님이시다는 표적의 문제, 먼저는 예수님이 메시아라는 표적 차원의 문제라는 것이고, 실상의 문제라는 것은 하나님 나라가 실질적으로 다시는 굶주림이 없고 눈물이 없고 아픔이 없는 그 나라가 우리에게 있다라는 것을 실제로 보여주는 것이 오병이어의 사건입니다.

　오병이어의 사건을 잘못 이해해서 잘못 해석하면 안 됩니다. 예수님이 인간을 구원하시기 위해서 이 땅에 오신 구원자라는 표적을 말하는 것입니다. 그리고 예수님 안에서 영원한 하나님 나라가 있다는 실상을 보여주는 것입니다.

　저는 처음부터 목사 안수를 받을 생각은 안 했었습니다. 그런데 어느 날 이동원 목사님이 지나가면서 갑자기 나에게 "언제까지 손만 흔들고 있겠어? 언제까지 지휘만 하고 있겠냐" 하며 툭 던지고 가는 것이었습니다. 그 말이 가슴에 탁 와닿아서 고민이 생겼습니다. 그래서 버지니아 오션시티 가는 중간에 호텔이 하나 있습니다. 그 호텔에 들어가서 요한복음을 읽다가 6장에 있는 오병이어의 사건과 함께, '예수께서 이르시되 진실로 진실로 내게 이르노니 인자의 살을 먹지 않고 인자의 피를 마시지 않는다면 영생할 수가 없다'라는 말이 확 와닿았습니다. 인자의 피를 마시지 아니하는 나는 영생할 수가 없다. 이 생명의 말씀을 증거하는 자로 내 삶을 드리겠습니다라고 결단하게 되었으며, 그래서 목사 안수를 받고 여기까지 왔습니다.

오늘날 교회가 약해지고, 파멸되는 것입니다. 한동대학 총장이었던 김영길 박사가 있었습니다. 그가 말하기를 "과학자가 영적인 세계를 믿는 것은 부적절하다고 생각을 했으며, 기독교인이 되는 것에 대해 가장 어려운 난관은 오병이어 사건이었다"고 합니다. '자기가 과학적으로 그것을 어떻게 받아들이냐?' 그게 제일 어려웠다는 것이었습니다. 그래서 과학적으로 살펴보면서 과학의 기본적인 법칙인 질량과 에너지 보존의 법칙에 어긋나기 때문이었고, 그것이 제일 어려워 오병이어를 믿는 것이 어려웠다는 것이었습니다. 그러나 인간이 차를 타고 다니고 비행기를 타고 다니는 것을 동물의 차원에서 볼 때는 기적 아닙니까? 하나님의 차원에서 볼 때는 이것은 평상시 있을 수 있는 일인 것입니다. 하나님의 차원에서는 당연한 것입니다. 전능하신 하나님의 존재를 내가 믿느냐? 우주 만물을 창조하신 하나님의 창조의 능력을 내가 믿으면 다 풀리는 것입니다. 그러나 그것을 안 받아들이면 하나도 풀리는 것이 없습니다. 예를 들어 꽃이 있는데 생화(生花)는 무엇입니까? 하나님이 만드신 것입니다. 조화(造花)는 인간이 만든 것입니다. 인간이 만들었으면 잘 만들었다고 하면서 생화(生花)에 대해서는 그냥 당연한 것으로 생각합니다. 생화(生花)를 보면서 "하나님이 참 잘 만드셨다" 이 감격이 우리 속에 있어야 되고 이 감사가 우리 속에 있어야만 됩니다. 스스로 계신 하나님이 우주 만물을 창조하시고, 나를 죄와 사망에서 예수님을 통해 구원해주셨다는 그 감격이 늘 새로워져야 합니다. 천주교에 어느 추기경이 오병이어를 설명하면서 어린 소년이 떡 다섯 개와 물고기 두 마리로 내 놓는 것을 보고 사람들이 감동을 받아서 각자 자기 도시락을 꺼내 먹었다고 말했다고 합니다. 말도 안 되는 어처구니 없는 이야기입니다. 오병이어는 차원의 문제이고, 표적의 문제이고, 그다음에 하나님 나라의 실상을 보여주는 것입니다.

네 번째 산은 감람산입니다. 감람산은 예수님께서 주로 활동하신 사역의 중심 산이었습니다. 거기서 쉬시고 거기서 피땀 흘려 기도하시고 마지막 기도도 거기서 하셨습니다. 승천하실 때 500명이 보는 데서 승천하신 산이 바로 감람산입니다. 천사가 말하기를 "너희가 본 그대로 다시 오리라" 그곳이 감람산입니다. 다시 오실 때 그 감람산으로 내려오신다. 그것은 심판의 산이요, 승천의 산이요, 사역의 산입니다. 우리가 모리아산에서 다윗 왕국을 통해서 갈보리산을 보고, 변화산을 보고 변화산에서 감람산을 보아야 합니다.

스가랴서 14장에 보면 기가 막힌 말이 나옵니다. 스가랴 14장 3~4절, '그때에 여호와께서 나가사 그 이방 나라들을 치시되 이왕의 전쟁 날에 싸운 것 같이 하시리라. 그날에 그의 발이 예루살렘 앞 곧 동쪽 감람산에 서실 것이요' 주님이 재림하실 때 어디로 재림하시냐? 감람산에 서실 것이라 합니다. 그때 감람산은 그 가운데가 동서로 갈라져서 매우 큰 골짜기였다고 합니다. 우리가 모리아산, 갈보리 골고다산, 변화산, 감람산을 보면서 복음이 완성된 것을 알고 믿어야 합니다.

십자가, 부활, 승천, 재림의 모범은 확실하고, 분명하고, 유일하고,

완전합니다. 사람들이 만든 신화나 우화가 아닙니다. 실제로 있었던 사실이고 사건입니다. 이 복음은 역사적인 사실입니다. 복음에는 역사성이 있고 하나님이시라고 하는 인격이 있습니다. 그 하나님이 전능하신 능력으로 통치하십니다. 그리고 이 복음은 다 예언된 사건입니다. 그리고 예언이 다 완성되었습니다. 이 복음은 인간을 죄와 사망에서 구원해서 천국에 들어가기 위한 것입니다. 그런데 이렇게 중요하고 확실한 복음을 그렇게 전해도 죽으라고 이를 악물고 안 믿는 사람이 있습니다.

제가 미국에 와서 보니까 경찰의 권위, 폴리스 권위가 대단합니다. 미국의 경찰 굉장히 엄격하고 권위가 있습니다. 그리고 깨끗합니다. 사실 내가 미국에 온 이유 중에 하나가 한국에서 경찰의 비위 사실에 울분을 느꼈고, 이 나라 안 되겠다 생각하고 미국에 온 이유 중에 하나였습니다. 제가 필그림 교회를 개척하고 건축하면서 수많은 검사관들이 왔다 갔는데, 아무리 완벽하다고 생각해도 검사관들이 부분별로 승인을 하지 않으면 안 되는 것이었습니다. 그런데 잊지 못할 사건이 하나 있었는데, 냉방시설의 데크가 밖으로 이렇게 나와 있었습니다. 그것을 한국 사람한테 맡겼는데 완성이 되었다고 해서 검사관을 불렀습니다. 그때 오신 분이 덩치가 아주 작은 흑인 분이셨습니다. 그런데 보자마자 단번에 불합격이라는 것이었습니다. 그러면서 바깥에 나오는 에어컨 데크는 검은 것으로 싸야 한다는 것이었습니다. 우리는 알지도 못했던 것이었습니다. 그만큼 미국의 검사관들이 미국을 세우고 지키는 힘이며, 바로 이런 현장에 관리들과 경찰들이 살아있다는 것입니다. 이런 말을 하는 이유는 나는 하나님 나라의 백성이고 하나님 나라의 교회에 하나님 나라의 집사다, 권사다, 장로다, 목사다 하면서 이 나라를 복음으로 지키는 힘이 나에게 있느냐는 것입니다. 진정한 인스펙터와 폴리스 역할을 하고 있느냐는 것입니다. 오늘 우리도 믿음과 순종으로 철저한 하나님 나라의 경찰관이 되고 감사관이 되고 일꾼이 되어서 이 나라를 하나님 나라로 세워야 되지 않느냐? 내가 한 영혼을 책임지는 일꾼으로 살아야 되지 않느냐?

모리아산에서 갈보리산을 바라보고, 갈보리산에서 변화산을 바라보고, 변화산에서 감람산으로 바라보고, 장차 주님이 재림하셔서 이루어질 영원한 하나님 나라를 바라보고, 오늘 내가 이 땅에 사는 동안 이 복음을 위해서 현장의 인스펙터가 되고, 폴리스가 되어서 하나님 나라의 일군으로 이 세상을 살려야 할 책임이 우리에게 있지 않느냐? 는 것입니다.

하나님 앞에서 영적인 두려움을 가지고 내가 종교인이 될까? 가짜 신앙인이 될까? 껍질만 가지고 교회만 다니는 그런 사람이 될까? 두려워해야 합니다.

우리가 나라와 민족을 지킬 사명을 가지고, 매일 매일 모리아 산에 올라가서 갈보리산을 바라보고, 갈보리산에 올라가서 변화산의 영광을 바라보고, 변화산에 올라가서 감람산에 주님이 재림하시고, 천년왕국 새 하늘과 새 땅을 이룩하실 그것을 바라보고, 그것을 누리면서 매일 매일 승리하며 사명을 감당해야 합니다.

05 스티븐 호킹의 망언! 진리가 무엇?
내 눈에 눈물이 있어야!

　성경의 시작은 항상 예수님이 누구시며 무슨 일을 하셨고, 나와 무슨 관계가 있는가에 대해 말하고 있습니다. 인간의 문제인 죄와 악이 항상 우리 앞에 있습니다. 이 악은 마귀로부터 나왔으며, 죄는 불순종에서부터 나왔습니다. 저주는 하나님과의 관계 단절에서 나왔고, 죽음은 타락의 결과입니다. 이 문제 해결을 위해 주시는 답이 무엇이냐? 창세기 3장 15절에 나오는 여인의 후손으로 오신 예수 그리스도가 해답입니다.
　골로새서에는 2천 년 전에 이 땅에 오신 예수님이 창조주 하나님이시라고 말하고 있습니다. 엄청난 선포입니다. '만물이 그에게서 창조되었다'에서 그는 누구예요? 바로 예수님이시라는 것입니다. 예수님이 하나님이시고, 창조주이시다는 것입니다.
　요한복음 8장에 보면 간음한 여인이 현장에서 잡혀왔습니다. 율법에 의하면 간음한 여인은 현장에서 잡히면 돌로 때려 죽여야 됩니다. 그런데 그 당시 종교 지도자들이 예수님을 시험하려고 여인을 끌고 와서 흥분하여 말을 하니까 예수님이 앉아서 글을 쓰시고 '너희 중에 죄 없는 자가 먼저 치라'고 한 것입니다. 그런데 세상에 죄 없는 자가 어디에 있습니까? 먼저 돌로 칠 사람이 누가 있겠습니까? 그래서 예수님의 말에 마음이 찔려서 다 돌을 버리고 갔습니다. 이에 예수님께서 혼자 남은 여자에게 "나도 너를 정죄하지 않는다. 가서 다시는 죄를 범치 말아라"라고 말했습니다. 그 간음한 여자는 죽을 사람이 살아난 것입니다. 예수님 덕택에 죄가 용서받았던 것입니다. 이것이 거져 주시는 은혜이며, 선물이요, 축복입니다. 이것이 인간의 문제를 해결해 주는 진리인 것입니다. 진리가 무엇이냐? 진리는 은혜이며, 진리는 생명이고, 진리는 선물입니다.

한 때, 불교, 유교, 무슬림, 천주교 등 세계 만국 종교회의가 열려서 토의를 했는데, 주제가 진리였습니다. 아무리 토의를 해도 답이 나오질 않는 것이었습니다. 그런데, 그 당시 20세기 최고의 변증론자라 찬사를 받았던 영국의 석학자 C.S 루이스가 회의에 늦게 도착했습니다. 루이스가 도착해서 "왜 이렇게 회의가 복잡하고 오래 갑니까?"라고 물으니까, 회의 참석자들이 루이스에게 "진리에 대해 토의하고 있는데, 답이 나오지 않아서 지금까지 토의하고 있습니다"라고 답하니까, 루이스가 "진리는 은혜입니다. 은혜는 공짜로 주시는 선물입니다"라고 했습니다.

그렇습니다. 진리는 예수 그리스도 안에서 공짜로 믿는 자에게 거져 주시는 선물이며, 진리는 은혜입니다. 또한, 은혜는 생명이고 은혜는 자유입니다. 우리가 천국 가는 것은 내가 의롭게 행해서 구원받는 것이 아니라 예수 그리스도를 믿음으로 의롭게 되어 가는 것입니다. 진리는 은혜이고 은혜는 생명이며, 자유이고, 선물입니다.

스티븐 호킹이라는 사람이 있습니다. 그는 영국의 이론물리학자로서 케임브리지대학 교수였으며, 21살 때부터 근위축성 측색 경화증(루게릭병)을 앓아 평생을 휠체어에 의지하며 살았던 사람입니다. 그는 무신론자였으며, '거대한 디자인'이라는 책에서 '우주는 신이 창조하지 않았으며, 우주의 탄생 기원론인 빅뱅은 신성한 존재의 개입이 아니라 중력 같은 물리학 법칙에 따라 발생한 것'이라며 무신론을 주장했습니다.

그분이 2018년 3월 14일, 76세로 죽었는데, 미안한 얘기지만 그 신문을 보는 순간에 '지옥에 가서 혼 좀 나시겠구나!'라는 생각을 했습니다. 정말 미안한 얘기이지만 이것은 저주가 아니라 실제입니다. 누구든지 살아있을 때 예수를 믿지 않고 그냥 갔으면 지옥에 가는 것입니다. 스티븐 호킹이 그 좋은 머리로 믿지 않고 복음을 거절하여 지옥 간 것이 너무 마음이 아픈 것입니다.

인류 역사상 가장 머리가 좋다는 아인슈타인 다음 가는 그가 물리학의 모든 천체와 학문을 연구하면서 내린 결론이 무엇이냐? 우주는 하나님이 설계하지 않았다는 것이었습니다. 참으로 아쉽고, 괘씸하고, 분하다는 말입니다. 만약에 그런 뛰어난 학자가 "내가 연구해보니 하나님은 살아계신 창조주시다"라는 말 한마디만 했더라면 엄청난 공헌을 한 것이 되었을 텐데, 그렇지 못하고 오히려 반대로 하고 죽으니까 너무나 아쉽고, 분하고, 안타까운 것입니다. 그가 우주의 천체와 물리학을 깊이 파고 연구하듯이 성경을 한 번만이라도 깊이 팠더라면 그런 말을 못 했을 것입니다. 그래서 안타깝고 화가 나는 것입니다.

우리가 가을에 주변을 보면 대자연의 아름다움에 창조주 하나님의 놀라운 작품을 찬양하고 감사를 하며 그 놀라운 솜씨에 경외하는 마음을 가지게 됩니다. 창조로부터 그의 보이지 아니하는 것들, 그 영원하신 능력과 신성이 그 만드신 만물에 분명히 보여 알게 되어 하나님이 안 계시다라고 말할 수 없는 것입니다.

창조주이신 예수께서 인간 구원을 위해서 이 땅에 인간의 몸을 오신 것이 복음입니다. 정말 기가 막힌 사건입니다. 어떻게 이런 일이 있을 수 있는 것입니까? 우주 만물을 창조하신 창조주가 우리를 죄와 사망에서 건져주시기 위해서 인간의 몸을 입고 이 땅에 오셨다는 것이 말이 됩니까? 우리 인간의 악과 죄와 저주와 죽음의 문제를 해결하기 위해서 이 땅에 인간의 몸으로 오셨는데, 이것이 삼위일체의 비밀이며, 복음의 비밀인 것입니다.

> 진리를 알지니 진리가 너희를 자유롭게 하리라(요8:32)

> 예수께서 이르시되 내가 곧 길이요 진리요 생명이니 나로 말미암지 않고는 아버지께로 올 자가 없느니라(요14:6)

'진리가 알지니라'라는 말은 머리로 아는 것이 아니요, 지식으로 아는 것도 아니고, 교리로 아는 것이 아니라, 창조주이자 하나님이신 예수님이 인간의 몸을 입고 이 땅에 오셔서 간음한 여인을 살리신 것과 같이 우리를 살려주신 그 예수님과 친밀하게 교제하는 것을 말합니다. 만남이란 주일 날 예배를 통해서 만나고, 말씀이신 예수님을 새롭게 만나고, 교제하고, 친밀하게 가까워지는 것을 말합니다.

교회를 오랫동안 다녔는데, 시작할 때나 지금이나 똑같으면 안 되는 것입니다. 신앙생활을 하면 할수록 "저 사람 달라졌네! 저 사람 보면 무언가 있는 것 같아! 예수님을 닮은 것 같다!"라는 말을 들어야 하지 않겠습니까? "어떻게 그렇게 되었냐?"고 물으면 "우리 교회에 한 번 와 봐!"라고 하는 것이 전도입니다.

요한복음 8장의 간음한 여인이 원래는 맞아 죽을 사람이었는데, 예수님으로 인해 살아나서 얼마나 큰 축복을 받은 자입니까? 그런데 성경에 보면 그 여인이 다시는 나타나질 않아요. 그 이후의 삶이 궁금해요. 도대체 어디 갔을까? 주님이 주신 자유와 기쁨으로 주님이 주신 생명을 가지고 감사하며, 기도와 말씀 생활로 주님을 위해 헌신과 감사의 삶을 살아야 하는데 간음한 여인은 그렇게 되었는지 궁금합니다.

그런데 성경에 보면 막달라 마리아는 일곱 귀신이 들렸었습니다. 귀신 하나만 걸려도 힘든데 일곱 귀신이 들렸으니 얼마나 힘들었겠어요? 예수님께서 그 일곱 귀신이 들린 막달라 마리아의 귀신을 쫓아내 주셨습니다. 그래서 막달라 마리아는 그 은혜가 감사해서 주님 앞에 헌신하고 충성하여 예수님의 여성 수제자가 되었습니다. 일곱 귀신이 들려서 내일이 없던 막달라 마리아가 예수님을 만나 귀신으로부터 자유함을 받은 후에는 자발적이고 자원하는 마음으로 주님의 일에 앞장 서는 예수님의 수제자가 됐다는 것입니다. 우리들도 막달라 마리아와 같이 예수님의 제자로 온전히 삶을 주님 앞에 드리고 헌신하는 자로 살아가야만 합니다.

예수님이 누구냐에 대한 놀라운 얘기가 있습니다. 요한복음 8장에 보면 예수님이 어마어마한 얘기를 하고 계십니다. 예수님께서 "내가 아브라함 이전에 내가 있느니라"라고 말씀하십니다. 어마어마한 얘기가 아닐 수 없습니다. 아브라함 이전에 있었다는 것은 "내가 하나님이다. 그리고 내가 항상 있다"라는 말씀입니다. 이것을 믿는 것이 예수를 믿는 것입니다. 이것이 세상의 종교와 다른 점입니다. 석가모니, 공자, 소크라테스에게는 없습니다. 하나님이신 예수님이 나를 죄와 사망에서 구원하시기 위해 인간의 몸을 입고 이 땅에 오셔서 친히 나무에 달려 그 몸으로 우리 죄를 친히 담당하셨다. 죗값을 지불해서 우리로 하여금 죄에 대해서 죽고 의에 대해서 살게 하셨으며, 채찍에 맞음으로 우리는 나음을 입었다는 말이 얼마나 감격적인 일입니까? 이 말이 들려야 합니다.

오늘날 세상의 모습은 악, 죄, 저주, 죽음, 눈물, 전쟁으로 가득 차 있으며, 이 세상은 완전히 마귀에게 정복당했습니다. 구석구석에 마귀 세력이 침투해서 점령을 했습니다. 그러면 왜 마귀를 그냥 두시느냐? 그것은 허용된 기간 동안에 인간의 자유 의지를 테스트하시는 것입니다. 지금 세상은 그냥 돌아가는 것이 아닙니다. 마귀가 인간을 파괴하고 있음을 분명히 알아야 합니다. 그런데, 마귀를 이길 힘은 예수님 밖에 없습니다. 미국이나 한국의 대통령 100명, 1,000명을 바꿔 봐도 해답이 없습니다. 오직 예수님만이 해답입니다. 이 땅에 오신 예수님만이 해답이고, 복음인데, 그 복음이 변질되고, 오염되고, 탈선되고, 타락되고, 엉망이 됐습니다. 헷갈리게 만들어놨습니다. 마귀가 그렇게 해놓았습니다. 마귀가 돌을 떡으로 만들어 먹어라! 높은 데서 뛰어 내려라! 그러면 사람들이 박수칠 것이라는 꾀임에 다 넘어갔습니다. 나한테 절하라! 내가 세상을 너에게 주겠다는 미혹에 다 넘어갔습니다. 세상의 돈, 명예, 권세, 출세에 다 넘어갔습니다. 그래서 세상이 파멸되고, 파괴되고, 정복당했습니다.

막달라 마리아가 부활하신 예수님의 묘지를 찾아갔습니다. 그런데 예수님이 묘지에 안 계셔서 거기서 울었습니다. 예수님이 산지기인 줄 알고 예수님 앞에서 사람들이 주님을 어디에다 두었는지 몰라서 울고 있습니다. 이 눈물이 우리에게 있어야 합니다. 한국도, 미국도, 유럽도 복음으로 그렇게 일어섰었는데 이제는 다 예수님이 없다고 그러고, 필요 없다고 그러고, 마음대로 못된 짓 시키고, 사람들이 내 주님을 어디에다 두었는지 몰라서 내가 웁니다라는 그 눈물이 우리에게 있어야 합니다. 그래야 그것이 살아있는 성도입니다.

엠마오로 가던 두 제자가 예수님이 부활하셨다는 소식을 듣고도 예루살렘을 떠났어요. 그런데 부활하신 예수님이 그들과 함께 가시면서 왜 예수님이 인간의 몸을 입고 이 땅에 오셔서 십자가 죽고 부활하셔야 하느냐에 대해 설명을 해 주었을 때 그들이 "우리 마음이 뜨겁지 않더냐?"고 했습니다. 내가 교회 직분자이고 교회를 오래 다녔는데, 그렇다면 내 눈에 막달라 마리아의 눈물이 있습니까? "내가 어떻게 해야 하느냐?"라는 거룩한 탄식이 있습니까? 엠마오의 두 제자처럼 가슴에 뜨거움이 있어야 됩니다.

사도행전에서 베드로와 요한이 기도 시간에 앉은뱅이 거지가 돈을 달라고 하니까 "금과 은은 내게 없지만, 내게 있는 것을 네게 주노니 나사렛 예수의 이름으로 명하니 일어나라!" 했을 때 앉은뱅이가 벌떡 일어났습니다. 우리도 이런 강력한 파워를 가지고 앉은뱅이 같은 세상을 살리는 역사가 우리를 통해서 이루어져야 합니다. 내 눈에 막달라 마리아의 눈물을 달라고 기도해야 하고, 엠마오의 두 제자처럼 부활하신 예수님 때문에 나의 가슴이 뜨겁게 해달라는 기도가 있어야 합니다.

베드로와 요한이 기도로 능력 있는 사람이 돼서 앉은뱅이를 벌떡 일으켰던 그 사건이 나를 통해서도 이루어지게 해 달라는 기도가 있어야 합니다. 이것이 우리가 세상을 살리는 방법이고, 이것이 우리에게 주어진 사명이 아닌가 생각합니다. 마가복음 16장처럼 귀신을 내어쫓고, 새 방언을 말하고, 뱀을 집어 올리며 무슨 독을 마셔도 해를 받지 않고, 병든 자에게 손을 얹으니 나으리라는 역사가 우리에게도 있어야 합니다.

수시로 주변에서 아는 사람들이 병으로 쓰러졌다는 연락이 옵니다. 여기저기서 그냥 병들고 쓰러졌다는 소식이 들리는데, 나도 언제 무슨 일을 당할지 모릅니다. 이러한 세상에서 우리가 기도하고, 능력 받아서 세상을 살리고 이웃을 살리는 하나님의 종이 되어야 합니다. 하나님의 나라는 먹는 것과 마시는 것이 아니다라고 했습니다. 하나님의 나라는 함께 모여서 먹고 마시는 동창회도 아니고, 무슨 세상적인 모임이 아니라 오직 그리스도 예수 안에서 의와 평강과 희락이고, 성령 안에서 기쁨을 누리면서 내가 살아서 예수 이름의 능력으로 내가 속한 가정을 살려야 되고, 내 남편을 살려야 되고, 지옥 가는 내 아내를 살리고, 지옥 가는 내 아이들을 살리고, 내 형제와 내 친지들을 살려야 됩니다.

한 사람 비느하스가 살아서 이스라엘을 살렸습니다. 한 사람은 엘리야가 살아서 이스라엘을 살렸습니다. 한 사람은 마틴 루터가 살아서 유럽을 살렸습니다. 한 사람 요하네스가 살아서 세상을 살렸습니다. 이런 역사와 사명이 우리 모두에게 있어야 합니다. 세상은 마귀와 싸움의 현장입니다. 마귀와 치열한 전쟁터입니다. 마귀는 가정을 파괴하고, 교회를 파괴하고, 나라를 파괴하려 하고 있습니다. 진리 안에서 구원을 받고, 진리 안에서 자유함을 받은 자로서 예수 안 믿으면 안 된다! 예수 안 믿으면 지옥 간다는 절박한 마음으로 내가 속한 세상을 구원하는 하나님의 사람이 되어야 합니다.

06 구약과 신약, 성경 66권 전체를
　　5절로 요약하면!

　성경은 하나님께서 계시로 주신 하나님의 말씀입니다. 1,500여 년 동안 40여 명의 저자들에 의해서 지어진 하나님의 말씀으로 성경의 주제는 하나님의 사랑과 하나님의 구원입니다. 그리고 성경은 역사서고 구원의 복음서입니다. 성경의 주인공은 메시아되신 예수 그리스도이시고, '오실 예수, 오신 예수 다시 오실 예수' 이것이 성경의 주제입니다.

　성경은 구약 39권, 신약 27권으로 총 66권으로 돼 있고, 전체 분량은 1,189장이 되며, 1,189장을 절 수로 따지면 신, 구약 전체가 31,173절이라고 합니다. 그런데 놀라운 사실은 신, 구약 66권을 요약하면 네 개 구절로 요약할 수가 있다는 것입니다.

　첫째가 시편 110편 1절, '여호와께서 내 주에게 말씀하시기를 내가 네 원수들로 네 발판이 되게 하기까지 너는 내 오른쪽에 앉아 있으라 하셨도다'

　둘째가 시편 2편 7절, '내가 여호와의 명령을 전하노라 여호와께서 내게 이르시되 너는 내 아들이라 오늘 내가 너를 낳았도다'

　셋째는 시편 110편 4절, '여호와는 맹세하고 변하지 아니하시리라 이르시기를 너는 멜기세덱의 서열을 따라 영원한 제사장이라 하셨도다'

　넷째는 요한복음 5장 39절, '너희가 성경에서 영생을 얻는 줄 생각하

고 성경을 연구하거니와 이 성경이 곧 내게 대하여 증언하는 것이니라'

이 네 개 구절 속에 기독교 신앙의 핵심 진리가 다 포함되어 있다는 말씀입니다. 우리가 이 네 개 구절만 확실하게 믿고 붙잡으면 신앙생활에 성공할 수 있다고 해도 과언이 아닙니다.

첫째, 시편 110편 1절, '여호와께서 내 주에게 말씀하시기를 내가 네 원수들로 네 발판이 되게 하기까지 너는 내 오른쪽에 앉아 있으라 하셨도다'는 말씀은 성경 구석구석에 인용되고 있고, 예수님 자신도 이 말씀을 풀이해 주셨습니다.

여호와는 무엇입니까? 성부 하나님이십니다. '내 주에게 말씀하시기를' 여기서 나는 누구입니까? 다윗을 말합니다. 이 시편은 다윗의 시편이기 때문입니다. 내 주는 성자 예수님을 말합니다. 메시아되신 성자 예수님을 말하는 것입니다. 원수는 누구입니까? 마귀를 말합니다. 마귀가 아담과 이브를 꾀어서 선악과를 먹게 하여 범죄케 함으로 하나님의 기준에 어긋나게 해서 하나님과 인간 사이를 단절시키고, 인간에게 저주와 죄와 악과 죽음이 들어오게 만들었습니다. 이것을 해결하기 위해서 하나님이 독생자를 보내실 수밖에 없었습니다. 그래서 예수님이 이 땅에 오셔서 고난을 받으시고, 십자가에서 죽으시고 부활하셨던 것입니다.

이러한 일련의 배경과 원인에는 마귀가 있습니다. '네 원수들로 네 발판이 되게 하기까지'라는 의미는 무엇입니까? 옛날 고대에서는 적군의 왕을 잡으면 발로 밟았었는데, 이와 같이 마귀를 쳐서 목을 조르고 발등으로 밟아 발등상이 되게 하기까지 예수님이 완전히 승리하신 것을 말합니다. 또한, 네 원수들이 네 발판이 되게 하기까지라는 말은 주님이 재림하시는 때를 가리킵니다. 그러면 재림하시는 날까지 예수님 지금 어디 계십니까? 하나님의 우편에 계십니다. 이 땅에서 내려오셔서 십자가에서 죽으시고, 부활하시고 승천하셔서 지금 어디 계십니까? 하나님의 보좌 우편에 계셔서 우리를 위하여 중보하시고, 우리를 위한 대제사장으로서 우리를 위해 기도하십니다. '너는 내 우편에 앉아 있으라'. 이것이 성경 전체 구약과 신약의 전체 흐름을 아우르는 말씀이기도 합니다.

둘째, 2편 7절, '내가 여호와의 명령을 전하노라 여호와께서 내게 이르시되 너는 내 아들이라 오늘 내가 너를 낳았도다' 이 말씀은 조금 어렵습니다. '여호와께서 내게 이르시되' 누구를 말하는 것입니까? 예수님을 향해서 너는 내 아들, 하나님 아들이라는 말입니다. 여기서 '낳았다'라는 말은 인간이나 동물의 생식의 개념이 아닙니다. 번식의 개념이 아닙니다. 이것은 형상의 개념, 사역의 개념, 능력의 개념입니다. 형상의 개념이라는 것은 예수님이 인간의 몸을 입고 이 땅에 인간의 형상을 가지고 오실 수밖에 없었습니다. 사역의 개념이라는 것은 십자가에서 우리 인간의 죄를 위해서 대신 죽으실 수 밖에 없었던 것을 말하는 것이고, 능력의 개념이란 부활하셔서 예수님이 하나님의 독생자이시며, 우리의 구원자라는 것을 증명해 주신 것을 말합니다.

오늘날 내가 너를 낳았다에서 '낳았다'라고 하는 것은 한마디로 말하면 로마서 1장 3~4절, '그의 아들에 관하여 말하면 육신으로는 다윗의 혈통에서 나셨고 성결의 영으로는 죽은 자들 가운데서 부활하사 능력으로 하나님의 아들로 선포되셨으니 곧 우리 주 예수 그리스도시니라' 라는 말씀을 말합니다. 육신으로 다윗의 혈통에서 나셨다는 것은 아브라함의 씨에서 다윗의 왕권을 가진 인간의 모습으로 이 땅에 처녀 마리아의 몸을 빌려서 나셨다는 것입니다. 또한 '오늘날 내가 낳았다' 라는 말은 예수님의 십자가와 부활을 말하는 것입니다. 부활을 통해서 과연 예수님이 하나님의 아들이시라는 것이 인정이 됐어요. 부활하지 않았다면 인정을 받을 방법이 없었어요. 부활을 통해 예수님이 하나님의 아들로 인정되서서 '오늘날 내가 너를 낳았다'라는 말씀을 완성하신 것입니다.

　예수님은 하나님도 되고 사람도 되는 신성과 인성을 함께 가지신 분으로서 그 자격으로 십자가에서 죽으시고 부활하시므로 십자가를 믿는 자에게 죄 사함을 주시고, 부활을 믿는 자에게 영원한 영생을 주신 것입니다.

　셋째, 110편 4절, '여호와는 맹세하고 변하지 아니하시리라. 이르시기를 너는 멜기세덱의 서열을 따라 영원한 제사장이라 하셨도다'는 말씀은 예수님을 향해서 제사장이라고 선포하는 것입니다. 제사장에게 임명장을 주는 것입니다. 원래 예수님은 제사장이 될 수가 없었습니다. 왜냐하면, 구약에서 제사장은 레위지파와 아론지파만 가능했습니다. 그런데 예수님은 유다지파였습니다. 그러나, 멜기세덱의 계열을 통해서 하나님께서 예수님에게 임명장을 주신 것입니다. 여기서 멜기세덱은 아브라함의 제사장이었습니다. 만약에 예수님이 멜기세덱의 계열을 통해서 제사장이 되셨다는 말이 없다면, 메시아의 사역이 성립이 되지 않는 것입니다. 십자가는 제사인데 십자가의 제사가 성립이 되지 않는 것입니다. 제사의 완성이 성립되지 않는 것입니다. 십자가는 제사인데 예수님이 십자가에 달려 돌아가신 그 제사는 예수님 자신이 하나님의 어린 양으로 희생 제물이 되시고, 예수님 자신이 대제사장이 되셔서 하나님의 어린 양으로서 자신의 피로 완성하셨다는 말입니다. 자신이 하나님의 어린 양으로 자신의 피를 통해서 자신이 대제사장으로 제사를 완성하신 것이 십자가 사건이고 십자가 제사이며, 하나님의 아들이시라는 것을 증명한 것이 부활이란 말입니다. 십자가와 부활과 제사를 통해서 대제사장이 되시고, 왕이 되시며, 독생자라는 것이 증명된 것입니다. 예수님이 십자가에서 마지막 일곱 마디를 하시면서 마지막에 다 이루었다라고 말씀하셨습니다. '다 이루었다'라는 말은 제사장 자격으로 제사를 완성하셨다는 말입니다. 죗값을 다 지불했다는 말입니다. 예언을 완성했다는 말입니다. 제사를 완성했다는 말입니다. 사명을 완수했다는 말입니다. '다 이루었다'라고 운명하시는 순간 예루살렘 성전의 성소와 지성소를 구분하는 휘장이 위에서부터 아래로 쫙 찢어졌습니다. 참으로 놀라운 선포이자 놀라운 사건입니다. 원래 지성소에는 아무나 못 들어가도록 되어 있었습니다. 대제사장이 1년에 한 번 들어가는 곳입니다. 그런데 이제는 누구든지 믿음으로 그 은총의 보좌, 지성소 앞에 담대하게 나아갈 수 있게 하셨다는 것입니다.

이것을 알고 믿어야 기독교 신앙의 핵심을 이해하는 것입니다. 그래서 이 제사를 완성함으로 율법이 은혜가 되고, 선민 구원이 만민 구원이 되고, 제사가 예배가 되고, 구약이 신약이 되고, 안식일이 주일이 되고, 유대교가 기독교로 바뀌게 될 수 있는 것입니다.

모든 신, 구약 성경은 예수님에 대해서 증거하는 것입니다. 성경 전체는 결국은 '예수천국 불신지옥'입니다. 다른 것이 없습니다. 하나님께서 우주 만물을 창조하시기 전부터 인간이 죄인될 것을 아시고 그리스도를 보내서 구원해 주실 것을 예정하셨는데, 그럴 수밖에 없었습니다. 하나님 입장에서는 창조하셔야 했으며, 인간을 창조하셔서 자유 의지를 주셔야 되고, 선악과가 불가피하셨고, 그러나 마귀의 공격에서 무너질 수밖에 없었고, 결국은 예수 그리스도를 통해서 영원한 영생 얻는 길을 열어주셨던 것이었습니다. 그러므로 모든 성경은 예수 그리스도에 대한 얘기입니다. 예수님을 위한 것입니다. 예수님을 증거하는 책입니다. 영생의 길은 오직 예수님밖에 없습니다. 예수를 안 믿는 사람들을 보면 어떻게 해야 할지 모르겠습니다. 주변에서 많은 사망 소식이 들려옵니다. 그때마다 저는 "그 사람이 예수 믿었느냐, 안 믿었느냐"가 최대 관심사입니다. 안 믿었다는 말을 들으면 너무너무 안타깝습니다. 우리는 신앙이 바르고, 신학이 정확하고, 삶이 분명하고, 사명이 확고해야 합니다.

모든 성경의 이야기는 사후 세계에 대한 얘기입니다. 사후 세계를 위한 말씀입니다. 모든 성경의 이야기들은 사후 세계와 연결되어 있습니다. 모든 성경의 방향은 사후 세계를 향하고 있습니다. 모든 성경의 이야기들은 사후 세계를 알고, 믿고, 준비하고 살아가라는 권면의 말씀과 경고의 말씀입니다. 이것을 무시하면 안 됩니다.

  오늘날 세상은 혼탁하며 혼란에 빠져 있습니다. 성경 전체를 대표하는 네 개의 성경 말씀의 의미와 중요성을 늘 새기면서 아울러, 복음의 음정, 복음의 화음, 복음의 박자, 복음의 사명을 늘 확인하고 되새김질해야 합니다. 예수 그리스도께서 영생을 주신 길이 되시고, 진리가 되신다는 말씀을 확신하고, 흔들리지 않는 믿음으로 네 가지 말씀을 늘 묵상하며, 되새기고, 체질화해서 승리하며, 세상을 살리는 사명을 감당하는 자로 살아야 합니다.

07 성탄의 사건! 문득의 사건! 하나님의 사건! 나에 대한 사건!

우리가 믿는 예수님의 복음은 역사적인 사실이며, 역사 속에 하나님의 인격이 들어있고, 하나님의 전능하심이 있습니다. 인류의 모든 역사는 하나님의 예언된 사건이며, 그 예언은 역사 속에서 그대로 성취됐습니다. 이 모든 것은 인간을 죄와 사망에서 구원하시기 위한 하나님 복음의 역사이며, 우리 모두에게 구원의 길을 열어주신 것입니다. 믿는 자에게는 죄 사함과 구원과 영원한 천국 영생이 우리에게 보장되어 있습니다. 이 구원의 역사가 예상하지 못했는데 갑자기 나타나는 문득의 사건으로 나타난 것임을 알아야 합니다.

민수기 24장에 보면 발람과 발락이 나오는데, 발락은 모압의 왕이며, 발람은 하나님의 선지자입니다. 이스라엘 백성들이 치고 올라오니까 발락이 겁이 나서 선지자 발람에게 돈을 주면서 이스라엘을 저주해 달라고 했으나, 발람은 오히려 축복을 합니다. 발람은 발락에게 "내 입에서 축복만 나오는 것을 어떻게 하느냐?"고 하소연합니다. 여기서 한 별은 메시아의 별을 말합니다. 발람에게 한 별이 야곱에게서 나오며, 통치자를 뜻하는 한 홀이 이스라엘에게 나와서 모압을 이편에서 저편까지 쳐서 멸하고 자식들을 다 멸하리라는 말이 생각지도 않게 튀어나오는 것입니다. 이것이 구원의 사건이자 하나님의 사건인 것입니다.

마태복음 2장에 헤롯왕 때에 예수께서 유대 예루살렘에 나시매 동방으로부터 박사들이 예루살렘에 이르렀다고 나오는데, 여기서 헤롯왕 때라는 말은 역사성을 말하는 것입니다. 사람들이 지어낸 얘기가 아니라 실제 역사 속에서 일어났던 사건이 우리가 믿는 기독교 신앙의 복음의 핵심입니다. 이는 미가서에 예언된 것을 말합니다. 여기서 우리가 주목할 것은 동방이 박사들이 별을 따라왔는데 별이 문득 없어졌다는 사실이며, 그래서 왕한테로 갈 수밖에 없었고, 결국에는 온 세상에 선포되었던 것입니다. 또한 그들이 베들레헴을 향해서 가는데 없어졌던 별이 문득 다시 나타나는 것이었습니다. 헤롯왕과 온 세상에 왕이 나셨음을 알리기 위한 하나님의 역사였습니다.

문득 없어졌다가 문득 다시 나타난 이것이 성경의 역사입니다. 세상 나라들이 강하게 일어나고, 악한 자들이 득세하는 것 같지만, 갑자기 문득 하나님의 사건이 일어나고, 문득 구원의 사건이 일어난 것이 바로 인류의 역사입니다. 이 문득의 사건을 통해서 메시아가 이 땅에 탄생하셨고, 헤롯왕 때 역사적인 사실로 온 땅에 선포되었던 것입니다. 이 문득의 사건이 없었다면 그냥 박사들은 바로 갔을 것이고, 그렇게 되었다면 세상에 알려지질 않았을 것입니다.

구약 성경(미5:2) '베들레헴 에브라다야 너는 유다 족속 중에 작을지라도 이스라엘을 다스릴 자가 네게서 내게로 나올 것이라 그의 근본은 상고에, 영원에 있느니라'는 말씀의 예언대로 우주 만물을 창조하신 분이 예수입니다. 그래서 박사들을 기뻐하고 가서 경배한 것은 역사적인 사실이요, 문득의 사건들입니다. 하나님께서 능력 가운데 나타나셔서 역사를 바로잡고, 악을 물리치시며, 하나님의 뜻을 이루어내는 것이 성경의 역사요 하나님의 역사요, 구원의 사건입니다. 그래서 우리가 크리스마스의 의미가 무엇인지를 늘 확인해야 하는 이유입니다. 박사들이 아기 예수께 가서 황금과 유향과 몰약을 예물로 바쳤습니다. 황금은 왕에게 드리는 선물이에요. 유향은 예수님의 신성을 말하는 것이며, 몰약은 예수님의 죽음과 부활을 말하는 것입니다. 성탄의 사건은 문득의 사건이고, 하나님의 사건이며, 우리를 위한 구원의 사건입니다.

우리 삶에는 고난과 실현과 어려움으로 가득 차 있습니다. 예수님이 말씀(요14:1~2)하셨습니다. "너희는 마음에 근심하지 말아라. 하나님을 믿으니 또 나를 믿어라. 내 아버지 집에는 거할 곳이 많더라" 아버지의 집이 천국이며, 천국이 우리에게 보장되어 있으며, 이 땅은 잠시 사는 것입니다. 우리는 모두 반드시 죽습니다. 예수님께서 '내가 곧 내가 곧 길이요 진리요 생명이니 나로 말미암지 않고는 아버지께로 올 자가 없다(요14:6)'고 말씀하신 것처럼 예수님 외에는 천국 갈 길이 없습니다.

미국에 사는 우리는 다 비자를 한 번은 받았습니다. 한국에서 미국 비자를 받고, 미국에 와서 살고 있는데, 언젠가 우리는 이 땅을 떠납니다. 우리는 예수를 믿는 천국 비자를 받은 자들입니다. 다른 종교에는 문득이라는 사건이 없습니다. 불교와 천주교에 무슨 문득이 있습니다. 지극히 높은 곳에서는 하나님께 영광이요, 땅에서는 기뻐하심을 입은 사람들 중에 평화롭다(눅2:14). 천사들이 목자들에게 말합니다. 기뻐하심을 입은 사람들 중에 다 구원받는 게 아닙니다. 그 문득의 사건을 나를 위한 사건으로 받아들이고, 신앙을 고백하는 그 사람들이 구원받았다는 말입니다. 다른 종교에는 이 표적이라는 말이 없습니다. 우리가 믿는 복음만이 확실하고, 분명하고, 유일하고, 완전합니다. 말구유의 표적, 십자가의 표적, 부활의 표적인 요나의 표적, 변화산의 표적, 이 네 표적을 항상 강조하는 것은 우리 기독교에만 있는 것이기 때문입니다.

지금은 재림의 때입니다. 예수님이 재림하신다는 것은 350번 이상 나와 있습니다. 오늘날 세상 돌아가는 것을 보면 재림의 때가 아주 임박했음이 분명합니다. 그러므로, 우리도 동방박사들처럼 메시아의 별, 재림의 별이 나타났다는 확신을 가지고 기다림과 사모함으로 주님이 지금 오셔도 환영하는 준비된 자가 되어 있어야 합니다.

> 그들이 바른 길을 떠나 미혹되어 브올의 아들 발람의 길을 따르는도다 그들이 바른 길을 떠나 미혹되어 브올의 아들 발람의 길을 따르는도다 그는 불의의 삯을 사랑하다가 자기의 불법으로 말미암아 책망을 받되 말하지 못하는 나귀가 사람의 소리로 말하여 이 선지자의 미친 행동을 저지하였느니라(벧후2:15)

예수는 믿으면서 거짓 선지자 발람의 길을 따라가서는 안 됩니다. 당나귀가 경고를 해도 그냥 가는 미친 짓을 해서 돈 받고, 세상의 출세를 위해서 그런 짓을 하면 안 됩니다. 발람이 되지 말고, 발람의 길을 가지 말라는 것입니다. 세상에서 순간적이고, 일시적인 돈, 명예, 권세, 쾌락 그것들 때문에 거기에 빠져서 발람의 길을 가서는 안 된다는 것을 우리에게 경고해 주고 있습니다.

> 사랑하는 자들아 주께는 하루가 천 년 같고 천 년이 하루 같다는 이 한 가지를 잊지 말라(벧후3:8)

하나님은 우리가 다 구원받기를 원하셔서 기다리고 계시며, 하루를 천 년 같이 천 년을 하루 같이 안타깝게 한 사람이라도 더 구원받기를 원하셔서 기다리고 계십니다. 내가 구원받은 사람이 되고, 내 남편, 내 자식들, 내 친족들이 구원받는 길로 우리가 인도해야 할 사명이 있습니다. 나는 예수 믿고 천국 가는데 내 자식들이, 내 친구들이, 내 가족들이 지옥에 가면 얼마나 가슴 아픈 일입니까?

조심하라!(Be careful! Watch out!) 경건한 하나님의 사람으로 하나님 나라가 임할 것을 바라보고, 간절히 사모하면서 힘들고 어려워도 참고 인내하며 끝까지 믿음을 지켜야 합니다. 주님이 재림하신다는 얘기를 들으면 겁을 내는 사람이 있는데, 믿는 자들에게는 주님이 재림하시는 것은 결혼식 날입니다. 결혼식 주례를 많이 해보았는데, 전날 예행 연습 때 어떻게 하면 좋겠느냐고 탄식하는 사람은 한 사람도 없었습니다.

주님이 오실 때가 아주 아주 가까워졌습니다. 그러므로, 우리가 즐거운 마음으로 기다리며 준비된 자로 살아야 합니다. 크리스마스에 다시 한번 우리가 무엇을 믿느냐? 어떻게 믿느냐? 문득의 사건이 나에게도 이루어졌다는 사실에 감사하며 살아야 할 것입니다.

08 세상의 혼란과 파멸을 살릴 해답은 오직 복음뿐!

    가을철이 되면 단풍이 형형색색 참으로 아름답습니다. 그런데 단풍이 어떻게 해서 빨갛게, 파랗게, 노랗게 색깔이 변하는지에 대해 현대과학이 발전했어도 그 원인을 모른다고 합니다. 그렇다면 단풍을 누가 그렇게 아름답게 변화시켰습니까? 그것은 창조주 하나님이 하신 것입니다. 그러나, 인간의 타락과 죄와 하나님과의 단절로 인해 오늘날 우리가 사는 세상은 얼마나 눈물과 아픔과 고통과 죽음이 가득 차 있습니까? 세상에는 문제 없는 사람이 하나도 없어요. 또한, 우리 스스로 이 문제를 해결할 수가 없습니다. 해결할 수 있는 방법이라면 오직 예수님이 해답입니다. 하나님께서 '예수님을 통해서, 예수님에 의해서'라는 해답을 주신 것입니다. 예수님을 믿으면 하나님과의 관계가 회복되고, 교제가 회복되고, 공급이 회복되고, 능력이 회복되고, 축복이 회복되는 거예요.

    오늘날 세상은 너무 너무 부패했고, 파멸되고 있고, 죄와 죽음으로 가득 차 있어요. 1,700년도 18세기 유럽이 지금과 똑같은 모습이었습니다. 경제는 붕괴되고, 길거리에는 노숙자들과 깡패들로 가득 차 있고, 창녀들로 가득 차 있고, 감옥은 차고 넘치는 반면에 교회는 텅텅 빈 때가 있었습니다.

체코슬로바키아 지역에 한 교회가 있었어요. 그 교회가 건축하기로 하고, 건축이 다 끝나면 현관에다가 예수님이 십자가에 못 박혀서 고통당하시는 장면을 그림으로 그려서 거기다 붙여놓기로 가결을 했어요. 그래서 교회에 출석하는 스텐벅이라는 화가를 택해서 십자가에 달려 고통 당하는 예수님의 그림을 그리도록 했어요. 그런데 그 화가가 절반쯤 그리던 어느 날 집 없이 떠돌아다니던 집시 여인 하나가 나타나서 자신의 초상화를 하나 그려 달라는 거예요. 그래서 그려주기로 하고 초상화를 열심히 그리던 중 그 집시 여인이 반쯤 그려진 예수님의 초상화를 가리키면서 "저 십자가를 진 사람이 흉악범인가 봐요?"라고 묻자, 스텐벅은 깜짝 놀라며 "아닙니다. 이분은 자기 죄가 아니라 세상 사람들의 죄 때문에 십자가에 달린 것입니다"라고 말하자, 집시 여인은 "그렇다면 저 분이 나와 당신의 죄를 위해서도 십자가를 지신 것이라는 말입니까?"라며, 갑자기 일어나 그림 앞에서 "내가 죄인입니다! 나를 위해서 죽어주신다니?"라며 대성통곡하는 것이었습니다. 이에 화가는 충격을 받았습니다. 지금까지 '예수님은 만민을 위해 죽으셨지 나를 위해 죽으셨다'는 생각은 한 번도 해본 적이 없기 때문이었습니다. 그 일이 있은 후에 그 화가는 정성을 다해서 예수님의 초상화를 완성하였으며, 입당 예배를 드릴 때 그림을 현관 앞에 전시해 놓았습니다. 수많은 사람들이 그림을 보았는데, 어느 날 백작이자 귀족이었던 진센돌프라는 사람이 그 그림을 보다가 "난 널 위해 내 몸을 주건만 넌 날 위해 무얼 주느냐?"라는 주님의 음성을 듣게 됩니다. 그 말에 진센돌프는 얼어붙은 듯 움직이지 못한 채 눈물을 줄줄 흘리다가 집에 돌아가서 삶을 다 정리하고 경건주의자로서 모라비언 운동으로 세상을 바꿔놓습니다.

요한 웨슬리는 감리교 창설자가 있습니다. 1735년 미국 선교를 위해 찰스 웨슬리와 함께 미국 조지아주로 가는 배를 탔습니다. 장장 4개월 동안 항해 중 폭풍을 만나서 돛대가 부서지고, 배가 뒤집힐 정도로 위험에 처해서 죽음과 공포로 떨고 있는데, 그 배의 한쪽 편에서 찬송소리가 들리는 거예요. 그들은 바로 진센돌프가 일으켰던 모라비안들이었습니다. 웨슬리는 찬송소리가 들리는 그들에게 다가가서 "당신들은 이런 상황에서 어떻게 찬양을 합니까?"라고 물으니까, 그들이 "우리가 죽으면 천국 가는데 뭐가 무섭습니까? 하나님이 함께하시는데 뭐가 무섭습니까?"라고 말하는 것을 듣고 요한 웨슬리가 큰 충격을 받았어요. 모라비언 사람들은 '풍랑을 만나서 죽으면 천국 가는 것이고, 하나님이 책임져 주실 것인데 왜 걱정하느냐?'고 하는데, 나는 선교사로 예수를 믿는다고 하면서 왜 그런 신앙을 갖지 못하는가?'라며 자책을 했습니다. 웨슬리가 우울하고 답답해하면서 어느 날 런던의 수요 예배 때 조그마한 교회 예배에 참석했는데, 목사님이 자기 설교도 아니고, 남의 설교를 가지고 하는데, 그날 말씀이 로마서 1장 17절이었습니다.

> 복음에는 하나님의 의가 나타나서 믿음으로 믿음에 이르게 하나니 기록된 바 오직 의인은 믿음으로 말미암아 살리라(롬1:17)

그날 설교의 요지는 '우리 모두는 다 죄인입니다. 죄인이 죄를 용서받기 위해서는 반드시 값을 지불해야 합니다. 그런데 내가 죗값을 지불할 수 없으니까 하나님께서 독생자 예수님을 보내셔서 대신 죗값을 지불하게 하신 것이고, 이것이 하나님의 뜻입니다'는 것이었습니다. 요한 웨슬리는 그 자리에서 '오직 의인으로 말미암아 살리라'라는 말에 완전히 뒤집어졌습니다. 뜨거운 성령의 사람으로 변화되었습니다. 그래서 유럽을 뒤집어 놨습니다. 침체했던 유럽을 복음으로 다시 살렸습니다. 거기서 청교도들이 나와서 미국으로 온 거예요. 미국의 부흥이 이루어지고, 선교사들이 우리 한국으로 간 것입니다. 집시 여자 하나가 예수님을 받아들이고 눈물 흘릴 때 진센돌프가 일어나고, 진센돌프의 모라비언의 경건주의 운동을 통해서 요한 웨슬리가 살아나고, 요한 웨슬리가 살아서 유럽이 다시 부흥되고, 그 유럽의 부흥이 미국으로 가고, 또 한국으로 가고, 그렇게 세상을 살리는 것이 복음입니다.

나는 복음을 믿고 싶은데 잘 믿어지지 않는다고 하는 사람들이 많습니다. 지적이고, 지식이 많은 사람들이 더 그렇습니다. 조 박사라는 분이 있었어요. 그분이 참 신실하신 분이시고 부인과 딸은 교회에 열심히 다니는데, 자기는 예수를 믿을 수가 없대요. 지적으로 따지면서 "어떻게 하나님이 사람이 되냐? 어떻게 인간 예수가 하나님이냐? 말도 안 된다. 어떻게 하나님의 독생자가 인간을 위해서 죽느냐? 말도 안 된다. 그런 헛된 얘기는 듣고 싶지 않다"면서 거절했어요. 그런데 어느 주일날 아침에 부인과 딸이 교회에 가자고 했으나 "나는 못 믿어.

그런 거짓말 안 믿어"라며 거절하고, 혼자서 창가에 앉아서 "아내와 딸은 저렇게 교회 가는 것을 즐거워하는데 나는 왜 안 믿어질까?"라고 생각하고 있는데, 개미 한 마리가 창문을 뚫고 들어오는 거예요. 그래서 죽였어요. 죽여도 계속 들어오는 거예요. 들어오지 말라고 말해도 계속 들어오는 거예요. 개미가 사람 말을 못 알아들으니까 당연하지요. 그때 개미를 들어오지 못하게 하는 방법으로 "내가 개미가 되어서 개미 세계로 들어가서 못 들어오게 막는 것밖에 없겠구나"라는 생각을 하게 된 거예요.

그때 깨달았습니다. 인간이 죽음의 길로 가고 있는데, 인간을 구원할 수 있는 방법은 하나님이 인간의 몸을 입고 이 땅에 오셔서 십자가에 피 흘려주시고, 내가 피 흘려준 것을 믿으면 죄 사함을 받고, 구원받는다는 것을 알려 준 것임을 깨달았습니다. 내가 개미를 죽이지 않으려면 내가 개미가 돼서 개미의 세계로 들어가서 말해줘야 하는 것처럼 하나님이 인간의 몸을 입고 이 땅에 오실 수밖에 없었다. 그래서 우리의 구원자가 되셨다는 것을 깨닫고 나니까 그동안 이해가 안 되던 문제가 다 풀리고, 하나님의 세계가 보이는 거예요. 하나님의 은혜를 믿음으로 구원받는 이 엄청난 비밀 복음의 비밀이 확 들어온 거예요. 그래서 거기서 거꾸러져서 아주 열렬한 크리스천으로서 복음에 앞장 선 하나님의 사람이 되었습니다.

하나님께서 이 세상을 이처럼 사랑하사 독생자를 왜 주셨습니까? 우리가 개미 사건의 교훈을 통해서 본 바와 같이 멸망하지 않고, 영생을 얻게 하려 하심입니다. 예수 그리스도는 하나님의 독생자요. 이 땅에 처녀의 몸을 빌려 오서서 십자가에서 죽고, 부활하시고, 우리가 십자가를 믿음으로써 내 죄 사함이 이루어지고, 부활을 믿음으로써 나도 주님처럼 부활해서 영원한 영생을 얻는다는 것이 기독교의 핵심입니다.

그런데 사람들은 왜 믿지 않을까요? 이렇게 확실하고, 분명하고, 유일하고, 완전한 보험을 왜 안 받아들이냐? 다른 이유가 없어요. 그것은 교만 때문입니다. 다른 대안이 없는데도 불구하고 안 받아들이는 것은 교만과 자존심 때문이에요. 불교에서 석가모니가 십자가에 죽은 일이 없잖아요. 모하메드가 십자가에 죽은 일이 없잖아요. 거기에서 부활했다는 말은 없잖아요. 오직 예수 그리스도만 십자가에서 우리 죄를 위해서 대신 죽으시고 부활하시므로 나도 예수님 안에서 부활합니다.

저는 원래 목사 안수를 안 받으려고 했습니다. 동생이 목회자라서 저는 가정을 지키려고 했습니다. 그런데 이동원 목사님의 권함을 받고 고민하다가 기도처에 가서 요한복음을 읽어내려가다 제가 깨졌어요. '누구든지 내 살을 먹고 내 피를 마시지 아니하면 영생할 수 없다' 이 말씀은 제가 아는 말씀이에요. 매일 듣던 말씀이에요. 너희가 이 떡을 먹으면 살리라. 내 살과 피를 먹으라는 말은 믿으라고 말이에요. 예수님의 십자가와 부활을 믿으라는 얘기입니다. 그러면 산다는 겁니다. 그러면 영생을 얻는다는 겁니다. 그러면 천국 간다는 겁니다. 결국 이 말에 제가 울면서 목사 안수를 받겠다고 했습니다.

이 세상에는 수많은 문제가 있고, 아픔이 있습니다. 저주, 죄, 눈물,

죽음이 있습니다. 해답이 무엇입니까? 죄는 불순종에서 왔어요. 악은 마귀에서부터 왔어요. 저주는 하나님과의 관계 단절에서 왔어요. 죽음은 타락의 결과예요. 해답은 무엇입니까? 예수 그리스도를 통해서 하나님과의 관계가 회복되는 거예요. 그런데 내가 죄인이기 때문에 직접 하나님께 나갈 수 없기 때문에 십자가를 통해서 해결해 주신 거예요. 부활을 통해서 죽음의 문제를 해결해 주신 거예요. 이것이 복음입니다.

요즘에 우리 주변에 죽었다는 소식이 왜 그렇게 많은지 모르겠어요. 한국의 이태원에서는 할로윈 축제한다고 159명이나 죽었어요. 그런데 보니까 10대 아이들이 대부분이에요. 어떻게 이런 일이 일어날 줄 누가 알았겠어요. 분명한 것은 죽음이라는 것은 멀리 있는 것이 아니라는 사실입니다.

저는 장례식 집례를 할 때마다 시신을 놓고 슬픔 가운데 '이분이 천국 갔을까? 아니면 지옥 갔을까?' 그것이 항상 저의 고민이에요. 성경은 분명하게 선언합니다.

> 한 번 죽는 것은 사람에게 정해진 것이요 그 후에는 심판이 있으리니(히9:27)

예수를 믿었으면 천국이고, 안 믿었으면 지옥이다. 이것이 성경의 얘기입니다. 내가 목사로서 이 사람이 예수를 제대로 믿었느냐? 안 믿었느냐? 이것이 장례식 집례하면서 항상 마음에 걸림이 되고 고민이 되는 것입니다.

　지금으로부터 10여 년 전에 나이가 든 한국 사람 네 명이 오션시티(ocean city)로 배낚시를 갔어요. 그 지역은 안전지대였습니다. 그런데 갑자기 파도가 밀려와서 4명 중에 3명이 죽었고 1명만 살았습니다. 살아난 사람은 구명조끼를 입고 있어서 살아났다고 합니다. 세 사람은 안전지대인데 설마 배가 뒤집어지겠는가?라는 생각으로 구명조끼를 입지 않은 거예요. 그래서 세 사람은 죽었고, 구명조끼를 착용한 한 사람만 구조가 된 것입니다. 예수를 믿는다는 것은 그냥 악세서리가 아니라 구명조끼를 입는 것입니다. 내가 언제 부름을 받을지, 내가 언제 죽을지 몰라요. 어떤 사고가 나에게 닥칠지 누구도 몰라요. 그래서 우리는 항상 구명조끼를 입어야 하는 거예요. 성경이 말하는 것은 예수 믿으면 천국이고, 믿지 않으면 지옥이라는 것이 성경의 결론이고, 진리입니다.

　요즘 대부분의 사람들은 생명보험을 가지고 있습니다. 그런데, 영생보험에는 별로 관심들이 없어요. 잠시 머무는 이 땅의 생명보험은 들면서 훨씬 더 중요하고 영원한 영생보험은 왜 안 드느냐는 말입니다. 이 땅에서 영생보험을 든다는 것이 무엇입니까?

> 너희는 그 은혜에 의하여 믿음으로 말미암아 구원을 받았으니 이것은 너희에게서 난 것이 아니요 하나님의 선물이라. 행위에서 난 것이 아니니 이는 누구든지 자랑하지 못하게 함이라(엡2:8~9)

하나님의 은혜로 하나님의 독생자가 나의 죄 때문에 죽어주셨다는 것을 내가 마음으로 믿고 입으로 시인하면 구원받는 거예요. 아주 아주 간단해요. 아무도 자기 행위로 구원받는 것이 아니기 때문에 자랑할 수가 없다는 겁니다. 그런데 왜 안 받느냐는 것입니다. 누구든지 죽음은 필연적으로 거쳐야 하는 과정이에요. 이태원 참사 같은 사건을 보면서 죽음이라는 것이 무엇인지 생각해야 해요. 우리는 하나님의 신이 우리 속에 들어와 있기 때문에 우리는 영생하는 존재예요. 우리에게 영생을 주신 것과 이 생명이 그의 아들 안에 있는 그것입니다. 예수 그리스도 안에 영생이 있다는 말입니다. 우리가 이 복음의 말씀을 듣고 깨달아야만 합니다. 인간은 반드시 영생의 문제를 해결해야 합니다. 나의 자존심 버려야만 합니다. 나의 교만한 마음을 버려야만 합니다. 나의 지식을 버려야만 합니다.

네 눈이 범죄케 하거든 빼어버리라고 했어요. 네 손이 너를 범죄케 하거든 찍어버리라고 했어요. 네 발이 너를 범죄케 하거든 잘라 버리라고 했어요. 장애인으로 살다가 천국에 가는 것이 온전한 몸을 가지고 있다가 지옥에 가는 것보다 낫다는 거예요. 내 신앙을 방해하는 요소가 있으면 잘라버리고, 찍어버리고, 없애버리라는 것입니다.

부자와 나사로가 있습니다. 나사로는 이 땅에서 영생을 생각을 하지 않고 자기 맘대로 살았어요. 나사로는 거지로 살았어요. '나사로'의 뜻은 믿음으로 의롭게 됐다'라는 원어적인 뜻이 있어요. 지옥에 간 부자가 너무 뜨겁다며 물 좀 보내 달라고 했으나, 갈 수가 없다고 했어요. 그렇다면 부자는 세상에 있는 다섯 형제들이 지옥에 오지 않도록 알려 달라고 했으나, 세상에는 모세와 엘리야, 전도자가 있는데 그들의 말을 듣지 않으면 나사로가 가서 말해도 듣지 않을 것이라 했어요. 얼마나 안타까운 일입니까?

디엘 무디(D.L. Moody)는 현대 대중 복음 전도 운동의 창시자로서 찰스 스펄전과 함께 19세기에 가장 크게 하나님께 쓰임 받고 미국을 부흥시킨 전도자입니다. 디엘 무디가 큰 부흥회를 했어요. 예배가 끝나고 휴게실에 앉아 있는데, 청년 한 명이 들어왔어요. 그 청년이 "선생님! 제가 의문이 있어서 왔습니다. 저는 교회를 오래 다니고 오늘도 좋은 말씀을 들었는데 저는 구원에 확신이 없어요. 어떡하면 좋습니까?"라고 말하는 것이었습니다.

무디가 요한복음 5장 24절, '내가 진실로 진실로 너희에게 이르노니 내 말을 듣고 또 나 보내신 이를 믿는 자는 영생을 얻었고 심판에 이르지 아니하나니 사망에서 생명으로 옮겼느니라'는 말씀을 읽어주면서 "누가 한 말씀이냐?"고 물으니 "예수님이 하신 말씀입니다"라고 답변해서 "그러면 너 구원받았느냐?"라고 해도 자꾸 모르겠다는 거예요. 무디가 "믿는 자는 영생을 얻었고, 사망에서 생명으로 옮겨졌다"며 몇 번을 다시 읽어보게 하고 물어봐도 계속 모르겠다는 거예요. 무디가 소리를 지르면서 "예수님이 그렇다면 그런 것이지 네가 왜 말이 많아!"라고 외쳤을 때 여기서 청년이 꺼꾸러졌어요. 그가 채플린입니다. 그래서 디엘 무디의 후계자가 됐어요. 무디는 구두 수리공이었고 학문이 일천한 사람이었지만 천국과 지옥을 외치며 부흥을 시켰어요. 또한 채플린이 후계자가 돼서 미국의 대부흥을 일으킨 역사를 이룬 것입니다. 우리가 구원받는 것은 '내 입으로 예수를 주님이라고 시인하고, 하나님이 그를 죽은 자 가운데서 살리신 것을 내 마음에 믿으면 사람이 마음으로 믿어서 의에 이르고 입으로 시인해서 구원받는다'는 것으로 정말 간단해요. 마음을 열라는 거예요. 입을 열라는 거예요. 그리고 영의 눈을 열면 영의 세계가 있고, 그 영의 세계에 들어가려면 예수님을 믿어야 되고, 그래서 마음으로 믿고 입으로 시인하면 구원을 받는 거예요. 얼마나 간단합니까? 복잡하게 생각할 것 없어요. 예수님이 십자가에 달릴 때 옆에 있던 강도가 교회를 한 번이나 가봤습니까? 예수님에게 충성했습니까? 아무것도 한 것이 없어요. 그런데 십자가 상에서 죽어가면서 예수님을 보니까 예수님이 메시아인 거예요. 그래서 "예수님! 당신이 나라에 임할 때 나를 기억하소서"라고 했습니다. 무엇입니까? 신앙 고백입니다. "내가 당신을 믿습니다. 나를 기억하소서"라고 했더니, 예수님이 "네가 오늘 나와 함께 낙원에 있으리라"라고 하셨습니다. 참으로 드라마틱하지 않습니까? 구원에 대해서는 세상적인 어떤 방법도 없습니다. 우리는 반드시 예수를 믿어야만 합니다. 하나님의 독생자가 나의 죄 때문에 죽으신 것을 믿으면 우리는 구원받는 것입니다. 저는 이것이 너무 안타까워서 항상 때를 얻든지 못 얻든지 이것을 증거하고 있는 것입니다.

 기독교 신앙의 핵심이 무엇이냐? 한마디로 말하면 부활입니다. 부활이 없다면 예수님이 하나님의 독생자라는 것을 증명할 방법이 없습니다. 부활이 없다면 예수님을 믿을 필요가 없습니다. 부활이 없다면 나도 예수님을 안 믿겠습니다. 성경은 예수님이 부활하신 것처럼 나도 부활한다는 것을 분명하게 얘기합니다.

저는 어렸을 적에 산이 많은 곳에서 자랐어요. 저녁에 전깃불을 켜놓고, 아침에 가보면 그 전깃불을 찾아서 나비들이 와 앉아요. 나비들이 얼마나 아름다운지 몰라요. 그런데 그 호랑나비들이 무엇입니까? 원래는 풀 뜯어 먹는 벌레였어요. 풀 뜯어 먹던 벌레가 껍질을 벗고 호랑나비가 되어 영광을 누리고 있는 거예요. 호랑나비에게 '네가 전에는 땅을 기어다니는 벌레였어'라고 말하면 호랑나비는 '내가 왜 벌레야?'라고 할지 모릅니다. 그러나 우리가 알고 있듯이 나비는 원래 애벌레가 번데기가 되고, 번데기에서 나와 호랑나비가 된 것입니다.

우리 인간도 마찬가지입니다. 반드시 한 번은 죽음의 과정을 거쳐요. 그러다가 다시 부활하는 거예요. 다음 세계로 껍질을 벗고 탈바꿈해서 들어가는 거예요. 그것을 성경이 가르치고 있어요.

최근에 나와 가깝게 지내는 참 좋으신 분이 감옥에 가게 생겨서 마음이 아파요. 세상에서 몇 년 권세를 누려보고 감옥에 가면 뭘 하겠어요? 돈 많이 벌면 뭐하겠냐고요? 권세 가지면 뭐 하겠냐고요? 돈 많이 가지면 뭐 하겠느냐고요? 이 땅의 것들은 잠시입니다. 구원의 문제를 해결해야 돼요. 영생이 우리에게 주어져 있습니다.

집시 여자 하나가 유럽을 살렸고, 진센돌프 한 사람이 유럽을 살렸고, 요한 웨슬러 한 명이 유럽을 살렸던 것처럼 우리가 속한 세상에 내가 살아서 세상을 살려야 합니다. 살리는 것은 영이니 육은 무익한 것입니다.

제2부

임박한 종말 · 재림 · 예수천당 불신지옥

01 하나님은 사랑이신가? 잔인하신가? 복음은 무엇인가?

　최근에 트럼프가 총격을 받는 사건이 발생했는데, 순간의 차이로 죽음을 면했습니다. 목회자로서 워싱턴 지역에 오래 있었기 때문에 누가 죽었다는 소문이 자주 들립니다. 죽음은 모든 사람이 다 죽으며, 언제 죽을지 모릅니다. 가장 중요한 것은 나도 죽는다는 사실입니다. 세상에서 가장 지혜 있는 삶은 죽음을 항상 준비하는 사람입니다.

　가끔 신문에 보면 유명한 사람 누가 죽었다는 부고가 나오는데, 부고를 접할 때마다 "이 사람이 예수를 믿고 죽었나, 아닌가?"를 질문을 하게 됩니다. 죽음이라는 것은 끝이 아니라 다음 단계의 세계로 들어가는 것임을 우리가 알고 믿어야 합니다. 인간은 영생하는 존재입니다. 이것이 복음의 핵심이자, 기독교 신앙의 핵심입니다. 죄로 타락하여 하나님과 단절로 저주와 죽음의 문제를 해결하기 위해 하나님께서 여인의 후손을 주셨는데, 이것이 인간의 죄와 죽음의 문제를 해결하기 위한 하나님의 공식입니다. 그 여인의 후손이 바로 예수님입니다. 성경의 얘기를 한마디로 요약하면 오실 예수, 오신 예수에 관한 이야기입니다. 기독교는 종교가 아닙니다. 하나님과 관계이며, 예수님을 통한 하나님과 관계가 기독교 신앙이다는 것을 명심해야 합니다.

　한 번 죽는 것은 정하신 것이오 그 후에는 심판이 있다(히9:27)

죽음은 끝이 아니라 후에도 내 영혼이 살아 심판을 받는다는 것입니다. 여인의 후손인 예수님을 믿었느냐, 안 믿었느냐에 따라 천국과 지옥으로 갈라지는 것입니다.

미국을 비롯해서 선진국에서는 건강보험이 있습니다. 그런데 우리에게는 하나가 더 필요한 것이 있는데, 그것은 영생보험입니다. 특별히 예수천당 불신지옥을 강조하는 철저한 복음주의 목사인데도 성경을 읽으면서 깜짝 깜짝 놀랄 때가 있습니다. 성경(마5:29~30)은 네 눈이 너를 범죄케 해서 예수를 안 믿게 하거나 네 발이 너를 범죄케 해서 예수 믿는 것을 방해하고 못 믿게 하거든 뽑아버리고 잘라 버리라는 것입니다. 온전한 몸으로 지옥 가서 고통받는 것보다 불구자로 살다가 천국 가는 게 낫다는 말씀을 묵상하다 보면 '오죽하면 하나님께서 독생자를 보내셨을까? 오죽하면 하나님께서 독생자를 보내실 수밖에 없었을까?'라는 생각이 듭니다. 예수 믿는 것은 선택의 문제가 아니라 절대적입니다. 혹자는 '하나님이 잔인한 분인가? 사랑의 하나님이 그토록 잔인하실까?'라는 의문을 제기하는 사람이 있는데, 하나님은 죄에 대해서는 반드시 벌을 받아야 하는 것이 원칙이고, 하나님의 공의의 원칙입니다.

그런데, 하나님께서 우리를 벌하지 아니하시고 죄 문제 해결의 길을 열어주신 것이 독생자를 보내 주신 것입니다. 모든 인간의 죗값을 대신해서 죄가 없으신 분이 인간의 죄를 다 담당하시고 죄인으로 죽으신 것입니다. 그것이 십자가이며, 예수님의 피입니다. 하나님이 나를 위해서 대신 피 흘려 죽으셨다고 인정하고 받아들이는 것이 믿음입니다

다. 어찌보면 참으로 간단하고 쉬운 문제인데, 이를 악물고 안 믿는 사람 있습니다. 죽어도 안 믿겠다고 하는 사람이 있고, 믿으라고 하면 오히려 욕을 하는 사람도 있습니다.

세계 신학계에서 존경받는 볼트만이라는 사람 있습니다. 이 사람은 신약 성경 속 선교의 실존론적 해석을 비신화적 방법에 의해 행할 것을 주장했습니다. 예수의 동정녀 탄생 등 성경의 사건이나 서술이 신화적인 요소를 갖고 있을 뿐만 아니라 복음서 이야기 전체가 현대인으로서는 이해할 수 없는 신화적 우주 관념에 바탕을 두고 있다고 했습니다. 그는 천국과 지옥은 신화적인 세계관이라고 주장했습니다. 실제로 있었던 것이 아니고 사람들이 그렇게 만들어서 우화처럼 만든 얘기라는 것입니다. 한국에서 단군신화와 같이 신화적인 얘기라는 것입니다. 이렇게 엉뚱한 소리를 하는 사람들이 많은데, 절대 따라가면 안 된다. 성경은 절대 신화가 아닙니다. 복음이 인간들에게 의해 교묘하게 만들어진 신화 같은 얘기가 아닙니다. 변화산에서 천국의 영광을 친히 보은 베드로는 천국과 지옥에 대한 얘기가 사람들이 만든 우화가 아니라 실제적인 사건이며 천국과 지옥은 실재입니다.

C.S 루이스는 "성경은 역사적인 사실을 기록한 책이다"라고 했습니다. 성경은 역사 속에서 하나님이 이렇게 될 것이라고 하는 예언서입니다. 특별히 그 예언은 인간의 죄와 사망에서 예수를 통해서 구원하시기를 원하시는 복음입니다. 그런데 그 보험이 모든 사람이 믿는 것

이 아닙니다. 안 믿으면 지옥이고, 믿으면 천국이라는 것이 확실한데, 모든 사람 다 믿는 게 아닙니다. 열심히 교회를 다닌 사람들 중에도 지옥 가는 사람이 있는가 하면, 교회를 한 번도 안 와봤는데 마지막에 믿고 가는 사람이 있습니다. 우리는 누가 예정되어 있는지 모릅니다.

복음의 핵심은 내가 항상 바른 신앙인인가 아닌가를 점검해야 합니다. 사후에 세계가 있느냐, 없느냐가 핵심입니다. 그리고 나는 죽지만 다시 부활한다는 것을 믿느냐, 사후세계가 있느냐, 그리고 나는 죽는다. 그러나 나는 다시 부활한다. 그걸 어떻게 믿느냐가 중요합니다. 목사들과 신학자들 간에는 예수님의 재림에 대해 의견이 다르기도 하고, 동성애 인정 문제도 사랑의 하나님이시기 때문에 받아줘야 한다고 주장하는 사람들도 있는데, 그것은 복음이 아닙니다. 하나님의 창조 질서와 원칙을 깨는 것입니다.

목회를 하면서 이동원 목사의 복음적인 노선을 기뻐했고, 영국의 로이드 존슨 목사를 좋아했었습니다. 특별히 영국은 존슨 목사 같은 사람들에 의해서 부흥이 됐었는데, 지금 영국은 무슬림의 나라로 바뀌어 가고 있어 너무도 안타깝습니다. 존슨 목사님이 쓴 책 중에 '아브라함의 우물을 다시 팠다'라는 말이 있습니다.

창세기 26장에 보면 이삭이 브엘 세바에 가서 우물을 팠는데, 블레셋 사람들이 와서 우물을 다 메꿔버립니다. 이삭의 아버지 아브라함이 우물을 다시 판 것처럼 지금이 아브라함의 우물을 다시 파야 할 때입니다. 이단 세력들, 불신앙의 세력들, 악의 세력들, 마귀의 세력들이 순수한 복음의 우물을 다 메꿔버렸습니다. 다시 아브라함의 우물을 파야 될 때입니다. 오직 예수천당 불신지옥의 믿음대로 영원히 영생을 주신 이 복음으로 우리가 다시 우물을 파야 됩니다.

　작년에 이스라엘 가서 갈릴리도 갔었고, 지금 하마스 전쟁이 일어나고 있는 곳도 갔다 왔습니다. 그때 거기 갔던 얘기를 하면 그것은 직접 본 현장의 이야기입니다. 마찬가지로 부자와 나사로의 얘기는 예수님이 하늘에서 오셨기 때문에 하늘에서 현재 일어나고 있는 현장의 이야기라는 말입니다. 만들어낸 얘기가 아니라 실제로 예수천당, 불신지옥이 현재 이루어지고 있다는 것을 말해주는 것입니다. 나사로는 고통 중에서도 이 땅에서 믿음으로 의롭게 돼서 낙원에 아브라함 품에 안겼는데, 여기에 보면 3개의 세상이 등장합니다. 그것은 낙원 세계, 음부 세계, 지상 세계입니다. 낙원 세계에는 아브라함과 나사로가 있고, 음부의 세계에는 부자가 있으며, 지상 세계는 부자의 형제 다섯이 있는데, 아직도 육체를 가지고 살아있는 세계입니다. 이것이 너무나 적나라하게 우리에게 알려주기 때문에 이런 얘기를 내가 믿지 않으면 안 됩니다. 우리가 사건이나 사실을 6하원칙에 의거해서 알려주는 것이 신문 기사인 것처럼 예수님이 하늘에서 오셨기 때문에 하늘의 실상을 우리에게만 알려주는 것입니다. 우리가 아무리 돈을 많이 벌어도, 아무리 높아지더라도 예수를 믿지 않으면 모든 것이 다 헛것입니다. 일부에서는 사람이 죽으면 영원히 잠드는 것이라면서 수면설을 주장하기도 하지만 잘못된 것으로 절대 믿으면 안 되는 것입니다. 예수님께서 십자가에서 죽고 부활하셔서 구원의 길을 열어주신 것입니다. 내가 진리요 생명이니 나로 말미암지 않고는 아버지께로 올 자가 없다고 하십니다. 예수님을 통하지 않고는 천국 갈 방법이 없다는 것입니다. 예수님의 십자가와 부활을 통하지 아니하고는 천국 갈 방법이 없습니다.

고린도후서 12장에는 바울은 3층 하늘에 올라가서 말할 수 없는 영광을 보았다고 말하고 있습니다. 하나님은 아브라함의 하나님, 이삭의 하나님, 야곱의 하나님이라고 했는데 하나님은 산 자들의 하나님입니다. 아브라함과 이삭과 야곱이 수천 년 전에 죽었지만 그들이 지금 살아있다는 얘기입니다.

요한계시록 6장에 주기철 목사님 같은 순교자들이 억울해하니까 하나님이 조금만 기다려라. 너와 같은 순교자들이 더 나올 때까지 기다리라고 하십니다. 또 계시록 7장에 보니까 '흰옷 입은 사람들이 하나님을 찬양해서 물어보니 세상에 있을 때 큰 환란 가운데 있던 사람들인데, 어린 양의 피에 그 옷을 희게 한 사람들이다'라고 합니다. 요한계시록 8장에 보니까 '우리의 기도가 금대접에 담겨서 하나님 보좌의 상달이 된다'라고 하는데, 참으로 신기한 일입니다. 그러니까 예수 믿는 것이 보통 사건이 아닙니다.

어떤 교단에서는 천년왕국이 없다고 주장하는데, 저는 후천년설을 확신합니다. 천년왕국이 있습니다. 우리는 언젠가 죽습니다. 그러나 주님이 재림하실 때 낙원에 가서 영광을 누리다가 내 영혼을 데리고 오시고, 땅속에 묻어있는 것을 다시 재결합시켜서 부활체로 영원한 영광을 누리게 됩니다. 기독교 신앙의 핵심은 부활입니다.

믿으려 해도 안 믿어지는 사람이 있습니다. 나의 나 된 것은 다 하나님의 은혜입니다. 하나님의 사랑이 나를 강권하십니다. 하나님의 사랑에서 나를 끊을 자가 없습니다. 내가 은혜를 받았으니, 나는 부득불 하나님의 영광을 위해서 살아가야 합니다. 우리는 견고하며, 흔들리지 말고 주의 일에 항상 힘쓰는 자가 되겠다는 결단으로 살아야만 합니다.

02 생명보험! 영생보험! 천국보험!
   예수천당! 불신지옥!

　제가 어릴 때 박정희 대통령께서 보험제도는 사람들이 만든 제도 중에서 가장 좋은 제도라고 말했던 것을 기억합니다. 보험이라는 것은 앞날에 일어날 수 있는 사건에 대해서 미리 대책을 세워놓는 것입니다. 그래서 대다수 국민들은 건강보험이나 생명보험을 가지고 있죠. 그렇다면 이 땅의 건강보험이나 생명보험은 있는데, 천국에 들어갈 영생보험, 천국보험은 있습니까? 성경이 분명하게 선포하고 있는 것은 '예수천당 불신지옥' 이것이 성경의 핵심입니다. 가장 중요하고 시급한 보험이 무슨 보험이냐? 바로 영생보험입니다. 가장 심각하고도 중요한 일인데, 많은 사람들이 이런 얘기를 하면 못 들은 척하면서 다른 사람들에게 해당되는 것이고, 내 이야기가 아니라며 흘려보내는 사람들이 많아요.

　기독교 신앙의 핵심은 뭡니까? 부활이에요. 예수님이 부활하지 않으셨다면 십자가가 의미가 없어요. 크리스마스도 의미가 없어요. 부활하셨기 때문에 예수님께서 하나님의 독생자이심이 증명됐고 인류의 역사가 AD와 BC로 나뉘어진 거예요. 오늘날 달력이 예수님을 기준으로 한 것입니다. 예수님이 부활하신 것은 역사적인 사실입니다. 예수님이 부활하셨으므로 하나님의 독생자라는 것이 증명됐습니다. 예수님이 부활하시므로 하나님의 독생자가 나의 죄 때문에 죽으셨다는 것이 증명됐습니다. 예수님은 그냥 인간이 아니라 처녀 마리아의 몸에 성령으로 잉태해서 이 땅에 오셨는데 그래서 하나님도 되고, 사람도 되는 신성과 인성을 함께 가지신 분이라는 것이 증명됐습니다. 그 신성과 인성을 함께 가지신 그분이 나의 죄 때문에 십자가에서 죽으시고 부활하신 것을 내가 믿음으로 인한 은혜로 구원받는 것입니다.

예수님이 부활하셨기 때문에 나도 부활한다는 것이 복음이에요. 예수님 누구시냐? 예수님만이 가진 특징이 있어요. 예수님만이 가진 특징은 완전한 인간이자 완전한 하나님이시며, 예수님은 왕이시자 종이시며, 예수님은 선지자시자 제사장이시며, 예수님은 인간이시나 죄가 없으시며, 아브라함의 씨에서 다윗의 왕권을 가지고 이 땅에 오신 분이 예수님이십니다. 예수님은 예언의 성취로써 오실 것이라고 예언된 그대로 성취돼서 이 땅에 오신 분이십니다. 그래서 십자가에서 죽으시고 부활하심으로 믿는 자에게 죄 사함과 영생을 주셨습니다.

세상에는 불교, 힌두교, 무슬림 등 여러 종교가 있지만, 우리가 믿는 기독교 신앙만이 확실한 것입니다. 우리가 크리스마스 때가 되면 질문이 생깁니다. 요한복음에는 왜 크리스마스 얘기가 없나?

동방박사들과 천군 천사들이 찬양하고 황금과 유향과 몰약을 드리고 처녀 마리아에게 아기가 날 거라고 예언이 되고, 성취되는 재미있는 얘기가 있는데, 왜 요한복음은 그런 얘기가 없어 재미가 없다고 생각할 수 있지만, 그러나 전혀 그렇지 않습니다. 사실 요한복음은 크리스마스 얘기로 가득 차 있습니다.

그가 세상에 계셨으며 세상은 그로 말미암아 지은 바 되었으되 세상이 그를 알지 못하였고, 자기 땅에 오매 자기 백성이 영접하지 아니하였으나 영접하는 자 곧 그 이름을 믿는 자들에게는 하나님의 자녀가 되는 권세를 주셨으니 이는 혈통으로나 육정으로나 사람의 뜻으로 나지 아니하고 오직 하나님께로부터 난 자들이니라 말씀이 육신이 되어 우리 가운데 거하시매 우리가 그의 영광을 보니 아버지의 독생자의 영광이요 은혜와 진리가 충만하더라(요1:10~14)

예수님이 창조주로서 '자기 땅인 이 세상에 오매'라는 말은, 바로 크리스마스 얘기예요. 예수님은 가장 비천한 자리인 베들레헴의 말구유에 아기로 이 땅에 오셨습니다. 처녀의 몸에 성령으로 잉태되어서 신성과 인성을 함께 가지신 예수님이 창조하신 이 땅에 오신 거예요.

내가 아버지에게서 나와 세상에 왔고 다시 세상을 떠나 아버지께로 가노라(요16:28)

내가 내 아버지께로부터 나와서 이 세상에 왔고, 이제 이 세상을 떠나서 아버지께로 가신다는 말은 무슨 뜻입니까? 바로 크리스마스 얘기예요. 아기로서 인간의 모습으로 이 땅에 오셔서 십자가에서 죽고 부활하셔서 구원의 길을 열어주시고, 아버지께로 간다는 이 말은 크리스마스와 십자가가 다 포함된 거예요. 크리스마스의 이 땅에 오셔서 말구유에서 탄생하시고 십자가와 부활로 믿는 자에게 죄 사함과 영생의 길을 열어주시고, 승천하시고, 복음이 땅끝까지 전파되면 재림하시고, 우리는 부활시키십니다.

> 예수께서 이르시되 진실로 진실로 너희에게 이르노니 아브라함이 나기 전부터 내가 있느니라(요8:58)

예수님께서 아브라함이 나기 이전부터 내가 있다는 말의 의미를 제가 청년 때는 잘 몰랐었습니다. 그 깊이를 잘 몰랐었어요. 그러나 예수님께서 아브라함 이전부터 있다는 말은 예수님이 하나님이다는 말입니다. 그 예수님이 육신을 입고 이 땅에 구원자로 오셨다는 말입니다.

예수님이 이 땅에 왜 오셨느냐? 죽기 위해서 오셨어요. 왜 죽어야 돼요? 우리 모든 인생들의 죗값을 지불해 주시기 위해서 이 땅에 한 알의 밀알로 오신 분이십니다. 예수님이 희생 제물로 백성들의 죄를 대신해서 십자가를 지고 죽기 위해서 이 땅에 왔다는 말입니다.

> 지금 내 마음이 괴로우니 무슨 말을 하리요 아버지여 나를 구원하여 이때를 면하게 하여 주옵소서 그러나 내가 이를 위하여 이때에 왔나이다(요12:27)

그런데, 예수님께서 십자가에 죽기 위해서 이 땅에 오셨지만 막상 인간으로 오신 예수님이 십자가 앞에서 너무 너무 고민이 되었던 것입니다. 그래서 이때를 면하게 해 달라고 말씀하신 것입니다. 그러나 예수님이 엄청난 말씀을 하십니다. "그러나 내가 이를 위하여 이때에 왔나이다" 저는 이 말씀을 읽다가 벌떡 일어났어요. 죽기 위해서 이 땅에 오셨고, 막상 죽으려니까 너무 힘들었지만 '죽기 위해 여기에 왔나이다'라고 고백하시는 것이 얼마나 심오한 말씀입니까?

인간의 죄를 위해 속죄 제물로 죽기 위해서 오셔서 십자가에 매달려 일곱 마디 말씀하시고 마지막에 "다 이루었다!"라고 하셨습니다. 이것이 크리스마스입니다. 33세에 십자가에서 다 이루었다고 외치시고 운명하셨어요. 다 이룬 것이 무엇입니까?? 죗값을 다 지불했다는 말이고, 제사를 다 완성했다는 말이죠. 이제는 율법 시대가 아니라 은혜의 시대로 바뀌었다는 거예요. 이젠 안식일이 아니라 주일로 바뀌었다는 거예요.

예수님이 운명하실 때 대제사장만 1년에 한 번 들어가는 성전에 휘장이 있었는데 그 휘장이 위에서 아래로 찢어졌습니다. 이것은 무엇이냐? 누구든지 예수를 믿기만 하면 은혜와 은총의 자리에 들어갈 수 있게 만들어주셨다는 것입니다. 이것이 천국보험입니다. 우리에게는 영원한 아버지의 집인 천국이 있습니다. 그것을 우리에게 주시기 위해서 십자가에서 죽으시고 부활하심으로 믿는 자에게 그 길을 열어주셨습니다.

구원은 믿는 자에게 주시는 선물입니다. 선택 과목이 아닙니다. 믿어도 되고 안 믿어도 되는 것이 아니에요. 안 믿으면 지옥이고, 즉시 내 영혼이 음부에 빠지는 거예요. 나 자신이 음부에 빠져도 안 되고, 내 남편 내 아내가 빠져도 안 되고, 내 자녀들이 빠져도 안 되고, 내 부모들이 빠져도 안 되고, 내 친지들이 빠져서는 안 되는 거예요. 절대로 음부에 빠지면 안 되는 거예요. 영원을 믿는 자에게 영원을 주셨습니다.

하나님이 그 아들을 이 세상에 보내신 것은 세상을 심판하려 하심이 아니라 저로 말미암아 세상이 구원을 받게 하도록 하기 위해 이 땅에 예수님이 오신 것입니다. 그러므로 예수 믿는 것은 선택해서 믿는 것이 아닙니다.

세상에서 가장 어리석은 사람은 예수를 안 믿는 사람입니다. 옛날에는 사람들이 바글바글하게 지나다니는 서울 명동 같은 데서 집사님! 하고 부르면 20명 정도는 쳐다보았는데, 요즘에는 집사님! 부르면 두세 사람 정도 쳐다본다고 해요. 그만큼 복음이 약화됐다는 이야기입니다. 한국 교회가 한참 부흥될 때 1,200만 성도라고 했어요. 그런데 지금은 600~700만 명이나 될까? 사람들이 이제 살만해져서 교만해진 것이에요.

교회에서는 예수님이 아니면 안 된다는 것을 확실하게 가르쳐주고, 예수천당 불신지옥을 확실하게 말해줘야 되는데, 교회와 목사들이 그 말을 안 해주니까 그러는 거예요. 기독교가 도덕 종교가 되고 세상 종교가 돼버리고 마는 거예요. 그러니까 예수를 안 믿어도 그만이고, 믿어도 그만이 돼 버리는 거예요.

오늘 우리가 이 땅에 살아가면서 나의 삶의 뿌리를 어디다 두고 사느냐? 돈, 명예, 출세, 권세, 세상적인 쾌락에 뿌리를 내리고 살고 있는지를 늘 점검하면서 그렇게 살면 안 되는 거예요. 내 삶의 목적과 동기가 무엇이냐? 나 자신을 돌봐야 합니다.

우리 인간은 다 죄인입니다. 우리 스스로 하나님께 갈 수가 없습니다. 그래서 하나님께서 이 문제를 해결해 주시기 위해서 독생자의 예수님을 보내셔서 대신 십자가에서 죽으시고 부활하셔서 죗값을 지불해 주신 것이고, 그것이 나를 위한 것으로 내가 받아들이고 그 예수님을 영접하면 됩니다. 아주 간단합니다. 우리가 전도할 때 네 가지만 얘기하면 됩니다. 하나님이 당신을 사랑하시고 그런데 우리는 죄인입니다. 이 문제를 해결하기 위해서 독생자 예수님을 보내 주셔서 십자가와 부활을 믿는 자에게 죄 사함과 영생을 주셨습니다. 그 예수님을 '내가 믿습니다'라고 나의 구주와 주님으로 받아들이고 영접하면 구원을 받습니다.

그런데 요즘에 교회들이 이 확신을 주질 못하는 것 같아 안타깝습니다. 이 땅의 생명보험도 있고, 건강보험도 있는데, 영생보험은 없어요. 죽으면 어떻게 하려고 그런지 모르겠습니다. 성경은 전체가 죽음 이후에 대한 얘기입니다. 우리가 매년 크리스마스를 맞이하는데, 그때마다 크리스마스가 나에게 주는 의미가 뭐냐? 크리스마스가 나와 무슨 관계가 있느냐?를 깊이 생각해야 합니다. 단순한 세상적인 명절이 아니라는 거예요.

제가 잘 알고 지내는 장로님 아들이 있는데, 공부를 많이 했어요. 그런데 나중에 쓴 글을 보니까 대학 교수로 있으면서 기독교와 불교를 연구하고, 종교가 무엇인가를 연구하다가 돌아가셨다는 부고를 보았어요. 기독교는 연구 대상이 아닙니다. 학문이 아닙니다. 철학이 아닙니다. 하나님과 나와 예수 그리스도를 통한 관계입니다. 하나님과의 관계가 회복되면 십자가를 통해서 은혜로 나에게 영원한 영생이 있는 하나님의 나라, 천국이 주어지는 것입니다. 그 연구 대상이 아니라는 거예요. 나는 정말로 참된 믿음을 가진 신앙이 있느냐? 그 신앙 속에 하나님의 나라에 대한 뿌리를 깊이 박고 흔들리지 않는 신학이 나에게 있느냐? 그래서 내 삶이 변화되어 성화된 삶이 있느냐? 그리고 사명을 감당하고 있느냐에 대해 항상 점검을 해야 됩니다.

요즘 큰 교회에 가는 사람들이 많은데, 교회를 다니면서도 하나님보다 교제나 사업적인 목적 때문에 교회를 다니는 사람들이 많아요. 교회는 다니는데 예수는 안 믿어요. 성탄절 크리스마스가 나하고 상관이 없어요. 십자가와 부활에는 관심이 없어요. '나는 지성인이고 지적인 사람이야', '나보고 그런 거 믿으라고 그러지 말라'고 하는 사람이 있어요. 굉장히 용감한 것 같죠? 저는 그런 사람에게 속으로 "그래. 알았어! 지옥 가서 평생 고생해 봐!"라고 해요. 자기 인생은 자기가 책임져야 돼요. 누구보고 뭐라고 할 것이 없어요. 예수님께서 "내가 너를 위해서 내 독생자까지 주었는데 네가 안 믿었잖냐?"라고 하시면 어떻게 하시겠어요.

예루살렘과 온 유대와 사마리아와 땅끝까지 전파하라는 의미는 무엇입니까? 그것은 관계를 말하는 거예요. 내 가족, 내 남편, 내 아내, 내 아이들, 내 부모님들, 나아가서 예루살렘과 온 유대와 사마리아와 땅끝까지 복음을 전하는 것을 우리가 해야 됩니다. 내 가장 사랑하는 가족들이 지옥에 가면 안 되는 거잖아요. 예수님께서 말씀을 마치시고 공중으로 올라가셔서 승천하신 거예요. 그래서 500명의 사람들이 그걸 보고 있었어요. 천사가 "예루살렘 사람들아. 어찌하여 하늘을 쳐다보고 있느냐? 하늘로 승천하신 그 예수님이 너희들이 본 그대로 다시 오시리라"고 했어요.

예수님이 재림하실 때 천사들을 보내어 자기의 택한 자들을 땅끝에서부터 다 모으십니다. 우리가 거기에 못 들어가면 큰일 나는 거예요. 우리 성도들을 모아서 영원한 영광의 나라로 우리를 인도하십니다. 재림을 말하는 것입니다. 요한계시록 19장에 보면 백마를 타고 오시리라 하셨어요. 역사를 마감하면서 구름을 타시고 영광중에 재림하시고 심판자로 오신다는 것을 우리가 믿어야 됩니다. 그 확신을 가져야 됩니다.

> 또 왼편에 있는 자들에게 이르시되 저주를 받은 자들아 나를 떠나 마귀와 그 사자들을 위하여 예비된 영원한 불에 들어가라(마 25:41)

마태복음 25장 41절의 말씀은 누구에게 말씀하는 것입니까? 불신자들에게 하는 말씀입니다. 불신자들은 영벌에 처해지고, 의인들은 영생에 들어갑니다. 우리는 모두 잠시 사는 인생입니다. 결국은 우리는 이 땅을 떠나야 합니다. 내가 영벌이냐? 영생이냐? 어느 쪽으로 가겠느냐? 내가 구원받았느냐? 내 가까운 가족들과 내 친지들과 내 주변의 사람들을 지옥에 가게 그냥 내버려 두면 안 됩니다.

성경의 결론은 이것입니다. 주께서 천사들을 거느리시고 호령과 나팔 소리로 강림하실 때 죽은 자들이 살아나고 성도들이 들림을 받는 이것이 우리에게 보장되어 있습니다. 나는 지금 죽어도 천국에 가겠는가? 나 집사야! 나 목사야! 나 권사라니까! 나 모태 신앙이야! 난 큰 교회 목회했다!고 말하는 사람들이 있지만 예수님께서 말씀하신 것처럼 "나는 너를 도무지 모른다"고 말씀하실 사람이 있을지도 모릅니다.

> 지극히 높은 곳에서는 하나님께 영광이요 땅에서는 하나님이 기뻐하신 사람들 중에 평화로다 하니라(눅2:14)

'땅에서는 기뻐하심을 입은 사람들 중에' 이 말이 무엇입니까? 예수님이 말구유에서 탄생하시고 십자가에서 죽으시고 부활하셔서 믿는 자에게 죄 사함과 영생을 주신 것을 믿는 사람들 중에 평화라는 것입니다. 나는 기뻐하심을 입은 사람들에 속해서 그 예수님을 맞이하고 있느냐? 아니면 그냥 교회에 와서 앉아만 있는 자이냐? 나는 머리로 믿느냐? 가슴으로 믿느냐? 무릎으로 믿느냐? 손발로 믿느냐?

나의 나 된 것은 하나님의 은혜입니다. 하나님의 사랑에서 나를 끊을 자가 없습니다. 내가 주를 위해서 수고하는 것이 힘들고 어려워도 부득불 내가 해야 할 사명입니다. 우리의 사는 것이 다만 이생뿐이라면 우리는 불쌍한 자들입니다. 주님이 재림하시고, 우리가 영광중에 부활하시고, 메시아 왕국에서 새 하늘과 새 땅에서 영원한 영생을 누릴 그때가 나에게 보장되어 있음을 알고, 그것을 바라보며 면류관을 받고 영광을 누릴 그때까지 견고하며 흔들리지 않고, 더욱 더 주의 일에 힘쓰는 자로 살겠다는 결단이 우리에게 있어야만 합니다. 그래서 지옥 갈 사람을 천국으로 인도하는 것이 사람을 우리의 사명입니다.

   이병철 회장이 죽음을 앞두고 질문했던 24개 질문이 구구절절이 옳은 거예요. 시한부 인생 두 달 놓고 그렇게 갈망하는 마음으로 썼는데 성직자들이 대답을 못 줬다는 것은 참으로 부끄럽고 비통한 일입니다. 오늘 내가 확신을 가지고 오늘의 이병철 같은 사람들을 영생 길로 인도하는 사명자로 살아가야만 합니다.

03 복음이 우상에 밀리면!
   인생 망치고 나라 망친다!

　인류 역사에서 가장 부귀영화를 누렸고, 가장 지혜로웠던 왕을 꼽으라면 솔로몬 왕을 생각할 수 있습니다. 그런데 솔로몬 왕이 부귀영화를 누린 것 때문에 도리어 신앙의 파탄과 실패한 것을 볼 수 있습니다.
　솔로몬 왕은 바로의 딸 이외에 후궁 700명과 첩이 300명, 합치면 1천 명이나 되었어요. 그 여인들이 왕의 마음을 돌려놨어요. 솔로몬이 성전을 짓고, 하나님을 두 번이나 만날 정도로 놀라운 영적인 사람인데, 여인들이 그의 마음을 돌려놨어요. 하나님을 배반했어요. 그래서 하나님이 진노하셨어요. 결국은 솔로몬이 신당을 짓고 그 이방신들 앞에 가서 절하였으며, 이에 하나님이 진노하셔서 결국은 나라를 찢어 놓으셨어요. 솔로몬의 실패를 보면서 그 부유함과 축복이 도리어 저주로 끝난 것을 솔로몬 현상이라고 합니다. 솔로몬이 이방 여인들의 꾀임에 빠져서 참으로 결국은 실패자요, 패배자가 되었는데, 이것을 솔로몬의 현상이라 정의할 수가 있습니다. 하나님과의 관계를 소홀히 하고, 복음의 가치를 버리면 인생은 망치고 나라와 민족도 망합니다. 우리는 솔로몬의 실패를 교훈으로 삼아서 내가 하나님 앞에 바르게 서 있느냐? 솔로몬의 현상이 나한테 있지 않느냐? 늘 점검해야만 합니다.
　예수님의 십자가와 부활을 통한 하나님과의 관계. 이게 복음의 가치인데, 내가 예수를 믿어서 구원받은 사람으로서 참 복음의 가치를 알고 있느냐? 늘 점검하며 살아야 합니다.

　예수님께서는 친히 나무에 달려 그 몸으로 우리의 죄를 담당하셨다(벧전2:24)고 하셨는데, 여기서 가장 중요한 단어는 '친히'라는 말입니다. '친히'라는 말은 지존하신 하나님의 독생자이신 그분이 우리 인생들 때문에 이 땅에 오셔서 친히 나무에 달려 십자가에서 우리 죗값을 지불해 주신 것입니다. 그래서 나의 옛 사람은 죽고, 원래 내가 지옥 갈 사람이었는데, 천국 갈 사람으로, 죄인을 의인으로, 마귀의 자녀에서 하나님의 자녀로 나를 바꿔주셨습니다. 이것이 복음의 가치입니다. 복음의 가치를 결코 소홀히 여기거나 포기해서는 안 되는 것입니다.

　요즈음 미국을 보면 솔로몬의 현상이 생기고 있어요. 복음의 가치가 버려지고 있어요. 미국의 기초와 기반이 무엇입니까? 청교도 신앙이잖아요. 기독교 복음이 기초가 되어서 세워진 나라가 미국이에요. 그래서 하나님이 축복해 주셔서 번성하잖아요. 번성하니까 세계 각처에서 미국에 와서 살겠다고 몰려오는 거예요. 미국에 왔으면 미국이 섬기는 기독교 신앙과 복음의 가치에 기초를 두고, 복음 안에서 살아야 되잖아요. 그런데 어떻습니까? 미국에 와서 살겠다면서 자기 우상들을 가지고 오는 거예요. 그래서 미국이 혼합이 되어버리고 말았어요. 미국이 하나님의 축복을 받고 잘 사는 것은 신앙생활을 잘했기 때문이며, 그렇다면 그것을 따라야 하는데 그렇지 않은 거예요. 또한 미국은 미국대로 그것을 받아들이고 허용해요.

저는 미국에 처음에 왔을 때 미국이 참 거룩한 땅이라고 생각을 했습니다. 참 경건했습니다. 그런데 지금은 TV를 틀면은 눈을 뜨고 볼 수가 없어요. 세상 말로 너무 지저분하고 타락했어요. 그리고 지금 워싱턴 주변을 보면 5마일마다 무슬림이 있습니다. 금요일이 되면 경찰들이 무슬림 회당에 가서 교통 정리를 해 줍니다. 옛날에는 주일마다 교회에서 교통 정리를 해줬어요. 이민자들이 몰려와서 도리어 미국의 신앙을 흐뜨려 놓았고, 미국 사람들은 그들을 따라가요.

성경의 원리(요6:63)는 영이 살아야 육이 삽니다. 인간은 영적인 존재이기 때문에 영이 살아야 육이 삽니다. 영을 살리는 방법은 예수님께서 "나는 하늘에서 내려온 산 떡이니 너희가 이 떡을 먹어야 살리라"고 했습니다. 이 떡이 뭡니까? 예수님 십자가의 피를 먹어야 산다는 것이었습니다. 이것이 복음의 가치입니다. 그런데 복음을 물리치고, 하나님이 주신 복을 가지고 도리어 솔로몬 현상이 일어나고 있습니다. 유럽에 관광을 가서 보면 주일 날에 예배를 드릴 때가 없어요. 다 껍질만 남았어요. 복음의 가치를 새롭게 무장해야 합니다.

1992년 미국 대통령 선거에서 재선에 도전하는 부시 대통령과 아칸소 주지사 경력이 전부였던 40대 중반 빌 클린턴과 경합이 벌어졌습니다. 많은 사람들이 현직 대통령이 재선에 성공하리라 예측했지만 결과는 정치 신인인 클린턴의 승리로 끝났습니다. 결과를 두고 여러 요인이 제시되었지만 결정적인 요인 중 하나로 '바보야! 문제는 경제야!'라는 선거 구호를 꼽는 사람이 많았습니다. 오늘날 미국의 혼란을 바라보면서 클린턴 대통령이 한 말과 같이 '바보야! 문제는 복음이야!'라고 외치고 싶습니다.

  사람들은 돈, 명예, 권세, 쾌락을 쫓아가요. 그런데 결과를 보면 돈 벌고, 명예를 얻고, 세상에서 출세하면 거의 다 솔로몬 현상으로 실패를 합니다. 복음을 거절합니다. 진정한 성공의 기준은 돈, 명예, 권세, 그런 것들이 아닙니다. 복음이 가치입니다. 복음이라는 것이 무엇입니까? 예수님을 통한 하나님과의 관계가 복음입니다. 예수님의 십자가를 통해서 하나님과의 관계가 회복되고, 교제가 회복되고, 공급이 회복되고, 능력이 회복되고, 축복이 회복되고, 영생이 회복되는 거예요. 이것이 복음이에요.

  저는 어릴 때 북한 지역에서 살았어요. 지금 반세기가 흘렀어요. 북한은 현재 거지이고, 남한은 2024년 기준 세계 군사력은 세계 5대, 경제력은 세계 6대 강대국이에요. 세계에서 떠다니는 배의 거의 60%가 한국에서 만든 배예요. 무역선의 거의 40%가 한국 무역선이에요. 코딱지만 한 나라가 어떻게 이럴 수가 있습니까? 그것은 바로 복음의 가치 때문입니다.

  제가 베트남도 가보고, 키르기스스탄과 우즈베키스탄도 다녀왔는데, 그곳 사람들은 한국에 가보는 것이 소원이래요. 한국에 자기 자녀들 보내서 결혼시키는 것이 소원이래요. 북쪽은 거지 나라이고, 남쪽은 세계적인 부자나라가 된 이유가 어디에 있습니까? 그것은 복음의 가치 때문이에요. 그런데 한국이 복음의 가치로 그토록 번성했는데 최근에는 한국도 솔로몬의 현상이 나타나고 있다는 것이 안타까워요.

아무리 강조해도 부족한 것이 바로 복음의 가치입니다. 복음의 가치와 복음의 능력과 복음의 위대함을 절대로 버리면 안 되고, 양보하면 안 됩니다. 개인적으로나 가정으로나 국가 민족으로나 어떤 상황이나 어떠한 어려움이 있어도 예수님 먼저로만 살면 반드시 승리를 주십니다. 워싱턴에 오랫동안 살아오면서 돈을 많이 벌어서 으리으리한 저택에서 사는 사람들을 많이 보았어요. 그런데 나중에 보면 저 큰 집(교도소)에 가 있는 사람들이 많아요. 이것이 솔로몬의 현상이에요.

사람들은 살만해지고 배가 좀 부르게 되면 거의 대부분이 솔로몬 현상이 일어납니다. 이로 인해 인생을 실패하게 되는데 그러면 어떻게 해야 하느냐? 그것은 어떠한 상황에서도 복음의 가치를 지켜야 한다는 것입니다. 예수님의 십자가, 부활, 믿음, 구원, 은혜, 영원한 아버지 집에서 영생과 영광의 복음은 백만 불, 천만 불을 줘도 바꾸면 안 되는 거예요. 우리는 지금 예수를 믿어서 영원한 영생을 소유하고 있고, 예수님의 십자가 부활을 믿어서 죄 사함과 구원을 받아서 영원한 천국이 보장되어 있습니다. 우리는 그 확신을 가지고 복음의 가치를 끝까지 지켜야만 됩니다. 진정한 행복은 복음의 가치에 있습니다. 복음의 핵심은 예수천당 불신지옥입니다. 이 복음의 가치를 모르고 버리면 인생 망치고, 민족과 나라가 망합니다. 그게 솔로몬의 현상이에요.

조지 비벌리 쉐어(George Beverlu Shea)는 유명한 찬양가이자 작곡

가로서 그의 찬송가 '주 예수보다 더 귀한 것은 없네'로 잘 알려져 있습니다. 그는 빌리 그레이엄 목사와 평생 사역하며 수많은 전도 집회에서 찬양을 인도했습니다. 그가 22세가 되었을 때 NBC 라디오 프로그램에서 '가라 모세'라는 노래를 부른 후 큰 호응을 얻었는데, 이후 방송사에서 대중가수로 출연해 달라는 요청을 받았습니다. 쉐어는 엄청난 돈과 인기를 얻을 기회 앞에서 고민하게 되었습니다. 그때 어머니 레아 밀러 목사의 부인이 쓴 시를 건네 주었고, 그때 '주 예수 밖에는 없네'라는 찬양을 완성했습니다. 결국 쉐어는 방송사의 제의를 거절하고 평생을 빌리 그레이엄 목사와 동역을 했으며, 훗날 미국의 레코드 대상을 찬양으로 수상한 자리에서 "나는 어떠한 박수와 갈채와도 우리 예수님을 바꾸지 않겠습니다"라고 고백을 했습니다.

이 세상의 돈과 명예와 권세는 잠시입니다. 그리고 그것을 따라가다가는 솔로몬 현상이 생기는 것입니다. 거기 따라가다가는 다 망합니다. 쉐어가 "주 예수보다 더 귀한 것은 없네. 예수 밖에는 없다"고 고백한 것처럼 솔로몬 현상이 일어날 때 진정한 가치를 위해 대결하고 싸워야 합니다. 일시적이고, 세상적이고, 물질적인 것은 잠시 잠깐입니다. 그것 때문에 솔로몬처럼 인생 실패해서는 안 됩니다.

> 내가 너희 중에서 예수 그리스도와 그가 십자가에 못 박히신 것 외에는 아무것도 알지 아니하기로 작정하였음이라(고전2:2)

예수 그리스도와 그분께서 십자가에 못 박히셨다는 것 이외에는 아무엇도 알지 않기로 결심했다는 사도 바울의 작정이 우리 모두의 작정이 되어야 합니다.

2009년에 친구 선교사의 초청으로 중국에 갔었는데, 잊지 못하는 일이 몇 가지 있었어요. 관광버스를 타고 북경을 가는데 멀리서 장례차가 와요. 그런데 관광 가이드가 그 장례차를 보고 "오늘은 참 기분 좋은 날이다"고 해서 왜 그렇느냐고 물으니 "그 사람은 죽었고 나는 살았으니까 기분 좋지 않냐?"고 말하는 것이었습니다. 중국 사람들은 아침에 장례차를 만나면 기분이 좋다고 합니다.

중국은 나라가 크니까 기차를 많이 탑니다. 장시간 기차를 타고 갈 때는 심심한데, 선교사 한 분이 중국 사람과 마주 앉아서 가는 도중에 전도할 생각으로 말도 통하지 않아서 쪽지에다가 십자가를 그려서 줬대요. 그랬더니 그 중국 사람이 한자로 영생이라고 써 주더래요. 크리스찬이었던 거예요.

2009년에 30명 정도 되는 지하 교인들을 모아놓고 신학 교육을 시키는데, 얼마나 열심이었는지 모릅니다. 성경을 얼마나 열심히 봤던지 닳고 닳았고, 찬양을 할 때 보니까 얼마나 뜨겁게 하던지 눈물이 날 정도로 찬양하는 모습을 보았습니다. 제가 관광버스를 타고 가는 도중에 노래를 했어요. '메요(沒有) 공산당의 메요 주훙구, 메요(沒有) 공산당의 메요 주훙구'를 불렀더니 운전하는 사람이 깜짝 놀라서 그 노래를 어떻게 알았느냐고 해서 "내가 어릴 때 철원에 살았는데 중공군이 그때 이 노래를 계속 불러서 배웠다"고 했습니다. 그 사람이 노래의 뜻이 무엇이냐고 해서 모른다고 했더니 '메요(沒有)'라는 말은 없다는 뜻이며, '공산당이 없으면 중국이 없고, 중국이 없으면 공산당이 없다'는 뜻이라는 말을 듣고 제가 깜짝 놀랐어요. 그렇게 중국을 공산화시키는 거예요. 그 노래의 뜻을 알고 나서 깨달은 것이 있습니다. 그 노래를 복음에 적용해 보면 '예수님이 없으면 복음이 없고, 복음이 없으면 영생이 없다'는 말이 되잖아요. 그래서 제가 그 노래를 '복음이 없으면 영생이 없고, 예수님이 없으면 복음이 없고, 십자가가 없으면 복음이 없고, 복음이 없으면 영생이 없다'라고 가사를 바꿨어요.

우리가 다시 복음의 가치를 다시 지키고, 복음으로 다시 이 땅을 살릴 책임이 우리 모두에게 있습니다. 내가 구원받아서 천국에 갈 확신이 있다는 것에 끝나지 않고 이 복음으로 세상을 살릴 막중한 책임이 우리에게 있다는 말입니다.

오늘날 이 시대는 비상사태입니다. 모든 징조를 보십시오. 주님이 오실 때가 아주 임박했습니다. 교회를 핍박하고, 복음을 핍박하고, 예수 못 믿게 하고, 잡아 죽이고, 그럴 때가 왔고, 오고 있어요. 각오를 단단히 해야 합니다.

> 우리의 씨름은 혈과 육을 상대하는 것이 아니요 통치자들과 권세들과 이 어둠의 세상 주관자들과 하늘에 있는 악의 영들을 상대함이라 그러므로 하나님의 전신 갑주를 취하라 이는 악한 날에 너희가 능히 대적하고 모든 일을 행한 후에 서기 위함이라. 그런즉 서서 진리로 너희 허리 띠를 띠고 의의 호심경을 붙이고, 평안의 복음이 준비한 것으로 신을 신고, 모든 것 위에 믿음의 방패를 가지고 이로

써 능히 악한 자의 모든 불화살을 소멸하고, 구원의 투구와 성령의 검 곧 하나님의 말씀을 가지라(엡6:12~17)

에베소서 6장은 복음으로 완전 무장하라고 합니다. 복음의 신발이란 십자가 부활이며, 진리의 허리띠는 예수님만이 진리이고, 가슴은 예수를 믿음으로 의롭게 된 의의 흉패를 가지며, 머리에 구원의 투구를 써야 하고, 믿음의 방패와 성령의 검을 가지고 철저하게 무장하여 복음의 가치를 살리고, 복음의 가치를 위해서 싸우고 세상을 살리는 것이 우리 모두에게 주어진 사명입니다.

04 세상 악에 빠진 총독 벨릭스, 신령한 백부장 고넬료! 나는?

사도 바울은 철저한 율법주의자였습니다. 그는 그 율법주의에 입각해서 기독교인들을 핍박했어요. 그들을 죽이려고 다메섹으로 가던 중에 예수님을 만난 후 5가지를 깨닫고 고백했습니다. 우리가 신앙생활 하면서 사도 바울의 다섯 가지 고백처럼 '예수님이 메시아다. 부활이 있다. 하나님 나라 영원한 천국이 준비돼 있다. 믿는 나에게 주시는 은혜의 선물이다. 나도 은혜를 받았으니 복음을 증거하는 사명자로 살겠다'는 다짐이 되고 출발이 되어야 합니다.

사도 바울이 강력한 핍박자였는데, 전도자로 완전히 바뀐 이후 유대인들이 사도 바울을 죽이려고 하는 거예요. 그래서 바울이 전도자로 바뀐 후에 엄청난 핍박과 고난을 받게 됐어요. 유대인들이 죽이려고 해서 위기가 여러 번 있었는데, 천부장이 가서 보호를 했어요. 그런데, 나중에 보니까 바울이 로마 시민권자인 것을 그들이 알게 되었어요. 당시에 로마 시민권자는 파워가 있었습니다. 천부장의 보호로 안전하게 가이사랴에 있는 총독 벨릭스에게까지 보내지게 되었어요.

벨릭스 총독은 힘이 막강한 총 지도자였어요. 벨릭스는 그 당시 새로 생긴 복음에 대해서 어느 정도 알고 있었어요. 그리고 부인이 유대 여자였어요. 그는 '바울이 믿는 것이 무엇인가?'에 대해 관심을 가지고 찾아온 거예요. 바울이 벨릭스에게 "이렇게 살아서는 안 된다. 권력과 물질에만 빠져서 살면 안 된다. 의와 절제와 장차 심판이 있다. 심판에 대해서 준비하고 살아야 한다. 그것을 준비하고 살아야 한다"고 말했습니다. 이에 벨릭스가 알아들었어요. 그리고 두려워했어요. 그러나 결단은 하지 안 했어요. 그런데 벨릭스가 바울을 찾아온 이유가 뭐였느냐면 돈을 받을까? 하여 찾아왔대요. 이 말이 참 안타깝습니다. 사도 바울이 의롭게 살고, 절제하며 살고, 장차 올 심판에 대해 준비하는 자로 살라고 분명하게 얘기를 해줬는데도 그 말을 듣고 두려움을 가지고서도 세상 것을 먼저 좋아해서 돈을 받을까 하여 풀어주질 않고 복음을 거절했다는 말입니다. 우리가 벨릭스의 모습을 바라보면서 오늘 나의 삶을 점검해 봐야 합니다. 내 삶의 모습을 세상의 모습과 비교할 때 세상 사람들하고 똑같이 살면 안 됩니다. 믿음을 지키기 위한 투쟁이 나한테 있느냐?는 것입니다.

그 당시는 식민 통치가 이루어졌습니다. 로마 제국이 있고 그 제국 밑에 각 지역별로 총독이 있어요. 그리고 총독 밑에 군인들이 있었는데, 총독 밑에 천부장이 있고, 천부장 밑에 백부장들이 있어요. 그 당시에 벨릭스는 총독이에요. 그런데 또 한 사람이 등장합니다. 사도행전 10장에 보면 고넬료가 등장합니다. 이 사람은 백부장이에요. 총독에 비하면 직위가 훨씬 낮은 사람이에요. 그러나 한 지역의 통치자로서 오늘날로 보면 경찰서장 같은 권위가 있던 사람이죠. 그런데 이 고넬료는 벨릭스하고 놀랄 정도로 삶이 완전히 달랐어요. 백부장 고넬료는 온 집이 더불어 하나님을 경외하고 백성을 많이 구제하고 불쌍히 여기며 기도의 삶을 살았던 사람이었습니다. 영적인 삶을 살았다는 것입니다. 높은 직위에 있던 벨릭스 총독은 돈을 받을까 하면서 복음을 거절했는데 직위가 훨씬 낮은 백부장 고넬료는 경건한 거룩한 삶을 살았습니다. 그런데 어느 날 고넬료가 기도하는 중에 천사가 나타난 거예요. 깜짝 놀라서 "웬일이십니까?" 했더니 천사가 "하나님께서 너의 의로움과 구제와 기도를 보시고 응답하셨다. 이제 사람을 욥바에 보내서 베드로라는 사람이 있는데 찾아서 초청하라"고 말하는 겁니다. 그래서 급히 욥바로 부하들을 보냈어요.

한편, 욥바에 있던 베드로는 아침에 일어나서 기도하는데 갑자기 기도 중에 하늘에서 큰 보자기 같은 것이 내려오는 거예요. 그것이 무엇인가 하고 들여다보니까 그 안에 각종 벌레들과 짐승들과 새들이 바글바글해요. 그래서 베드로가 "이것이 무엇이에요?"라고 하니까 그것을 잡아먹으라는 것에요. 이에 베드로는 "나는 그럴 수 없습니다. 속되고 깨끗하지 아니한 것을 내가 결코 먹지 아니 하였다"고 했어요. 그러니까 '하나님께서 깨끗하게 하신 것을 네가 속되다 하지 말라'고 하신 후 이런 일이 세 번이나 반복된 후에 그 그릇이 하늘로 올려진 거예요. 이 일이 있은 후에 베드로가 하나님께서 무슨 뜻으로 보자기를 보내 주셨는가 이상하게 생각하고 있을 때 밖에서 누가 문을 두드리는 것이었습니다. 고넬료가 보낸 병사들이었습니다. 그때 성령께서 베드로에게 "두 사람이 너를 찾으니 일어나 내려가 의심하지 말고 함께 가라 내가 그들을 보내었느니라"라고 말씀하시는 것이었습니다. 그래서 베드로가 군사들을 따라서 고넬료의 집으로 갔어요.

그 당시 고넬료는 백부장으로서 통치자이며, 관리였어요. 반면에 베드로는 누구입니까? 그 시대에 사람들이 핍박하던 예수님의 제자였고, 갈릴리 어부 출신이에요. 그런데 베드로를 보고 고넬료가 무릎을 꿇고 절을 하는 거예요. 베드로가 만류하며, "내가 유대인으로서 이방인과 교제하며 가까이하는 것이 위법인데 하나님께서 내게 지시하사 아무도 속되다 하거나 깨끗하지 않다 하지 말라 하셔서 부름을 사양하지 아니하고 왔다"며 "왜 나를 불렀느냐?"고 하니까, 고넬료가 얘기를 하는 것입니다. 이에 베드로가 너무 감동을 받아서 '예수님이 누구시고, 무슨 일을 하셨고, 왜 십자가에서 죽으셨고, 왜 부활하셨고, 그것이 나와 무슨 상관이 있는지'를 설명하며 복음을 얘기하니까 성령께서 강력하게 임재하셨어요. 함께 있던 사람들이 다 말씀 충만, 성령 충만을 입은 거예요. 이와 같이 놀라운 영적인 사건이 일어났던 것입니다.

지금 진행되고 있는 하마스 전쟁이 선민의식과의 싸움이라고 볼 수 있습니다. 선민의식이 꽉 차 있던 베드로가 이방 사람인 고넬료에게 성령에 강하게 임하는 모습을 보고 성령께서는 구별이 없이 행하신다는 것을 확신하고, 고넬료에게 세례를 줍니다. 성령께서 명하셔서 이방인의 첫 세례를 준 것이 고넬료 사건입니다. 그래서 어느 민족이든지 예수를 믿기만 하면 구원받는다는 복음이 완전하게 선포된 거예요.

제가 한국 가서 충청도 어느 지방에 갔어요. 거기 군사령부라는 곳이 있어요. 군 기지에 군인들이 사는 주택들이 있는데, 산쪽으로 높은 지역에 별자리들이 있어요. 그리고 비교적 낮은 지역에는 영관급들이 있고, 그 다음에는 위관 장교들이 있었어요. 그 다음에 일반 하급 간부들이 거주하도록 되어 있었어요. 그런데, 군에 오래 근무했던 후배가 물어보는 거예요. "목사님! 저기 사는 사람들 중에 누가 제일 행복할 것 같습니까?" 그래서 "제일 높은 별자리들이 제일 행복하지 않을까?"라고 말하니까, 아니라는 거예요. 제일 행복한 사람은 맨 밑에 있는 사람들이래요. 그 사람들은 높아질 것도 없고, 높아지려는 욕심도 많지 않고, 근무에 충실하면서 가족끼리 즐기고 그러는데, 높은 사람들은 올라가면 올라갈수록 더 높아지려고 하고, 더 가지려고 하고, 출세하려고 싸우느라 여유도 없고 제일 불행하게 산데요. 그러면서 "군에서 4성 장군이 되면 더 이상 바랄 것이 없을 것 같습니까?"라고 물으면서 절대 그렇지 않다는 거예요. 4성 장군이 되면 4성 장군직 중에 더 높은 직위인 총장이 되려고 하고, 합참의장이 되려고 한다면서 인간의 욕심은 끝이 없다는 거예요.

벨릭스는 최고의 위치에 있는 총독이에요. 반면에 백부장 고넬료는 총독보다 훨씬 아래에 있는 사람이에요. 누가 행복한 것 같아요? 벨릭스가 행복한 것 같아요? 아닙니다. 더 많이 가지려고, 더 높아지려고 하다 보니 만족함이 없는 벨릭스보다 하나님과 동행하면서 신령한 영적 삶을 산 고넬료가 더 행복한 사람입니다.

오늘 우리가 이 땅을 살아가면서 물질도 필요하지만 그러나 준비된 자로서 세상에 끌리지 않고, 돈, 명예, 권세와 같은 것들에 빠지지 말고 절제와 심판을 준비하면서 사는 것이 올바른 자세인 것입니다.

사도행전 15장에 보면 공의회가 열렸어요. 공의회라는 것은 오늘날 장로교나 침례교 등의 총회가 있고 지도자들이 모여서 회의를 하는 것과 같이 그 당시 복음이 전파되면서 교회들이 세워지니까 이것을 통합해서 질서를 세울 필요가 있었다고 해요. 그래서 예루살렘에 공의회가 세워졌고, 각지의 제자들이 다 모여서 총회를 하는 거예요. 그 당시 총회장이 야고보였어요. 사실 야고보는 예수님의 육신적 동생이었고, 아마도 예수 믿기 제일 어려웠던 사람이었을 것이에요. 왜냐하면 어릴 적에 예수님과 친형제 같이 놀았잖아요. 그런데 어머니 마리아가 "너의 형 예수는 너하고는 달라. 너희 아버지와 나와 관계에서 낳은 아이가 아니야. 성령으로 잉태된 아이야"라고 말했을 때 믿어졌겠습니까? 예수님은 하나님도 되고, 인간도 되는 양성의 소유자라고 했을 때 이해가 되지 않았을 것 아니겠습니까? 복음서에 보면 예수님의 형제들이 예수님을 배반했어요. 조롱했어요. 그리고 미쳤다고 했어요, 그럴 수밖에 없지 않겠어요? 우리가 인간적으로 이해를 하잖아요. 그런데 예수님이 죽으시고 부활하셔서 개인적으로 야곱을 찾아가셨어요. 고린도전서 15장에 보면 예수님이 부활하셔서 야고보를 찾아가셨는데, 야고보가 예수님을 만난 후 예수님이 하나님의 독생자요, 하나님이시다는 것을 확신하게 되었어요. 그래서 사도행전 15장 공의회의 야고보가 회장이 된 거예요. 그리고 야고보가 공의회 회장으로서 결론을 내렸어요. 첫째 결론은 율법으로 행위로 구원받는 것이 아니라 믿는 자에게 은혜로 주시는 구원이다. 두 번째는 만민 구원, 즉 선민인 이스라엘 백성들만 구원받는 것이 아니라 어느 나라 어느 민족이든지 간에 예수를 믿기만 하면 죄 사함과 구원과 영생이 주어진다. 그래서 만민 구원이라는 은혜의 복음으로 법적, 공식적으로 가결한 것이 사도행전 15장의 이야기입니다.

그 이후 사도 바울이 만민복음을 전하려고 아시아로 가려고 했으나 성령께서 가지 말라 해서 유럽으로 방향을 바꾼 거예요. 그곳에서 복음을 전하다가 감옥에 들어갔고, 빌립보 감옥에 들어가서 하나님을 찬양할 때 지진이 일어나고 난리가 났어요. 간수장이 죄수가 다 도망갔다고 칼로 자살하려고 하자 바울이 안심시키면서 한 유명한 말이 여기서 나옵니다. 그래서 간수가 예수를 믿고, 비단 장수 루디아가 예수를 믿고, 그래서 유럽의 첫 교회가 세워진 곳이 바로 빌립보 교회입니다. 바울은 다시 예루살렘으로 가서 또 붙잡혀 가지고 천부장의 보호를 받아 벨릭스 총독에게로 갔습니다. 거기서 벨릭스 총독에게 의와 절제와 심판에 대해서 전했지만 그는 도에 대해 알면서도 돈, 명예, 권세, 이런 세상적인 것 때문에 거절했어요. 그리고 붙잡아 두었다가 나중에 베스도 총독에게 상소를 한 거예요. 그 이후 사도행전 27장에 보면 배를 타고 로마로 가서 로마 황실에서 2년 동안을 있었는데, 그 동안에 황실이 복음화되었습니다. 그 이후 사도 바울은 목이 잘려서 순교를 합니다. 사도 바울이 순교한 후 300년이 지난 후에 로마 황제가 믿게 되고, 기독교가 국교가 된 거예요.

이와 같이 유럽이 복음화되고, 유럽에서 아메리카로 복음이 들어오고, 아메리카에서 한국으로 왔어요. 이를 통해 복음이 우리 개인들에게 오게 된 것입니다. 갈릴리에서 시작하여 세계를 한 바퀴 돌아 우리들에게 온 것입니다. 이와 같이 하나님의 역사는 성경의 역사요, 하나님의 구원의 역사요, 그래서 오늘날 내가 예수님을 믿고 여기까지 온 것입니다.

창세기에서 하나님이 선악과를 먹지 말라고 했는데 마귀는 "먹어라. 너도 하나님처럼 될 수 있다. 절대 안 죽는다"고 했어요. 그런데 지금은 반대예요. 하나님께서는 '십자가를 먹으라. 그러면 산다. 그러면 영생한다. 예수님의 살과 피를 먹으라. 그러면 영생한다'는 것이 우리에게 주는 메시지예요. 그런데 마귀는 지금도 "먹지 마라. 인간은 죽으면 끝이야. 영생이라는 것이 없어. 믿지 마라"라고 미혹해요. 이것이 창세기 3장과 십자가 사건을 통해, 우리가 어떻게 살 것이냐? 벨릭스처럼 돈, 명예, 권세를 세상적으로 따라가다가 파멸될 것이냐? 아니면 예수님을 믿고 구원받은 고넬료와 같은 삶을 살 것이냐입니다. 나는 아무 생각과 분별력도 없이 그냥 교회만 왔다 갔다 하느냐? 진정으로 예수를 믿으며 예배를 드리고 있느냐?에 대해 깊이 고민해야만 합니다.

지금 온 세계가 다 돈, 물질, 쾌락, 명예, 권세, 더 높아지고 더 가지려고 미쳐있어요. 그것이 벨릭스의 길이에요. 그러나 우리는 고넬료의 삶을 살아야 돼요. 인생의 삶은 선택과 결단입니다. 고넬료를 통해서 이방 구원의 모델이 생긴 거예요. 고넬로 사건을 통해서 기독교 공의회에서 정식으로 이방인들도 성령 받고 이방인들도 구원을 받는다는 것이 결정된 거예요. 우리는 결단해야 합니다. 어느 쪽을 따라갈 것이냐? 우리는 사도 바울의 결단으로 살아가야 합니다.

나는 선한 싸움을 싸우고 나의 달려갈 길을 마치고 믿음을 지켰으니 이제 후로는 나를 위하여 의의 면류관이 예비되었으므로 주 곧 의로우신 재판장이 그날에 내게 주실 것이며 내게만 아니라 주의 나타나심을 사모하는 모든 자에게도니라(딤후4:7~8)

05 헤밍웨이, 마릴린 먼로의 자살!
   유럽의 파멸! 해답은?

사도행전 16장에는 바울과 실라가 복음을 전파하다가 귀신 들린 여자의 귀신을 쫓아냅니다. 그래서 그 문제로 인해 잡혀서 감옥에 들어갔습니다. 그 감옥에 들어가서 매를 맞고 고통 중에 있으면서도 바울과 실라가 거기서 하나님을 찬양하고 하나님 앞에 기도하고 하나님께 영광을 돌립니다. 그랬더니, 그 밤 중에 쇠사슬이 풀리고 쇠창살이 열리고 천사가 끌어내는 것이었습니다. 엄청난 사건이 벌어진 것입니다. 그랬더니 간수장이 깜짝 놀라서 깨어 보니까 어마어마한 사건이 벌어진 것이었습니다. 그래서 자기 책임이라고 생각을 해서 칼을 빼서 자살하려고 하는 것이었습니다. 이때 바울이 "우리가 다 여기 있으니 자살하지 말아라"라고 말합니다. 그랬더니, 간 소장이 일어나서 바울에게 무릎을 꿇고 "내가 어떻게 하면 구원을 받을 수 있습니까?"라고 묻습니다. 이에 바울은 "주 예수를 믿어라. 그리하면 너와 내 집이 구원을 얻으리라" 이 상황에서 다른 말이 아닌 구원을 말하고 있습니다. 예수님을 통해서 관계가 회복되는 구원을 말하고 있습니다.

그런데 이 질문은 간수만의 질문이 아니라 모든 인류의 질문인 것입니다. 모든 인류의 질문이 되어야 합니다. 내가 어떻게 하면 구원을 얻어야 될까? 이것이 우리 모두의 또한 모든 인생들의 부르짖음입니다.

거기서 이 간수와 간수장이 예수님을 영접하고 그리스도인이 되었습니다. 그래서 빌립보 교회를 세웁니다. 그 빌립보 교회가 바로 유럽의 첫 교회가 된 것입니다. 빌립보 교회를 통해서 유럽이 보호되고, 영적으로 살아나는 놀라운 역사가 일어납니다.

마태복음 8장에 보면 예수님이 갈릴리 바다에서 배를 타고 가시는데 제자들이 같이 갔습니다. 그런데 바다에 큰 풍랑이 일어났습니다. 갑자기 풍랑이 일어나서 배가 뒤집히게 생겼습니다. 그런데 예수님은 배 밑에서 주무시는 것이었습니다. 제자들이 가서 "예수님, 우리가 풍랑을 만나 죽겠는데 여기서 잠만 주무시면 어떻게 합니까?"라고 했더니 예수님이 일어나셔서 바람과 바다에 대해 명령하시니까 바람과 바다가 잔잔해지는 것이었습니다. 이에 제자들이 "도대체 이분이 누구신데, 바람과 바다가 잔잔해지는가?"라며 깜짝 놀랐습니다. 이 말씀 속에서 피곤해서 주무시는 것은 인간이고, 바람과 바다에게 명령하니까 바람과 바다가 잔잔해지는 것은 하나님이시다는 사실입니다. 여기서 분명한 것은 예수님이 누구시냐? 하나님이시고 사람이시다. 사람이시고 하나님이시다. 그래서 신성과 인성을 함께 가지신 양성의 소유자가 예수 그리스도다는 것을 우리가 믿고 믿어야 하는 것입니다.

예수님은 하나님이시고, 우주 만물을 창조하신 분이고, 우리를 죄와 사망에서 구원하신 분이고, 인간으로 인간의 몸을 입고 이 땅에 오신 하나님이십니다. 이 사건을 통해서 제자들이 예수님을 영접하고 각처에 흩어져서 예수님의 제자로 복음을 전하다가 순교했습니다.

그 배가 거라사의 지방으로 도착했습니다. 이방인 지역인데 그 지역에 도착했는데 귀신 들린 자가 얼마나 사나운지 사람들이 근처에도 가지 못할 정도로 벌벌 떨고 있는 것이었습니다. 예수님이 지나가시니까 "예수 선생님, 우리와 무슨 상관이 있습니까? 때가 이르기 전에 우리를 괴롭게 하려고 여기 오십니까"라며 막 달려드니까 "귀신아 나가라"고 명령하셨습니다.

우리가 이 땅을 살아가면서 알아야 하는 것은 귀신이 있다는 사실입니다. 마귀가 있다는 것입니다. 귀신이 제한된 능력을 가지고 인간을 파괴하는 것입니다. 하나님이 허락하신 제한된 기간까지 귀신이 있습니다. 허용된 기간 동안 하나님이 허락하신 것입니다. 그들을 통해서 인간을 테스트하신다는 것을 알아야 합니다. 귀신들이 예수님을 알아보았습니다. 그때 귀신들이 자신들을 내쫓으려거든 근처에 이방인들이 키우던 돼지 2천 마리에게 들어가게 해달라고 했습니다. 귀신들이 돼지에게 들어가서 충동질하여 갈릴리 바닷물에 빠져 죽어버렸습니다. 얼마나 놀라운 사건입니까? 그러니까 돼지를 치던 자들이 놀라서 그 사건을 동네 사람들에게 말하니까 사람들이 와서 보고 깜짝 놀랐습니다. 그리고 예수님께 떠나시기를 구했습니다.

귀신들은 세상을 파괴하는 영적인 세력이 귀신이고 교회를 파괴하고, 믿음을 파괴하고, 온 세상을 다 파괴하는 존재입니다. 복음서를 읽어보면서 알 수 있는 것은 예수님의 사역의 3분의 1 정도가 귀신을 쫓아내는 일입니다.

그러면 지금 귀신이 없느냐? 아닙니다. 우리가 예수 믿는 것처럼 귀신이 있다는 걸 알아야 됩니다. 귀신이 교회에 못 가게 합니다. 예수를 못 믿게 합니다. 요리조리 피하게 해서 신앙생활 못 하게 하고 세상에 빠지고 물질에 빠지고 쾌락에 빠져서 탈선하고 배척하게 만듭니다.

요한복음 10장 10절에 보면, '도둑이 오는 것은 도둑질하고 죽이고 멸망시키려는 것뿐이요 내가 온 것은 양으로 생명을 얻게 하고 더 풍성히 얻게 하려는 것이라'라고 명확히 설명하고 있습니다. 우리가 신앙생활하는 것을 못 하게 하고, 교회가 편안하지 못하도록 파괴시키고, 영적 생활에 뛰어들어서 혼란케 하는 이것이 다 귀신의 세력인 것입니다.

바울과 실라의 감옥 사건과, 갈릴리 바다 풍랑 사건과, 군대 귀신 2천 명이 갈릴리 바다에 떨어져서 죽는 놀라운 사건들을 보면서도 사람들이 예수님을 받아들이질 않고 떠나시기를 구하는 것을 보면서 안타깝습니다. 이러한 사건들을 통해서 '나는 어느 쪽이냐?' 감옥에서 지진이 나서 구원받은 이 사건을 통해서 구원받은 자로 나는 어느 쪽에 속한 것인지 질문해봐야 합니다. 또한, 바람과 바다가 순종하는 이분이 인간일 뿐만 아니라 하나님이시다는 확인하고 예수님의 제자가 되어서 끝까지 제자로 헌신하고 충성하다가 다 순교했습니다. 돼지 2천 마리를 한꺼번에 몰살시키는 걸 보고도 사람들이 떠났는데, 이것이 중요한 문제입니다.

헤밍웨이는 미국의 극작가로 '누구를 위하여 종을 울리나'라는 유명한 소설을 써서 노벨상 수상자입니다. 헤밍웨이는 미국의 자존심입니다. 그는 노벨상을 통해서 명예와 돈과 지위를 다 가지고 최고로 성공한 사람이었습니다. 그런데 그의 별장에서 엽총으로 자기를 쏴서 자살했습니다.

마릴린 먼로는 아름답고 뛰어난 재능을 가진 영화배우이자 모델이고, 세계 최고의 가수였습니다. 그래서 돈, 명예, 인기 최고로 수많은 남성들을 홀렸던 여자인데, 그런데 의문의 자살로 생을 마감했습니다.

무슨 이야기입니까? 헤밍웨이는 예수님을 받아들이기를 거절한 것입니다. '이분이 누구신데 바람과 바다가 잔잔하게 하는가'라며 제자들이 받아들였던 예수님을 받아들이지 않았습니다. 마릴린 먼로도 마찬가지였습니다. 인기 최고의 삶을 살았지만 예수님을 받아들이지 않았던 것입니다.

일본의 유명한 가와바타 야스나리는 설국이라는 소설을 써서 노벨문학상을 받은 사람입니다. 그녀는 모든 것을 다 가진 사람이었습니다. 그런데 그도 자살을 하고 생을 마감했습니다. 대표적으로 예들을 들었지만, 이들이 인기가 없어서도 아니고, 돈이 없어서 아니고, 출세를 못해서 자살을 한 것이 아닙니다. 예수님을 받아들이질 않았습니다. 신앙으로 인생 문제를 해결하지 못해서 결국은 자살하고 말았던 것입니다. 하나 같이 예수님의 생명의 말씀과 복음의 능력으로 이루어진 그런 성경의 사건들을 알고 있었고, 보고 있었지만, 그럼에도 복음을 거절해서 결국은 자살로 생을 마친 것입니다.

세상에서 위대한 성공자들이고 보배 같은 그런 사람들이 예수님을 거절하고, 배척하고, 떠나기를 구한 결과 그들은 결국 자살로 끝을 낸 것을 실례로 말씀을 드린 것입니다. 인생은 살 맛이 없다. 더 살 가치가 없다. 그래서 자살하는 것입니다.

이런 사람들이 인류 역사상 부지기수였고 지금도 자살하는 사람들이 늘고 있습니다. 예수님이 메시아시며 구원자이시다라는 표적을 분명히 보여주고, 믿고 구원받으라는 복음을 접했으나, 거절하고 방황하다가 결국은 자살하고 만 것입니다.

인류 역사상 가장 위대한 천재라고 하는 파스칼이라는 사람이 있습니다. 그는 수학자요, 물리학자이며, 팡세를 기록한 사람입니다. 그가 말했습니다. '인간의 마음에는 하나님으로만 채워야 하는 빈 공간이 있다' 이것을 채우지 않으면 결국 방황하다가 죽는 거고, 방황하다가 실패하는 거고, 방황하다가 자살하는 것입니다. 그는 '예수 그리스도는 인간들의 구원자요, 진정한 하나님으로 이 땅에 오신 분이 이시다'라는 것을 선포하고 사라졌습니다. 어떻게 죽었는지 모릅니다. 세상에서 모든 것을 다 가진 사람이 그 선포를 하고 팡세를 기록하고 영적인 세계로 사라졌습니다.

예수님을 거절해서 자살한 사람들과 파스칼은 완전히 대비가 됩니다. 나는 어떤 삶을 살겠느냐? 세상의 돈, 취미, 명예, 권세, 쾌락, 그것들만 따라서 살아가겠느냐? 아니면 영적인 삶을 살아가겠느냐? 어느 아줌마가 자기는 잡아당기는 데가 있다는 것이에요. 거기 가면 그냥 황홀함을 느낀답니다. 너무 너무 황홀하고 기분이 좋답니다. 그래서 매일 갔대요. 그러다가 망해버렸어요. 파멸됐어요. 이런 사람들이 한둘이 아닙니다. 하나님으로만 채워야 할 마음의 공간을 세상적인 쾌락으로 채우려고 하니까 망하는 것입니다. 헛된 것을 찾다가 결국은 파멸에 이르는 것입니다.

분명하고 확실하고 유일한 대답은 예수님을 통해서 하나님과의 관계가 회복되고, 이 복음은 예수님의 피를 통해서 하나님과의 관계가 회복되고, 관계가 회복되면, 교제가 회복되고, 교제가 회복되면 능력이 회복되고, 능력이 회복되면 공급이 회복되고, 공급이 회복되면 축복이 회복되는 것이 복음인 것입니다.

5.16 혁명 직후에 여러 문제로 박정희 대통령이 김종필 씨에게 "골치 아프니까 밖에 나갔다 오라"고 했답니다. 김종필 씨가 6개월 동안 세계 일주를 하고 돌아와서 대통령이 "뭐 보고 왔냐?"고 물어보니까, 세계를 일주하면서 특별하게 발견한 것은 기독교 복음을 받아들인 나라들이 다 잘 살더라고 했다 합니다. 그러나 김종필 씨가 예수 믿고 구원받았다는 말은 못 들었습니다. 남의 얘기를 듣고 전해 준 것입니다.

지금 유럽의 현상을 보면 유럽의 교회들은 지금 애물단지가 되었습니다. 교회 건물이 교인들이 오질 않으니까 애물단지가 되었고, 팔려고 내놓아도 애물단지가 되고, 흉물이 되어 팔리지도 않는다는 것입니다. 그래서 오늘날 유럽은 고민은 남아 돌아가는 교회를 어떻게 처분해야 할지를 모르는 것입니다. 교회는 넘쳐 흘러서 그동안 막 지었는데 교회는 텅텅 비고 성직자들이 봉급을 못 받으니까 다 도망가버린 것입니다. 그래서 교회가 카페로 바뀌고, 극장으로 바뀌고, 댄스홀로 바뀌고, 술집으로 바뀌고, 나이트클럽으로 바뀌고, 폐허 상태로 빠지고 많은 교회가 무슬림에 팔리고 있습니다.

얼마나 슬픈 일입니까? 살만하니까 교만해져서 그 축복을 받고서도 눈으로 보고도 '우리를 떠나소서' 바로 그런 모습입니다. 영국에만 1만 6천 개 성공회 교회가 폐물이 되었다는 통계를 보았습니다. 성직자가 다 도망가니까 아프리카에서 성직자를 수입해 와야 합니다. 얼마나 안타깝습니까?

미국 남침례 교회 교단이 무너지는 영국 교회를 보고 선교지로 선포를 했습니다. 그래서 선교사를 보내는 지경이 된 것입니다. 이것이 오늘날 유럽의 모습입니다. 고소득 국가일수록, 복지국가일수록 교회가 점점 약해지고, 무너지고 있으며, 학자들의 말에 의하면 앞으로 100년 내에 기독교는 사라질 것이라는 말을 합니다. 참으로 슬픈 이야기입니다.

미국은 어떻습니까? 동성연애를 합법화시켜 인권을 강조하고, 자유주의를 강조하고, 마약 먹어도 좋다. 동성연애 해도 좋다. 초등학교 아이들부터 그런 식으로 가리키는 것입니다. 최근에 텍사스 달라스의 유명한 목사가 숨겨놓은 여자와 불륜을 범하다가 발각이 되어서 사임을 했습니다. 정말 안타깝습니다.

이런 와중에 사방에서 전쟁의 소리가 무섭게 들려오고 있습니다. 전쟁이 지금 심각한 때입니다. 왜 이렇게 세상이 파멸되는가? 왜 그래요? 그 놀라운 역사를 보면서도 예수님이 떠나기를 간구하고 있는 것입니다.

다시 다시 불을 지펴야 합니다. 다시 복음으로 돌아와야 합니다. '선생들아 우리가 어떻게 하면 구원을 얻으리까?' 이 부르짖음이 다시 일어나야 됩니다. '주 예수를 믿어라 그리하면 너와 내 집의 구원을 받으리라' 이 선포가 다시 강하게 일어나야 되는 것입니다. 우리는 지금 예수님을 깨워야 합니다. 예수님, 지금 우리가 죽겠습니다. 일어나세요. 우리를 도와주세요. 세상이 지금 풍랑을 만나 다 망해가고 있습니다. '제발 우리를 도와주세요'라고 부르짖어야 합니다. '복음이 바르게 들어가면 하나님과의 관계가 회복된다. 관계가 회복되면 교재가 회복된다. 교재가 회복되면 하나님의 능력이 임하신다. 능력이 임하시면 공급이 이루어진다. 평안이 이루어진다. 복음에는 구원과 변화와 치료의 회복과 평안과 축복의 사건이 일어난다'는 것을 믿고, 이것을 경험하고 누리는 삶이 성도의 삶인 것입니다.

이것이 아니면 결국은 망합니다. 겉으로 잘되는 것 같고, 부유해지는 것 같아도 결국은 망하는 것입니다. 헤밍웨이가 왜 자살합니까? 마릴린 먼로가 왜 자살합니까? 그 유명한 사람들이 왜 자살합니까? 유럽이 왜 파멸됩니까? 해답이 무엇입니까?

영국의 제임스 왕이 시골에 민정시찰을 하는데 어디서 노랫소리가 들려요. 가서 들어보니까 '우리는 기쁘다. 만족하다. 나는 왕이 부럽지 않다. 제임스 왕도 부럽지 않다'며 노래를 하는 것이었습니다. 가까이 가서 보았더니 노부부가 싱글벙글하면서 "우리는 행복합니다. 왕도 부럽지 않습니다"라고 하길래 왜 그렇느냐고 물어보니까, 그가 왕인지도 모르고 "우리는 누구도 부럽지 않습니다. 왕도 부럽지 않습니다. 예수 그리스도를 모시고 있기 때문에 우리는 행복합니다"라고 하더라는 것입니다. 그 노부부는 "고난이 있고 어려움이 있어도 주님이 나와 함께 하시고 그리고 우리가 이 땅을 떠나면 천국의 영원한 영광이 우리에게 있습니다. 그러므로, 나는 부럽지 않습니다"라고 하더라는 것입니다. 왕이 이 말을 듣고 감동했습니다. 그래서 왕궁에 들어가서 특별 명령을 내렸습니다. "모든 인력과 재력을 다 동원해서 성경을 번역해라. 그리고 백성들에게 나눠줘라" 이것이 킹 제임스 번역입니다. 킹 제임스 번역 성경의 가장 오리지널로 평가받는 성경 번역본입니다.

영국은 원래 해적의 나라, 야만의 나라, 무례한 나라였습니다. 그런데 킹 제임스 번역 성경을 전파하니까 나라가 살아나서 신사의 나라로 바뀌었던 것입니다. 그래서 해가 지지 않는 나라로 바뀌었습니다. '주 예수를 믿어라 그리하면 너와 내 집이 구원을 얻으리라' 이 복음 안에는 구원과 변화와 치료와 회복과 평안과 축복이 이루어지기 때문에 이런 놀라운 사건이 이루어지는 것입니다.

우리는 요한복음 1장에서부터 예수님이 누구이신가를 확인해야 합니다. '예수님이 태초에 말씀이니라 이 말씀이 하나님과 함께 계셨으니 이 말씀은 하나님이시다' 예수님은 우주 만물을 창조하신 하나님이 인간의 몸을 입고 이 땅에 오신 분이 예수님이신 것을 우리가 그걸 알고 믿는 것입니다.

세상이 예수님으로 말미암아 지은 바 되었으되 세상이 그를 알지 못하였고 자기 땅에 옴에 자기 백성들이 영접지 아니하였으나 영접하는 자 곧 그 이름을 믿는 자들에게는 하나님의 자녀가 되는 축복을 주셨다. 영접하는 자들에게는 하나님의 자녀 되는 권세를 주셨다. 육적으로나 혈통으로나 사람의 뜻으로 한 것이 아니라 하나님께로부터 난 자들이 하나님께로부터 난 자들이라.

로고스 말씀이 육신을 입고 이 땅에 오셔서 우리 가운데 거하신 예수님을 믿어야 합니다. 본래 하나님을 본 사람이 없으되 아버지 품속에 계신 독생하신 하나님이 자기를 나타내셨습니다. 하나님은 영이신 분이셔서 볼 수가 없습니다. 하나님이 인간의 몸을 이끌고 이 땅에 보내신 분이 예수님이십니다. 예수님이 이 땅에 오셔서 십자가에서 죽으시고 부활하시므로 믿는 자에게 구원과 영생을 다시 회복시켜 주셨습니다.

본래 하나님을 볼 사람이 없습니다. 그런데 아버지 품 속에 계신 독생하신 하나님이 자기를 나타내셨느니라 이 말을 알아 들으셔야 됩니다. 이 말을 알아듣지 못하고 동의하지 않으면 예수 믿는다고 할 수 없습니다. 자기를 나타내셨느니라. 이것을 받아들이고 믿으면 헤밍웨이가 왜 자살을 하겠습니까? 먼로가 왜 자살을 하겠습니까? 사람들이 왜 방황하겠습니까? 오늘날 유럽이나 한국이나 미국을 볼 때 참으로 안타깝습니다. 한국이 어떤 나라입니까? 한국은 조그만 나라가 반쪽으로 갈려서 남쪽은 복음 때문에 세계 경제 강국이 되었습니다. 그러나, 북쪽은 악한 독재자가 교회를 불살라 없애고, 김일성 동상이 3만 개가 넘고, 백성은 다 굶어 죽고, 얼어 죽고, 매 맞아 죽고, 총 맞아 죽고, 세계에서 가장 비참한 거지 나라가 되었습니다. 차이가 무엇이겠습니까? 복음 때문에요. 복음을 거절하면 유럽은 망합니다. 복음을 거절하면 미국도 망합니다. 복음을 거절하면 한국도 잘못됩니다. 복음만이 해답입니다. 예수님만이 해답입니다. 이 확신을 가지고 한국을 살리고 미국도 살리고, 세상을 살리는 사명을 감당해야 합니다.

06 오길남 박사의 통곡! 도올의 궤변을 따라가면 안 된다!

지금 현재 중동에서 엄청난 전쟁이 벌어지고 있습니다. 이것이 무슨 전쟁이냐? 그것은 땅 싸움과 종교 싸움입니다. 유대교, 무슬림, 기독교, 천주교 4대 종파가 아브라함을 중심으로 놓고 갈라져서 종파 간의 땅 싸움이며 종교 싸움입니다.

유대교는 아브라함, 이삭, 야곱, 모세, 다윗, 그리고 지금 그들은 지금도 다윗 왕이 다시 오기를 기다리고 있습니다. 유대교를 보면 안타깝죠. 유대인들만 구원받는다는 것이에요. 아브라함에게 하나님이 약속하시기를 내 씨로 말미암아 천하 만민이 복을 받으리라고 했어요.

우리가 믿는 기독교는 아브라함, 이삭, 야곱, 모세, 다윗, 아브라함과 다윗의 자손, 예수 그리스도를 통한 만민 구원을 믿는 기독교 신앙이에요. 잘 구별해야 됩니다. 가톨릭은 아브라함, 야곱, 모세, 다윗과 예수님까지는 똑같아요. 그런데 문제는 더 나아가서 교황, 성모 마리아까지 해서 변질되고 탈선된 그것이 문제입니다. 무슬림은 뭐냐? 아브라함은 똑같아요. 그런데 아브라함, 이스마엘, 야곱이 아니라 에서, 모세, 다윗, 그리고 예수님도 선지자 중에 하나이며, 최종적으로 완전한 선지자는 모하메드라는 것입니다. 지금 네 종파가 엄청나게 싸움하는 것이 본질입니다. 그러면 우리가 믿는 기독교 신앙 안에서 왜 기독교에만 구원과 영생이 있느냐?

아무리 강조해도 부족한 네 가지 표적이 있기 때문입니다. 그것은 '말구유의 표적, 십자가의 표적, 부활의 표적, 그 다음에 변화산의 표적'입니다. 이 네 가지 표적이 다른 종교에는 없어요. 다 탈선했어요. 항상 이 네 가지에 초점을 맞추고 진짜냐? 가짜냐?를 구별할 수 있어야 됩니다.

성경은 무섭습니다. 내가 교회를 다닌다. 성직을 가졌다. 교회에 목사, 장로, 집사, 권사 되는 것은 직위가 아니라 영혼 구원의 사명을 감당하는 성직이에요. 이 직분이 무슨 돈이나 명예나 권세나 출세나 이런 것이 아니라는 거예요. 지옥 갈 사람을 천국 갈 사람으로 옮겨놓는 그 직분에 충실해야 된다는 의미예요.

오길남 박사라는 분이 있습니다. 그는 서울대 출신으로 독일에서 경제학 박사 과정을 마친 엘리트예요. 60년대 윤희상 씨와 송두엽 씨들이 친구들이에요. 그런데 윤희상 씨는 아주 유명한 음악가였습니다. 그런데 그들은 북한의 붉은 사상에 물들었어요. 그래서 오길남 박사를 꾀어서 오길남 박사가 아내와 두 딸을 데리고 북한으로 갔어요. 북한에 갔는데 북한의 비참한 실상을 보고 나서 충격을 받아 세미나 참석한다는 명목으로 유럽으로 가서 자기는 탈출했는데 아내와 두 딸들은 북한에 남아 있어요. 북한에 있는 아내와 두 딸들을 돌려보내 달라고 간청을 해도 안 보내 주고 있어요. 아내와 딸이 북한에서 강제 수용소에서 지옥생활을 하고 있어요. 그 친구들의 꾀임에 잘못 넘어가서 아내와 딸을 지옥에 보낸 거예요.

한국에 도올 김용옥이라는 희한한 사람이 있어요. 그 사람이 신학생들을 모아놓고 이상한 성경을 가지고 이상하게 풀어가는 궤변을 늘어놓고 있어 참으로 안타까운데, 신학생들이 박수를 치고 좋아한대요. 너무 너무 안타까운 일이 아닐 수 없어요. 왜 이런 말을 하느냐? 이단을 따라가면 안 돼요. 결국 지옥에 들어가서 통곡을 하게 되어요. 다른 사람들을 잘못 인도하면 영영 죄를 범하는 거예요. 기독교 신앙은 무슨 도를 닦고 그런 것이 아닙니다. 오직 '예수천당 불신지옥'을 전하고, 지옥을 향해 가는 영혼들을 구원하는 것이 성직의 사명이고, 직분자의 사명이에요. 오직 예수 그리스도만이 유일한 구원의 길이자 생명의 길이에요. 이것을 분명하게 해야 해요. 그런데 점점 세월이 흘러갈수록 성경 해석도 달라지고 약화되고 있어요.

우리가 이것들을 바라보면서 혼란과 파멸 속에서 무엇이 바른 길인가? 무엇이 진리인가? 내가 오늘의 성도로서 예수님을 영원한 왕으로 모시기 위해, 예수님을 왕으로 모신 나라를 이루기 위해서 선거 운동에 앞장서야 돼요. 세상 나라 선거 운동이 아니라 하나님 나라 선거 운동에 앞장 서야 한다는 말이에요. 그래서 우리는 입으로 전도하고, 삶으로 전도하고, 주머니로 전도하고, 손가락으로 전도해야 해요. 영혼 구원의 삶에 철저하게 초점을 맞춰 지원하고 앞장서야 된다는 말입니다.

제가 '44850'을 강조하고 있는데, 기독교 복음의 핵심인 '44850'을 외우도록 하는 이유가 있습니다. 내가 좋아서 거기에 미치면 자연히 외우게 돼요. 어떤 분은 골프 선수 이름을 다 외워요. 어떤 분은 영화배우 이름을 다 외웁니다. 어떤 아주머니는 야구선수 이름 다 외워요. 우리가 예수님이 좋으면 이런 거 다 외워야죠. 예수에 미쳐서 살면 이러한 것들 외우는 것은 아무것도 아니죠.

링컨 대통령이 게티스버그에서 국민의, 국민에 의한, 국민을 위한 (of the people, by the people, for the people) 정부가 진정한 민주주의라는 유명한 연설을 했는데, 기록을 보면 세계적으로 역사적으로 그 유명한 민주주의 원칙을 준비하면서 많이 준비한 것이 아니라 불과 한 10분 정도 묵상하고 와서 즉석 연설을 한 것이래요. 왜 그랬느냐면, 아브라함 링컨은 신앙이 굳건하게 서 있는 사람이에요. 그리고 민주주의만이 신앙인들이 추구해야 할 가치관이라 신념화되어 있고, 몸에 배어 있었으니까 그냥 즉석에서 그 말이 나오는 거예요. 우리도 그만큼 즉석에서 그런 말이 나올 수 있을 정도로 철저하게 말씀 충만, 성령 충만, 믿음 충만, 은혜 충만, 권능 충만해야 합니다. 우리가 성경을 읽다 보면 어려운 부분들이 있는데, 그중에 개인적으로 에스겔서 22장 마지막 부분에 대해 굉장히 부담을 갖습니다. 백성을 위하여 성을 쌓고 성 무너진 데를 막아서서 더 이상 무너지지 못 하게 하는 그 사람을 찾는데 없어요. 아무리 찾아도 없어요. 그래서 하나님이 분하셨다는 말이 거기에 있습니다. 백성을 위하여 성을 쌓고 성 무너진 데를 막아서서 더 무너지지 못 하게 하는 그 사람을 찾는데 없어서 분을 내셨다는 말입니다. 그래서 제가 그 말씀을 읽다가 "하나님! 제가 그 사람이 되어 보겠습니다"라고 했습니다. 저는 복음을 아는 것도 없지만, 오직 예수만이 구원자이며, 해답이라는 말을 계속합니다. 백성을 위하여 성을 쌓는다는 게 뭡니까? 백성을 위하여 예수님만이 구원자이며, 예수의 성을 쌓는 거예요. 복음의 성, 예수님의 성을 쌓는 거예요. 성이 무너진 것을 막아서서라는 말이 나오는데, 오직 예수의 성이 다 무너졌어요. 심지어 목회자들도 자유주의, 다원주의, 혼합주의에 빠져서 다 다른 것 같아도 꼭대기에 올라가면 다 똑같다고 말하고, 다른 종교도 다 구원이 있다는 소리를 하고, 이런 망칙한 소리를 하는 목사들도 많아요. 성이 무너졌어요. 무너진 예수의 성이 더 무너지지 않게 다시 쌓아야 해요. 그 역할을 우리가 해야 합니다.

에스겔서 36장에 보면, 하나님이 파수꾼을 찾아요. 나팔수란 파수꾼으로서 적군들이 쳐들어오는 것을 미리 알고 지키는 거예요. 지금 마귀에게 다 세상에 정복당했어요. 우리가 지켜야 할 책임이 있습니다. 지금 나팔수를 찾아 나팔을 불어야 해요. 지금 오직 예수의 성이 무너져 가고 있어요. '정신 차려라. 일어나라. 깨어라. 대적하라' 이것을 가르쳐 줄 나팔수가 필요한데 나팔수가 없어요. 목자의 사명은 무엇입니까? 에스겔서 34장에 보니까 목자가 없으므로, 그것들이 흩어져서 들짐승의 밥이 되었다고 하는데, 올바른 목자가 없어서 양들이 다 흩어졌다는 것입니다. 이 시대 오직 예수의 복음으로 성을 쌓고, 나팔을 불면서 백성들을 다시 하나님께로 인도할 참 목자가 누구냐? 어디 있느냐? 오늘날 우리 모두가 가져야 할 사명입니다. 오직 예수 아니면 구원이 없다는 결연한 결단이 있어야 해요.

온 세상이 지금 뒤죽박죽 난리 아닙니까? 이런 세상에서 올바른 목자를 찾고 계십니다. 마귀에게 점령당하고 있는 이 상황에서 '사망에서 생명으로, 지옥에서 천국으로, 예수 그리스도를 통해서 구원하는' 이 사명을 바르게 감당하는 참된 목자, 참된 나팔수가 누구냐? 어디에 있느냐? 마귀를 따라갈 것이냐? 예수님을 따라갈 것이냐? 우리 성직자의 사명은 뭐냐? 분별없이 마귀 따라가는 사람을 끌어내서 천국으로 인도하여 예수님을 따라가게 하는 것이 우리의 목적이고 우리의 사명인 것입니다. 늘 우리가 다시 확인해야 하는 것은 내가 사쿠라냐? 영적인 소경이냐? 내가 교인들은 열심히 믿게 해야 되는데 앞에 서서 나도 안 들어가고 남도 못 들어가게 하는 영적인 장애물은 아닌가? 아무런 능력도 없는 무력한 자냐? 우리 삶 속에서 선한 일에 열심히 하는 하나님의 친 백성으로 사는 비밀이 있느냐는 말입니다. 우리가 무엇을 위해서 살고 있느냐? 내 건강, 물질, 내 달란트, 내가 가진 모든 것을 영혼 구원과 하나의 나라를 위해 얼마나 드리며 쓰임 받고 있느냐에 삶의 초점을 맞추고 살아야 합니다.

그리고 무엇보다도 우리의 삶이 투명해야 돼요. 누가 뭐라고 해도 깨끗해야 하고, 복음을 위해 희생해야 해요. 믿음으로 도전하고 비록 우리 힘이 미약하다고 할지라도 희생성, 투명성, 도전성과 믿음으로 나가면 하나님이 우리를 통해서 거룩한 하나님의 목적을 이루어간다는 것입니다.

록펠러가 40살에 미국의 최고의 부자가 됐어요. 50살에 세계 최고의 부자가 되었어요. 그런데 몸이 약해져서 과자 하나밖에 먹을 수 없는 그런 상태가 되었어요. 어느 날 록펠러가 목사님을 찾아갔어요. 내가 세계 최고의 부자인데 과자 하나밖에 먹을 수 없는 상황입니다. 어떻게 하면 좋겠습니까? 목사가 말을 했어요. "삶을 바꾸십시오. 담대하게 삶을 바꾸십시오". 그때부터 삶을 바꿨습니다. 고아원을 짓고, 학생들을 지원하고, 장학금을 주고, 교회를 짓고, 선교사들을 돕고, 세계 구석구석에 록펠러 재단을 통해서 자선 사업을 했어요. 뉴욕의 리버사이드 교회는 모친을 추모하면서 세워진 교회인데, 그렇게 아름다운 교회들이 생겨났어요. 그렇게 살다가 그는 98세에 죽었어요. 물질, 돈, 명예, 권세, 쾌락, 그런 것들에 매여 살지 말자는 말입니다.

내가 가진 물질을 성화시키고, 승화시키고, 영화시켜야 해요. 저의 염려는 열 처녀 비유예요. 주님이 오시기를 기다렸고, 똑같이 믿음으로 기다렸어요. 그런데, 주님이 늦게 오시는 거예요. 신랑이 늦게 와요. 그러니까 지쳤어요. 다섯 처녀는 기름이 준비돼 있어요. 그런데 또 다른 다섯 처녀는 지쳐서 기름이 다 없어져 버리고 말았어요. 급히 살아가다 그 사이에 주님이 오시고 말았다는 것이에요. 항상 주님을 기다리라는 자로, 준비된 자로 예배 생활에 성공하고 경건 생활에 성공하고, 섬김 생활에 성공하고, 전도와 선교사역에 충실해야 돼요. 우리 속에는 주님의 성령께서 항상 내재해 계시잖아요. 항상 성령을 일깨우고 활성화시키고, 불태우고 내 속에 있는 성령의 은사를 가두어 두지 말아야 합니다.

오길남 박사 같이 친구들의 나쁜 꾀임에 빠져서 비참한 삶을 살면 안 된다는 것입니다. 도올이라는 사람의 말을 들어보니까 말도 안 되는데, 신학생들이 박수를 쳐요. 요즘 한국에서 가장 인기 있는 책이 무엇인지 아십니까? 그것도 젊은이들에게 가장 인기 있는 책이 염세 철학자 쇼펜하우어의 책이 제일 많이 팔린대요. 제가 그 기사를 보고 깜짝 놀랐어요. 교회가 그렇게 많은데, 교회가 그렇게 번성하는데, 젊은이들에게 염세 철학자 쇼펜하우어의 책이 제일 인기 있게 팔린다는 것이 말이 되느냐는 말입니다. 청년들이 쇼펜하우어 책을 보고, 염세주의에 빠져 유럽을 다 망가뜨리고 기독교 신앙을 파괴하는 것에 빠진다면 얼마나 안타까운 일이에요?

내가 목사인데, 내가 장로인데, 내가 권사인데, 내가 집사인데, 하면서 진리가 무엇인지 모르면 안 돼요. 진리에 속한 자로서 내가 해야 할 일은 진리에 속한 그 나라로 이끌어 가기 위해서 그 투쟁이 나에게 있느냐? 그것이 교회의 존재 이유이고, 그것이 성도의 존재 이유이고, 그것이 내가 직분을 가진 자의 사명입니다. 한국에 교회가 그렇게 많은데도 젊은이들이 염세 철학자 쇼펜하우어의 책이나 탐독하고, 염세주의자에 빠진다는 것은 교회에도 책임이 있는 것입니다. 염세주의에 빠지거나, 잘못된 꾀임을 받아 북에 끌려갔다가 간신히 빠져 나와 울부짖는 오길남 박사 같은 사람을 보면서 내가 해야 할 사명이 무엇이냐? 다시 한번 결단하며 살아가야 합니다.

07 분변하고 분별해야!
유대교, 개신교, 천주교, 무슬림

조선일보에서 홍익희 교수가 〈신유대인의 이야기〉라는 글에서 '심판의 날 구원을 받으려면 선하게 살라. 여호와도 알라도 똑같은 가르침이다'라는 주제의 칼럼을 본 적이 있습니다. 홍 교수는 유대교, 기독교, 이슬람교는 아브라함으로부터 유래한 한 뿌리의 종교들이라고 설명을 했습니다. 저는 그 칼럼을 보면서 그 교수님이 성경의 신약과 구약을 한 번이라도 정독하고 쓰셨는가라는 의문이 들었습니다. 신약의 사도행전을 한 번이라도 진지하게 정독하고 쓴 글인가 하는 의문이 들었어요. 조선일보의 사회적인 영향력을 고려할 때 이러한 칼럼은 참으로 위험하고 심히 우려하지 않을 수가 없습니다.

홍 교수가 말한 종파에 대해 살펴보면, 종파는 먼저 유대교가 있고, 기독교는 개신교와 천주교로 나뉘고, 그 다음에 무슬림이 있는데, 유대교와 개신교와 천주교와 무슬림, 네 종파가 아브라함을 기준으로 해서 달라지게 된 것입니다. 유대교는 아브라함과 이삭과 야곱과 모세까지이고, 그들은 아직도 메시아를 기다리고 있습니다. 개신교는 아브라함, 이삭, 야곱, 모세, 다윗, 그 다음에 처녀 마리아의 몸을 빌려 아브라함의 씨에서 다윗의 왕권을 가지시고 성령으로 잉태하신 신성과 인성을 함께 가지신 예수 그리스도의 세계가 개신교입니다. 천주교는 아브라함, 이삭, 야곱, 모세, 다윗, 예수님까지는 똑같습니다. 그런데 한발 더 나아가서 교황과 마리아를 우상화하는 것이 다릅니다. 무슬림은 아브라함은 같지만 그 다음에 이삭이 아니라 이스마엘이고, 야곱이 아니라 에서이고, 모세, 다윗, 예수님도 선지자 중에 하나이며, 모하메드가 마지막 최고의 선지자라고 주장합니다.

우리가 알아야 할 것은 기독교는 종교가 아니라는 사실입니다. 기독교는 단순히 종교가 아니라 하나님과의 관계입니다. 하나님은 태초에 우주 만물을 창조하시고, 인간을 창조하신 근본 아버지이시고, 우리는 하나님의 자녀입니다. 아들이 아버지라고 하고, 아버지가 아들이라고 하는 것이 관계이지 종교가 아니잖아요. 그런데, 문제는 이 관계가 인간의 죄로 인해서 끊어졌습니다. 이것을 해결하는 것이 믿음이, 그 믿음의 핵심 요소는 피입니다. 그것이 어린 양 예수님의 피입니다.

아브라함은 믿음의 조상입니다. 네 종파 모두 다 아브라함을 출발로 하고 있습니다. 아브라함이 하나님께 믿음으로 나갈 때 네 씨로 말미암아 천하 만민이 복을 받으리라는 말씀대로 아브라함은 만민에게 믿음의 조상이고 복의 근원이 되었습니다. 이스라엘만이 아닌 만민의 조상이에요. 반면에 유대교는 만민이 아닌 자기들만이 선민이고, 십자가에서 죽은 메시아가 아니라 정치적인 메시아를 기다리고 있습니다.

그런데 놀라운 사실은 구약 성경의 요한복음 3장 16절이라고 할 수 있는 이사야 53장을 빼버렸습니다. 구약에서 가장 핵심적인 복음서가 '그가 찔림은 우리의 허물을 인하며 그가 상함은 우리의 죄악을 인함이라 그가 징계를 받으므로 우리가 평화를 누리고 채찍의 맞음으로 우리가 나음을 입었도다 우리는 다 양 같아서 그릇 행하여 각기 제 길로 갔거늘 여호와께서는 우리 무리의 죄악을 그에게 담당하셨도다(사 53:5~6)'인데, 그 핵심 진리를 빼버렸어요. 유대교가 기독교와 화합할 수 없는 그 이유가 바로 거기에 있습니다.

아브라함과 다윗의 자손 예수 그리스도의 계보라(마1:1)

이 세상은 마귀가 지배하는 곳입니다. 하나님께서 제한된 기간 동안에 마귀에게 허락해서 마귀가 지배하는 세상인데, 신약 성경 첫 시작을 예수님으로서 세계가 새롭게 이루어진 것을 선포합니다. 이와 같이 아브라함의 씨에서 다윗의 왕권이 영원하리라는 약속을 가지고 이 땅에 왕과 구원자로 오신 분이 예수 그리스도이십니다.

기독교의 핵심 교리는 한마디로 말하면 삼위일체입니다. 성부, 성자, 성령의 완전히 다른 인격이 한 하나님 안에 세 다른 인격의 하나님이시라는 것입니다. 인간의 지식으로는 잘 이해가 되지 않는 어려운 개념입니다. 그러나 이것이 없으면 기독교가 성립이 안 됩니다. 이것은 인간적인 방법이 아니라 신적 개념으로 이해해야 합니다. 예수님께서 베드로에게 "사람들이 나를 누구냐?"라고 물으시니, 베드로가 "주는 그리스도시오 살아 계신 하나님의 아들이심을 내가 믿습니다"라고 고백했습니다. 이에 예수님이 너무 너무 기뻐하시면서 이 반석 위에 내 교회를 세우리니 음부의 권세가 이기지 못하리라고 약속하셨는데, 이 부분에 대해 천주교와 개신교의 입장이 다릅니다. 천주교는 예수님이 말씀하신 반석을 베드로라고 하고, 개신교에서는 예수 그리스도가 반석입니다. 천주교에서는 베드로를 1대 교황으로 해서 이후 2대, 3대, 4대, 계속해서 내려오는 것이 교황 제도입니다. 그래서 종교화되고, 제도화되고, 권력화되어서 오늘까지 내려온 것이 천주교입니다. 역사의 흐름 속에서 교황을 중심으로 탈선하고, 변질되고, 변색되고, 오염되어 교황의 권위를 성경보다 더 위에 두고 있는 것이 잘못된 것입니다. 그리고 무엇보다도 마리아를 우상화하는 것은 잘못된 겁니다. 성찬식 때 먹는 빵과 포도주가 순간적으로 그리스도의 몸과 피로 변한다는 학설이 화체설인데, 이러한 화체설도 분명히 잘못된 것입니다. 고해성사 같은 경우도 지적을 할 수 있는데, 개신교와 천주교는 여러 면에서 차이가 있습니다. 특히 한국의 경우에 술 담배를 허용하고, 조상 제사를 허용하는 것들은 잘못되었다고 생각합니다.

무슬림은 무엇입니까? 무슬림은 죄에 대한 개념이 없습니다. 그래서 당연히 피를 통한 속죄의 개념도 없습니다. 오로지 강한 율법으로 통치하는 것이 무슬림이며, 결국은 유대교와 기독교를 합성한 짬뽕 교리라고 개인적으로 생각을 하고 있습니다.

저는 언젠가 구약 성경을 읽다가 정신이 번쩍 들었어요. 그래서 하나님 앞에 서약을 했습니다. 에스겔서 22장에 보면, 이 땅을 오직 예수 그리스도 복음의 성을 쌓고 무너진 데를 막아서서 살려야 하는데, 하나님이 그 사람을 찾으시나 찾지 못해서 분하셨다는 것입니다. 그래서 하나님이 그 분노를 그들 위에 쏟으며 진노의 불로 멸하여 그들 행위대로 그들 머리에 보응하셨다는 말을 접하고 너무 너무 무서웠습니다. 그래서 부족하지만 제가 하겠다고 자원하는 마음으로 서원을 했던 것입니다.

복음의 성이 무엇입니까? 오직 예수 아니면 구원이 없다는 것입니다. 예수 아니면 천국에 가지 못한다는 것입니다. 그런데 기독교라는 이름은 같아도 자유주의, 혼합주의, 다원주의, WCC 등을 통해 복음의 성이 무너지고 있습니다. 복음의 성이 더 이상 무너지지 못하게 할 그 사람을 하나님이 찾으신다는 것입니다.

오늘날 세상을 보십시오! 우크라이나 전쟁이 한참 진행되고 있습니다. 우크라이나 전쟁을 보면서 근대의 세계 역사와 한국 역사에서 가장 잘한 위대한 일은 한미동맹이 아닐까 생각합니다. 한국에서 전쟁이 나면 자동적으로 미국이 개입해서 싸워주는 동맹은 엄청난 사건이 아닐 수 없습니다. 이런 한미동맹을 이루어놓은 이승만 대통령의 업적은 길이 남을 위대한 일입니다. 박정희 대통령의 업적인 한미연합사령부의 전시작전권 또한 엄청난 의미를 가진 것입니다. 만약에 우크라이나가 NATO에 가입이 되어 있었다면 오늘날 러시아는 우크라이나를 칠 수가 없었을 것입니다. 동맹의 의미를 생각하면서 영적으로 해석할 때 인간 역사에서 가장 위대한 사건은 예수님의 십자가와 부활과 승천 사건입니다. 예수님께서 하나님께로부터 이 세상에 와서 인간의 죄와 죽음의 문제를 해결하시고 십자가와 부활을 이루시고 아버지께로 올라가셨어요. 이게 승천입니다. 이것이 나를 위한 것이라고 내가 인정하고 믿기만 하면 나에게 죄 용서가 이루어지고, 나에게 부활과 영생이 주어진다는 것이 복음이며, 이 복음은 예수님의 피를 통한 인간과 하나님과의 동맹 사건입니다. 한미동맹에 의거 유사시 미국이 자동적으로 개입하는 것처럼 예수님의 십자가 부활을 믿기만 하면 우리에게 죄 용서와 부활의 영생이 자동적으로 주어지는 것입니다. 이것이 다른 종교나 종파와 다른 것입니다.

전시작전권과 같이 삶의 현장에서 주님이 우리를 위해서 대신 싸워주신다는 사실이 얼마나 감격적인 일입니까? 예수님의 피를 통한 하나님과의 동맹이 얼마나 든든하고 감사한 일입니까? 6.25 전쟁으로 휴전이 끝난 상태에서 한국의 당시 형편은 참으로 보잘 것 없었는데, 그런데 한미동맹이 동등하게 이루어졌어요. 그래서 한국의 유사시에 미국이 싸워주는 거예요. 마찬가지로 천지를 창조하신 하나님은 인간과 비교하면 상대가 안 됩니다. 그런데 예수님의 피를 통해서 하나님과 인간 간에 동맹이 맺어졌습니다. 복음의 동맹이 맺어진 엄청난 사건입니다. 이러한 엄청난 하나님과의 동맹을 무시하면 참으로 어리석은 일입니다. 예수님의 피를 통한 하나님과 나와의 동맹이 바로 복음입니다.

오직 예수 복음의 음정, 복음의 화음, 복음의 박자, 복음의 사명, 이것을 우리가 철저하게 지키고, 하나님의 말씀 속에서 유대교와 개신교와 천주교와 무슬림이 무엇이 다른가를 분명하게 알고, 복음은 한미동맹과 같이 하나님과 나와의 피를 통한 동맹이라는 것을 명심해야 합니다.

이렇게 동맹의 소중함을 보면서도 한국에서 종전선언이니 미군철수 등의 주장은 말도 안 되는 이야기입니다. 마찬가지로 복음의 성이 무너져서는 안 됩니다. 무너진 성을 다시 쌓아야 합니다. 마귀와의 종전선언을 하면 안 됩니다. 복음의 성을 쌓고, 복음의 동맹을 다시 회복해야만 합니다.

유대교, 개신교, 천주교, 무슬림이 무엇이 다른지 구별하는 것이고, 어떻게 다른지에 대해 분변할 줄 알아야 합니다. 그래서 우리의 신앙을 부끄러울 것이 없는 하나님의 종으로 내 자신을 하나님께 드리기를 힘써야만 합니다.

08 빌라도의 재판, 엉터리 재판!
　　예수님은 죽고, 나는 살았다!

　　종려주일(棕櫚主日, Palm Sunday)은 예수님이 십자가형을 앞두고 예루살렘으로 입성할 때 군중들의 환영을 받은 것에 대한 기념일입니다. 예수님께서 나귀를 타시고 왕으로 예루살렘 성에 행차 입성하실 때 백성들이 옷을 벗어서 길에다 깔고 종려나무를 들고 '호산나, 호산나' 찬양을 하며 예수님을 왕으로 환영합니다. 그런데 이것이 우연하게 이루어진 사건이 아니라 그때로부터 500년 전에 스가랴 선지자에 의해서 예언된 사건입니다. 예수님이 빌라도에게 고난을 받으셨다는 말은 역사적인 사건이라는 뜻입니다. 빌라도는 사람이 만들어낸 소설이나 무슨 동화 속에 나오는 인물이 아니라, 인간의 역사 속에 확실하게 총독으로 있던 사람입니다. 빌라도는 예수님이 죄가 없는 걸 알았습니다. 그런데 유대인들이 시기심으로 예수를 죽이려는 것을 알고 있었어요. 그래서 이 사람은 죄가 없다면서 결국은 손까지 씻었어요. 그러나 유대인들의 강요에 의해서 십자가 사형 선고를 내립니다. 한 마디로 말하면 죄가 없는데 십자가에 죽게 했다는 것입니다. 엉터리라는 말입니다. 빌라도의 재판은 엉터리 재판인데도 그 재판을 통해서 예수님이 죽으셨습니다. 빌라도 재판은 엉터리 재판인데 그 재판을 통해서 예수님은 죽고 그 예수님이 죽으시니 나를 위해서 죽은 것이라고 믿는 나에게 죄 사함과 영생을 주어지게 될 것입니다. 빌라도는 예수님이 죄가 없다는 것을 분명하게 알고 있음에도 선포했어요. 그리고 십자가에 매달은 거예요. 선한 것을 악이라고 하고, 악한 것을 선하다고 하고, 흑암을 광명이라고 하고, 빛을 어둠이라고 하는 것은 엉터리입니다.

오늘날 교회 속에서도 성직자들이나 많은 직분자들까지 엉터리 재판에 끌려가고 있는 경우가 많아요. 동성연애는 하나님이 제일 싫어하시는 것이며, 하나님의 창조의 원리를 깨뜨린 거예요. 그런데 동성연애를 지지합니다. 차별금지법도 모든 사람들이 다 권리가 있으니까 차별하지 말라. 말은 좋죠. 그렇지만 그 속에는 악을 선이라고 말하는 하나님의 뜻을 거스르는 것이 포함되어 있습니다. 그러나 이런 엉터리 재판은 하나님이 심판하십니다. 거짓으로 끈을 삼아 죄악을 끌고 가는 것을 하나님이 그냥 놔두지 않으시고 결국은 심판하세요. 자기가 스스로 지혜롭다고 확신하며, 명철한 사람이라고 확신하는 그 사람에게는 화가 있습니다. 그들은 뇌물을 받아먹고, 악인들을 옳다고 하고, 의인들에게서 그 의를 빼앗는 사람들입니다. 그러나 하나님께서는 불꽃이 그루터기를 삼킴과 같이 마른 풀을 불 속에 집어넣어 날려버리겠다고 하십니다. 참으로 무서운 얘기입니다. 프랑스 철학자 장 폴 사르트르(Jean Paul Sartre)는 '우리 인생은 B와 D 사이의 C이다'고 했습니다. 즉 탄생(Birth)과 죽음(Death) 사이에 선택(Choice)의 연속이라는 말입니다. 나는 어느 쪽을 따라갈 것이고, 어느 쪽에 줄을 설 것인가? 분명히 해야 합니다. 내가 어디로 따라갈 것이냐? 어떻게 따라가고 있느냐? 나는 정말로 예수를 바르게 믿고, 바르게 가고 있는가를 점검해야 합니다. 돈, 명예, 권세, 출세에 빠져서 잠시 사는 인생, 세상에 빠지고, 마귀에 빠지고, 물질에 빠지고, 권세에 빠지고, 세상 성공의 기준에 빠지고, 엉터리에 빠져서 엉터리로 살고 있지 않느냐? 그 도전입니다.

요즈음 신문과 TV를 보면 세상이 온통 비극입니다. 악, 죄, 전쟁, 눈물, 굶주림, 싸움, 음란, 온갖 문제들로 가득 찬 세상입니다. 이런 것들이 어떻게 인간세계에 들어왔느냐? 악은 마귀에서부터 왔고, 죄는 인간이 불순종함으로 왔으며, 선악과를 먹지 말라고 했는데, 먹음으로 불순했어요. 저주는 하나님과의 관계 단절에서 온 거예요.

미국의 경우 여러 지역을 돌아다녀 보면 구석 구석마다 좋은 위치의 언덕에는 교회들이 다 있습니다. 위치와 땅이 좋다는 곳에는 반드시 교회가 있습니다. 그래서 '이것이 미국이구나! 이래서 강한 나라가 됐구나!'라는 생각을 하게 됩니다. 하나님의 축복, 하나님의 임재, 하나님의 능력이 함께 하시니까 번성할 수밖에 없는 것입니다.

악을 선하다고 하고 선을 악하다 하고, 어둠을 빛이라 하고, 빛이 어둠이라고 하며 엉터리로 가는 나라들은 다 망해버려요. 하나님의 심판입니다. 개인이나 가정이나 민족이나 국가나 똑같아요. 이것을 회복하는 것이 무엇입니까? 바로 예수 그리스도, 하나님과 나 사이를 다시 연결시켜주는 것이 십자가의 복음인 것입니다.

성경의 원칙은 피흘림이 없는 즉, 사함이 없다는 것입니다. 죄는 반드시 죗값을 치러야 됩니다. 구약에서는 그 벌을 양과 짐승들이 받았는데, 이제는 짐승으로는 안 된다고 하고, 하나님의 독생자가 이 땅에 오셔서 십자가에서 피를 흘리심으로 죄 용서함의 길을 열어주셨다는 것이 복음입니다. 빌라도가 예수를 십자가에 매달아 죽이라고 언도하기 전에 "보라 이 사람이로다. 보라 너의 왕이니라. 보라 하나님 아들이라"라고 말했습니다. 이것이 복음이에요. 빌라도가 말은 똑바로 했어요. 빌라도가 '보라! 너의 왕이시다. 보라! 이 사람이로다. 보라! 하나님의 아들이다' 그렇게 선포하고도 예수를 죽이라고 언도한 빌라도가 참으로 안타까운 사람이죠. 내가 이 땅을 살아가면서 나는 어떻게 신앙생활하는가? 어둠이 아니라 빛인가? 가짜가 아니라 진짜인가? 악이 아니라 선인가? 나 자신을 늘 확인해야 합니다.

종교인들이 선을 악이라고 하고, 악을 선이라고 하고, 어둠을 빛이라 하고, 빛을 어둠이라고 하는 것이 지금의 세상입니다. 우리가 교회를 다녀도 제대로 바르게 분별해야 합니다. 복음 외에는 다른 해답이 없어요. 다른 인간적인 방법으로는 해답이 없어요. 예수님만이, 십자가 부활만이, 믿음과 은혜로 구원받는 것만이 해답이 됩니다.

모세가 십계명을 받기 위해서 시내 산에 올라가서 40일 동안 금식하고 십계명을 받았는데 그 40일 동안을 못 참아서 아론이 금송아지를 만들자고 해서 금송아지를 만들었어요. 40일을 못 참았던 것입니다. 그리고 그 금송아지에게 절했는데 어떻게 이럴 수가 있는 것입니까? 그런데 그것이 바로 인간이며, 내 모습일 수가 있습니다.

거짓 선지자 발람이 발락 왕의 뇌물을 받고 이스라엘 백성들이 모압 여인들의 유혹에 넘어가도록 성적으로 유혹을 해서 싯딤에서 모압 여인들과 음행하다가 하나님의 진노로 2만 4천 명이 죽임을 당하는 끔찍한 일이 있었습니다. 발람의 사악한 술수에 넘어갔던 것입니다.

　우리도 신앙생활 중 순간적으로 범죄할 수가 있습니다. 금송아지에 넘어갈 수가 있습니다. 나도 모르는 사이에 악을 선이라고 하고, 선을 악이라고 하고, 흑암을 광명이라고 하고, 광명을 흑암이라고 하고, 쓴 것을 단 것이라 하고, 단 것을 쓰다고 하는 유혹에 빠질 수가 있다는 것입니다. 우리는 다시 초점을 맞춰서 믿음의 주요 온전케 하시는 예수를 바라보아야 합니다. 여기도 '바라보라!'는 말은 영어로 고정하다(fix)는 단어입니다. 예수 그리스도께 시선을 고정시켜라! 잘못되고 흐트러졌던 것을 다시 십자가에다 초점을 맞춰라! 집중력이 떨어진 것을 회복하라! 바로 그것을 말하는 얘기입니다. 우리는 부활의 영광을 바라보면서 철저하게 무장하고, 머리가 아니라 가슴으로 믿고, 지식이 아닌 눈물로 해야 합니다. 오래 교회 다니다 보면 무뎌지고, 무감각해져요.

　우리는 하나님께 "내 가슴에 불이 붙게 해 주십시오! 성령의 불이 붙게 해 주십시오! 내 눈에 눈물을 주십시오. 내 눈에 눈물이 없는 종교인이 되지 않게 해달라"고 기도해야 합니다. 나도 모르는 사이에 엉터리를 쫓아가지 않도록 하나님께 도와달라고 기도하면서 날마다 예수 그리스만을 바라보며 나아가야 합니다.

09 아! 이 사람이구나,
억울하다. 분하다. 원망스럽다!

    2023년 12월 신문을 보다가 깜짝 놀랐습니다. 신문을 보면서 한편으로는 원망스러운 마음이 일어났습니다. 천주교 정의채 신부님이 사망했다는 부고 기사였습니다. 삼성의 창업자 이병철 회장이 1987년도에 폐암이 걸려서 두 달밖에 못 산다는 시한부 선고를 받았을 때, 죽음을 앞두고 신앙과 관련된 24개 질문을 써서 주었던 분이 바로 정의채 신부였습니다. 그런데 정 신부가 그 질문을 받고 즉시 대답을 해주면 좋았을 텐데 준비하는 기간이 너무 오래 걸려서 이병철 회장이 대답을 받지도 못하고 돌아가셨어요. 24개 항의 질문을 읽어보면 영적인 간절함을 가지고 답을 찾아서 열망했던 이병철 회장의 안타까운 마음을 알 수가 있어요. 대답도 못 주고 그냥 돌아가시게 한 것이 억울한 거예요.

    차 신부가 이병철 회장이 돌아가신 후에도 답면을 주기까지 24년이 걸렸어요. 그리고 차동엽 신부님도 돌아가셨어요. 차동엽 신부님이 답변을 쓰신 것을 보니까 정확하지 않은 거예요. 그래서 손형식 목사가 정확한 내용으로 답변을 하게 된 것입니다. 저는 명확한 답을 주지 못하고 그냥 가시게 한 그 천주교 신부가 누구인지 궁금했었어요. 그런데 정 신부님의 부고 기사를 보고 정확하게 알게 되었어요. 그 당시 이병철 회장이 받아들일 준비가 되어 있어서 즉시 답변을 해 주었다면 복음을 받아들여서 구원 받고 천국에 가실 수 있었을 텐데라는 생각 하면 안타깝고 억울한 것이에요.

그때 만약 이병철 회장이 예수를 믿고 구원을 받았다면 삼성이 기독교 기업이 될 수도 있었는데, 참으로 안타까워요. 삼성이 하나님 나라를 위해서 기여할 수 있는 기업이 되었다면 얼마나 좋았을까 생각하면 억울하고 원망스럽게 생각이 되는 거예요. 베드로전서 3장 15절에 보면 '너희 마음에 그리스도를 주로 삼아 거룩하게 하고 너희 속에 있는 소망에 관한 이유를 묻는 자에게는 대답할 것을 항상 준비하되 온유와 두려움으로 하고'라는 말씀이 나와요. 우리가 구원받아서 소망을 가지고 있는 신앙의 사람으로서 소망에 관한 이유를 묻는 자에게는 대답할 것을 항상 예비하라는 거예요. 누구든지 와서 "정말 하나님이 계십니까? 정말 천국 지옥이 있습니까?"라고 물었을 때 대답할 준비가 돼 있느냐? 그 말이에요.

에베소서 2장 8절, '너희는 그 은혜에 의하여 믿음으로 말미암아 구원을 받았으니 이것은 너희에게서 난 것이 아니요 하나님의 선물이라. 행위에서 난 것이 아니니 이는 누구든지 자랑하지 못하게 함이라'는 말씀처럼 구원은 예수님을 구주로 영접하고 믿기만 하면 은혜로 주시는 선물이라는 말입니다. 로마서 10장 10절, '네가 만일 네 입으로 예수를 주로 시인하며 또 하나님께서 그를 죽은 자 가운데서 살리신 것을 네 마음에 믿으면 구원을 받으리라'는 말씀이 답이란 말입니다. 누구든지 주의 이름을 부르는 자, 예수님의 십자가와 부활이 나를 위한 것이라고 받아들이고 믿기만 하면 구원을 받는다. 누구든지 주의 이름을 부르기만 하면 구원받는다. '누구든지 주의 이름을 부르는 자는 구원을 받으리라(롬10:13)'고 했잖아요.

> 주 예수를 믿으라 그리하면 너와 네 집이 구원을 받으리라(행 16:31)

우리 모두는 죽음의 과정을 거쳐야 합니다. 이병철 회장이 바로 그 문제를 질문한 것입니다. 이렇게 간단하고도 분명한 대답이 있는데, 무슨 준비 기간이 필요해요? 그래서 그토록 열망하던 회장님을 그냥 가시게 만든 것에 대한 원망과 분노가 있는 거예요.

우리 모두가 성직자인데, 복음의 일꾼과 주님의 종이라는 것이 무엇이냐? 내가 확신하는 것이 무엇이냐? 나에게 준 사명이 무엇이냐? 내가 사람들을 복음으로 이끌어서 지옥에 갈 사람을 천국 갈 사람으로 이끌어갈 책임과 사명이 무엇이냐에 대해 다시 한번 우리는 자신을 돌아봐야 합니다. 성경에 절대 기준을 둬야 됩니다. 성경은 하나님의 말씀이고 인생 문제에 대한 답이다는 것을 확신해야 합니다.

오병이어의 기적에 대해 천주교에 정진석 추기경이 뭐라고 했냐면 소년이 떡 다섯 개와 물고기 두 마리의 자기 도시락을 내놓으니까 사람들이 감동을 받아서 각각 자기 도시락을 꺼내 먹었다고 했어요. 말이 되는 이야기입니까? 성직자의 사명은 성도로 하여금 성경에 절대 기준을 두고 그 말씀을 믿고 구원받도록 만들어가는 것입니다. 어떤 목사들은 창조가 '하나님이 있으라'고 창조한 것이 아니라 진화론적 창조를 했다고 해요. 하나님이 창조하시기는 했는데, 나중에 진화의 과정을 거쳐 창조하셨다고 가르칩니다. 이것은 아닙니다. 그런 것을 따라가면 안 됩니다.

어떤 젊은 목사가 하는 말이 "여러분! 홍해 바다를 건넌 것이 깊은 바다인 줄 아십니까? 갈대밭을 건넌 것입니다"라고 말을 해요. 그래서 내가 "그러면 왜 애굽 군대는 물에 빠져 죽었느냐?"고 물어보고 싶어요.

최근에 필라델피아 지역의 어떤 은혜 받았다고 하는 젊은 목사가 설교하면서 동방박사가 베들레헴에 가서 아기 예수께 절하고 황금과 유향과 몰약을 드린 것은 맞지 않다고 해서 지금 논란이 되고 있습니다. 그런데 이러한 성경의 역사적 사건에 대해 일부 학자들은 연구해보니까 '이 사건의 시간이 맞질 않는다. 동방박사가 황금과 유향과 몰약을 드린 것은 크리스마스 얘기가 아닙니다'라고 얘기를 하는 사람들이 있어요.

정말 안타까운 일이에요. 하나님 말씀을 절대 기준으로 해서 성경이 그렇다면 그런 거예요. 성경에 어긋나면 안 돼요. 성경을 절대 기준으로 삼지를 않으니까 세상이 지금 혼란해지고, 파멸되는 거예요. 우리가 믿는 기독교 복음은 학문이 아니에요. 연구 대상이 아니에요. 믿음의 대상이에요. 그런데 일부 젊은 목사들 중에는 성경보다 학자들의 말을 더 받아들이는 목사들이 있어요. 인간을 죄와 사망에서 구원하여 영생을 준 것은 예수님의 십자가, 부활, 믿음, 은혜, 구원, 영생, 천국 바로 이것입니다. 크리스마스가 반드시 필요한 거예요. 그 다음에 사람도 되고 하나님도 되시는 그 예수님이 십자가에서 피 흘려 죽었다. 그것이 나를 위한 것이다. 예수님이 부활하셨으니 예수님처럼 나도 부활한다. 자격이 없지만 은혜로, 믿음으로 내가 구원받았다. 그리고 나는 지금 죽어도 천국 간다. 그리고 영생한다는 사실입니다.

이병철 회장이 질문한 그 질문을 가만히 살펴보면, 요한복음 3장에 나오는 니고데모와 같다는 생각이 듭니다. 그는 니고데모는 오늘날로 보면 직위가 높은 국회의원이에요. 그 사람이 밤중에 예수님을 찾아온 거예요. 이병철 회장이 구원의 문제를 해결하기 위해 질문한 것처럼 니고데모가 밤중에 사람들 몰래 예수님 찾아왔어요. 예수님이 "네가 거듭나지 않으면 하나님의 나라에 갈 수 없다"고 하시니까 니고데모가 "내가 지금 나이가 몇 살인데 어떻게 거듭납니까? 내가 이 나이에 어머니 뱃속에 들어갔다 나오란 말입니까?"라고 말하니까 예수님이 말씀하셨어요.

> 예수께서 대답하시되 진실로 진실로 네게 이르노니 사람이 물과 성령으로 나지 아니하면 하나님의 나라에 들어갈 수 없느니라. 육으로 난 것은 육이요 영으로 난 것은 영이니 내가 네게 거듭나야 하겠다 하는 말을 놀랍게 여기지 말라(요3:5~7)

예수님이 "물과 성령으로 거듭나지 않으면 하나님 나라를 볼 수가 없다"라고 하니까 못 알아듣는 거예요. 예수님께서 하신 말씀이 무슨 의미입니까? 육으로 난 것은 어머니가 피를 흘려서 낳은 것이에요. 그런데 어머니가 피 흘려 난 것은 다 죄인이라는 사실입니다. 그래서 예수님이 나를 위해 흘린 그 피를 요구를 하는 거예요. 하나님의 독생자이신 예수님이 크리스마스에 이 땅에 오셔서 나의 죄 때문에 죽어주셨고, 그래서 내가 믿으면 영으로 나는 거예요. 예수님의 피를 믿음으로 난 것이 영으로 난 것이다. 물과 성령으로 나지 않으면 안 된다는 것입니다. 물은 무엇입니까? 물은 아브라함이 유브라데 강을 믿음으로 건넜는데, 옛 사람은 죽고 택한 사람으로 아브라함이 다시 태어난 거예요. 홍해 바다를 건넜는데, 옛 애굽의 것은 다 죽고 새 사람으로 거듭난 거예요. 요단강을 건넜는데, 하나님 백성으로 맨땅으로 건너온 거예요. 우리가 물과 성령으로 구원받았다는 말은 물로써 옛사람은 죽었고 성령으로써 다시 세상으로 태어났다는 것입니다. 이해가 잘 되지 않는 사람도 있을 것입니다. 그래서 예수님이 말씀하셨습니다.

> 바람이 임의로 불매 네가 그 소리는 들어도 어디서 와서 어디로 가는지 알지 못하나니 성령으로 난 사람도 다 그러하니라(요3:8)

대단히 중요한 이야기입니다. 바람이 부는 것을 어떻게 알 수 있지요? 바람이 불면 구름이 움직이고, 나무 잎사귀가 움직이잖아요? 바람은 눈에 보이지 않지만 그 현상으로 볼 수 있다는 말입니다. 성령으로 난 사람은 내 안에 성령의 바람이 불었다는 것입니다. 이전에는 예수님을 믿지 않았지만 성령으로 예수님이 하나님의 독생자이시며, 나의 구원자이시고, 내 죄 때문에 십자가에 죽으신 것을 내가 믿어진다는 거예요.

여호와께서 불뱀들을 백성 중에 보내어 백성을 물게 하시므로 이 스라엘 백성 중에 죽은 자가 많은지라. 백성이 모세에게 이르러 말하되 우리가 여호와와 당신을 향하여 원망함으로 범죄하였사오니 여호와께 기도하여 이 뱀들을 우리에게서 떠나게 하소서. 모세가 백성을 위하여 기도하매 여호와께서 모세에게 이르시되 불뱀을 만들어 장대 위에 매달아라 물린 자마다 그것을 보면 살리라. 모세가 놋뱀을 만들어 장대 위에 다니 뱀에게 물린 자가 놋뱀을 쳐다본즉 모두 살더라(민21:6~9)

믿음은 순종이에요. 이스라엘 백성들이 광야에서 하나님을 대적하니까 하나님께서 독사를 풀어놨어요. 그래서 백성들이 독사에 물려서 죽은 자가 많이 발생해서 모세가 기도하니 하나님께서 모세에게 "구리로 뱀을 만들어 장대에 높이 매달아라. 누구든지 뱀에 물린 사람은 장대 구리뱀을 바라보게 하라. 그러면 살리라"라고 해서 장대를 만들어 놓았어요. 그런데 어떤 사람들은 믿고 바라보아 살았으나, 어떤 사람들은 자신의 지식을 믿고 "뱀에 물렸으면 의사한테 가거나 독을 빼내든지 해야지 그 구리뱀을 본다고 낫는다는 것이 말이 되느냐? 난 죽어도 안 본다"고 해서 죽어 지옥을 가는 거예요. 그러나 이해가 되지 않을 때도 순종하고 장대의 구리뱀을 바라보는 것이 믿음입니다. 하나님의 말씀에 순종해서 십자가에 달린 예수 그리스도를 바라봐라! 믿어라! 의지하라! 그러면 살리라! 이게 대답입니다. 그래서 나온 결론이 무엇입니까?

요즘 신문을 보면 인간이 어떻게 그렇게 악할 수가 있는가 끔찍해요. 인간이 짐승보다 못할 정도로 악할 수가 있는지 참으로 끔찍해요. 최근 세계에서 일어났던 10대 사건에 관한 사진을 보면서 이 세상은 악과 저주와 죄로 가득하다는 생각이 들었어요. 이 문제들에 대한 유일한 해결이 바로 예수님의 피예요. 하나님의 독생자이신 예수님이 나 때문에 죽으신 것을 믿으면 하나님과의 관계가 회복되고, 하나님과의 관계가 회복되면 교제가 회복되고, 교제가 회복되면 공급이 회복되고, 공급이 회복되면 능력이 회복되고, 능력이 회복되면 축복이 회복되고, 축복이 회복되면 영원한 영생이 회복되는 것입니다. 오늘날 이러한 원칙이 깨지니까 세계 최강대국인 미국이 동성연애를 합법화시키고, 마약을 마음대로 먹게 하고 있어요.

> 이 밤에 여호와의 사자가 나와서 앗수르 진영에서 군사 십팔만 오천 명을 친지라 아침에 일찍이 일어나 보니 다 송장이 되었더라(왕하19:35)

히스기야가 밤새 기도하고 아침에 일어나 보니까 18만 5천 명의 앗수르 군대가 송장이 되었어요. 우린 그 말씀을 믿는 것입니다. 그 능력을 믿는 것입니다. 우리가 기도하면 북한의 악한 정권이 무너집니다.

요즘 한국의 심각한 문제가 안보 외에도 인구 절벽이에요. 도무지 아이를 낳지 않는 거래요. 이 문제도 교회가 해결해야 한다고 생각합니다. 하나님이 주신 축복이 뭡니까? 생육하고 번성하라. 땅에 충만하

라. 그 말이잖아요. 그것은 아이를 많이 낳으라는 얘기입니다. 그런데 한국은 지금 아이들의 울음소리가 끊겨져 가고 있대요. 사람들이 교회는 왜 다니냐? 사람 만나러 다녀요. 교회는 왜 다니냐? 사업상 사람 만나러 다녀요. 교회가 무슨 사교장입니까? 사업장입니까? 믿지는 않고, 복음도 없고, 복음을 무슨 출세의 도구로 권력의 수단으로 삼아요. 복음은 신앙과 사명입니다. 내가 무엇을 어떻게 믿느냐 하는 신학과 신앙이 분명해야 하고, 그리고 성화된 삶이 우리에게 있어야 되고, 그리고 사명이 확고해야만 합니다. 그래서 지옥에 갈 사람을 천국에 갈 사람으로 인도하는 것이 우리의 사명입니다.

이병철 회장이 제기했던 24개 질문이 구구절절이 옳은 것입니다. 우리들에게도 이병철 회장이 질문했던 것처럼 갈망이 있어야 하고, 오늘의 수많은 이병철을 복음으로 살리는 사명자로 살아야만 합니다.

제3부

부득불 사명 · 시대분별 · 만민구원

01 네 손에 든 것이 무엇이냐?
　　　지팡이, 그것을 던져라!

　성경은 구약과 신약으로 나누어지는데, 구약의 주인공은 모세이고, 신약의 주인공은 사도 바울이라고 볼 수 있습니다. 요셉이 형들에 의해서 강제로 애굽에 팔려 간 이후 애굽 총리가 되어 400년 만에 70명이 애굽으로 건너가서 200만 명이 되었습니다. 이에 두려움을 느낀 애굽 왕이 유대인들의 인구 증산을 막기 위해 아들 낳으나 죽이고자 했습니다. 그런데 모세가 태어났을 때 어머니가 모세를 보니까 너무 아름다워서 죽일 수가 없어 석 달을 감추어 두었다가 갈대 상자에 넣어서 나일강에 띄웠는데, 하나님의 역사로 바로 왕의 공주가 너무 아름다우니까 자기 아들을 삼게 되었습니다. 그래서 히브리 사람인데 이집트의 왕자가 된 것입니다.

　모세가 40살이 되었을 때 한 번은 밖에 나갔다가 억울하게 싸움이 벌어져서 이스라엘 사람이 죽임을 당하는 모습을 보았습니다. 이 과정에서 "어제는 애굽 사람을 죽이더니 오늘은 우리를 죽이려 하느냐"는 말에 두려워서 도망가게 됩니다. 그래서 광야에 가서 40년을 양치기를 합니다. 그 당시 최고의 나라 이집트의 왕자 출신인 그가 광야에서 양치기 노릇을 한 것인데, 어느 날 가시나무 떨기에 불이 붙어 있는 것을 보고 다가갔을 때 하나님께서 그를 부르셨습니다. 모세가 부르심을 받은 후 하나님이 "네 손에 가진 것이 무엇이냐?"고 물으셨을 때,

모세가 "지팡이입니다"라고 답변하니까 "그 지팡이를 던지라"해서 던 졌더니 뱀이 된 것입니다. 다시 뱀의 꼬리를 잡으니 다시 지팡이가 되었고, 하나님의 명령에 따라 손을 가슴에 넣었더니 문둥병자가 되었고, 다시 넣었더니 깨끗해졌습니다. 이러한 확실한 증거를 보여주신 후에 "너는 내 백성을 구원하라"며 사명을 주신 것입니다. 모세가 사명을 받고 바로에게 가서 백성들을 내어놓으라 요청했으나 바로 왕이 말을 듣지 않자 10가지 재앙을 내렸습니다.

십계라는 영화를 보면 강권적으로 하나님께서 이스라엘 백성들을 이끌어 내시는데, 출애굽 과정에서 앞에는 홍해 바다가 가로 막고 있고, 뒤에는 바로 군사들이 쫓아오는 어쩔 줄을 모르는 그런 상황에서 하나님께서 말씀하셨습니다. "모세야, 네 손에 든 것이 무엇이냐?"라고 물으셨을 때 "지팡이입니다"라고 답변하자 "들어 올리라"고 하신 명령대로 지팡이를 홍해 바다를 향해 들어 올리니 바다가 갈라지는 기적이 일어났습니다. 현대 과학으로는 도저히 믿을 수 없는 사건입니다. 어떻게 바다가 갈라져서 맨 땅으로 건너갈 수가 있느냐는 말입니다. 그런데 과학이 발달해서 최근에 과학자들이 출애굽 경로를 찾아 가보니까 그 바닷속에 애굽 군대의 마차가 그대로 있었다는 것입니다. 그 마차들 속에 산호들이 집을 짓고 살더라는 것입니다. 이것이 역사적인 사실이고, 역사적인 사건입니다. 홍해 바다를 건너간 후 40년 동안 광야에서 구름 기둥과 불 기둥으로 이스라엘 백성들을 인도하시고, 만나와 메추라기로 공급하시고, 40년 동안 옷이 해지질 않고 발이 부르트지 않았던 그런 기적의 역사로 이스라엘 백성들을 보호하셨습니다.

　그것이 모세의 가장 위대한 업적이며 우리가 반드시 믿어야 할 사건입니다. 유대인들이 광야 40년 길에서 불순종으로 죽었는데, 그 사람들의 DNA를 조사해 보니까 전부 유대인들의 뼈들이었다는 것입니다. 이러한 성경의 사실성을 믿어야 합니다.

　다윗은 십대(teenager) 형들이 전쟁터에 나가서 쩔쩔매는 장면을 보게 되었습니다. 거인 골리앗이 이스라엘 백성들을 조롱하며 모욕을 주고 있는 것을 보고, 의분으로 싸우겠다고 했을 때, 형들이 조롱하며 비아냥거렸지만 끝까지 간청하자 사울 왕이 "네 손에 든 것이 무엇이냐?"고 묻습니다. 다윗이 "물맷돌입니다"라고 답변했고, 결국 다윗이 골리앗에 나아가서 물맷돌로 골리앗의 머리를 맞춰서 한 방에 쓰러뜨려 목을 잘라 가지고 왔습니다. 우리가 이런 역사를 보면서 "이것은 하나님이 하신 일이다. 하나님이 해주신 사건이다"라고 고백할 수 있는 것입니다. 지금도 우리는 이 사건들을 보면서 '그 하나님이 지금도 우리의 하나님이시다. 지금도 동일하게 역사해 주신다. 지금도 하나님은 네 손에 든 것이 무엇이냐? 너의 지팡이와 물맷돌과 나를 위해 던져라'라고 말씀하십니다.

　이동원 목사님이 저를 보고 로마서를 가르치라고 했습니다. '85년도에 그 성경 강의를 시작한 것이 오늘에 이르렀습니다. 또한 교회를 개척하기도 했는데 제가 무슨 자격이 있습니까? 그러나 "네 손에 든 것이 무엇이냐? 그것으로 나를 섬겨라"라는 말씀에 순종해서 하나님의 살아계심을 믿고, 하나님이 함께하시는 것을 믿고 그 믿음으로 나가니까 하나님께서 큰 교회를 세우게 하시고, 은퇴 후에도 교회를 섬기고 있는 것입니다. 저는 과거를 돌아볼 때마다 확실하게 간증할 수 있습니다. "여호와는 나의 목자이시니 내게 부족함이 없으리로다!"

우리가 은혜를 받고, 구원을 받고, 천국의 복음을 확실하게 가지고 신앙생활을 하면서 항상 잊지 않고 기억해야 할 것은 사도행전 20장 24절 '나의 달려갈 길과 주 예수께 받은 사명 곧 하나님의 은혜의 복음을 증거하려 함에는 나의 생명을 조금도 귀한 것으로 여기지 아니한다'는 말씀입니다.

나의 남은 인생을 어떻게 살 것이냐? 그냥 세상 속에서 의미 없이 뜻 없이 살아갈 것이냐? 아니면 복음의 일꾼으로 살아갈 것이냐? 깊이 생각하면서 결단할 때마다 '내가 복음을 전할지라도 자랑할 것이 없으며, 부득불 할 일이다'고 고백합니다.

저는 구레네 시몬을 참 좋아합니다. 그는 예루살렘에 구경꾼으로 왔었는데, 사람들이 몰려 있어 무슨 일인가 하고 보니까 웬 젊은 청년이 십자가를 지고 쩔쩔매고 넘어졌다 일어섰다 넘어졌다 일어났다 하는 것이었습니다. 저 사람이 누구인데 저런 고난을 당하는가? 생각하고 있을 때 로마 군인이 강제로 십자가를 지게 해서 구레네 시몬이 예수님의 십자가를 대신 지게 되었습니다. 이것은 엄청난 사건입니다. 구레네 시몬 입장에서는 재수 없게 내가 걸렸다고 생각할 수도 있었을 것이지만, 나중에 알고 보니까 인간의 몸을 입고 오신 구원자요, 하나님의 독생자였던 것입니다. 독생자의 십자가를 대신 졌다는 것은 얼마나 큰 축복이며 특권입니까?

구약의 갈렙은 85세에 "저 산지를 내게 주십시오, 저 악한 자들을 내가 물리치겠다"고 했습니다. 85세에 저 산지를 내게 주시면 가서 악을 진멸하고 오겠다고 한 것은 대단한 일이 아닐 수 없습니다. 그에게는 하나님을 향한 열정과 하나님 나라에 대한 비전이 있었습니다. '반드시 하나님의 뜻은 이루어진다. 내가 쓰임 받아야 한다'고 확신을 가진 갈렙이었습니다. 우리 인생 잠깐인데, 그저 먹고 죽다 그걸로 끝나야 되겠습니까? 무엇인가 주님이 기뻐하시는 일을 해야 되지 않겠습니까? 죽음은 그냥 끝나는 것이 아닙니다. 다음 세계로 옮겨지는 것입니다. 성경에 보면 예수님이 일을 맡겨놓고 결산하자고 하십니다. '내가 너에게 다섯 달란트, 두 달란트, 한 달란트를 주었다. 나중에 '어떻게 장사했느냐? 얼마나 남겼느냐?' 결산하십니다. 이것은 심각한 이야기입니다. 나를 구원하시고, 나에게 은사를 주셨는데, 어떤 사람에게는 다섯 달란트, 어떤 사람에게는 두 달란트, 어떤 사람에게는 한 달란트를 주셨습니다. 그리고 마지막에 가서 계산하자 했을 때 다섯 달란트 받은 사람이 "내가 다섯 달란트를 남겼습니다"고 했더니 주인이 좋아하시면서 "착하고 충성된 종아 상을 받으라"고 하셨습니다. 두 달란트 받은 사람에게도 동일하게 두 달란트를 남긴 것에 대해 칭찬을 하셨습니다.

그러나 한 달란트 받은 사람은 "주인은 엄하고 악한 사람이라 제가 겁이 나서 땅속에 묻었다가 가져왔다"고 말하자 "이 악하고 게으른 종아, 너에게 있는 것까지 다 빼앗고, 음부에 집어 넣어라"고 했는데, 이것이 마지막 결론입니다. 주님은 더 많이 30배, 60배, 100배의 수확을 남길 것을 명합니다. 그래서 수확을 남기면 착하고 충성된 종이라는 칭찬과 상을 받고, 악하고 게으른 종은 음부에 집어 던져진다는 사실을 명심해야 합니다. 예수님은 "무릇 있는 자는 받아서 풍족하게 되고, 없는 자는 그 있는 것까지 빼앗기리라. 이 무익한 종을 바깥 어두운 데서 쫓아내서 거기서 슬피 울며 이를 갈매 있으리라"고 말씀하셨습니다.

 무서운 얘기입니다. 우리가 초등학교부터 대학교까지 학기말 시험을 통과해야 졸업하는 것과 같이 신앙생활도 하나님 앞에 점검을 받아야 하고 통과해야 되는 것이다. 시편 92편 12절, '의인은 종려나무 같이 번성하며 레바논의 백향목 같이 성장하리로다'라고 말씀하십니다. 내가 의를 따를 것이냐, 악을 따를 것이냐? 세상을 따를 것이냐? 복음을 따를 것이냐? 내 짧은 인생 그냥 생각 없이 그냥 살다가 이 땅을 떠날 것이냐? 늘 우리가 그것을 고민해야만 합니다. 시편 92편 12~15절, '의인은 종려나무 같이 번성하며 레바논의 백향목 같이 성장하리로다 이는 여호와의 집에 심겼음이며 우리 하나님의 뜰 안에서 번성하리로다 그는 늙어도 여전히 결실하며 진액이 풍족하고 빛이 청청하니 여호와의 정직하심과 나의 바위 되심과 그에게는 불의가 없음이 선포되리로다' 우리가 늙어도 결실하고 진액이 풍족하며 빛이 청정하여 여호와의 정직 하심을 나타내면서 '여호와는 나의 반석이시라. 나에게는 불의가 없도다'라는 확신을 가지고 우리가 신앙생활을 해야만 합니다.

우리는 하나님 앞에서 나는 상 받을 사람으로 살고 있느냐를 늘 질문하며 살아야 합니다. 모세에게, 다윗에게, 우리에게 '네 손에 든 것이 무엇이냐?'고 물으실 때마다 아무것이 없다고 할 것이 아니라, 나에게 주신 아무리 작은 은사라도 하나님의 나라와 영원한 구원을 위해 드리고 바쳐야만 합니다. 저에게는 '네 손에 든 것이 무엇이냐?'는 말이 귀에 자꾸 윙윙거리며 들립니다. "네 손에 든 것이 무엇이냐?" "예, 지팡이입니다!" 지팡이는 아무것도 아니지만 던졌을 때 뱀이 되었습니다. "네 손에 든 것이 무엇이냐?" "물맷돌입니다!" "그것을 가지고 골리앗을 쳐서 부셔라!" 이것이 하나님이 우리에게 원하시는 부르심의 사역입니다. 우리는 예수님 외에는 구원의 길이 없다는 복음성과, 돈과 물질에 깨끗하고 비리나 이성 문제에 깨끗한 투명성과, 복음을 위해 자신을 희생하는 희생성을 가지고 섬기는 사람을 하나님이 찾으십니다. 예수님은 우리를 향해서 계산하자고 말씀하시고 확인하십니다. 모세와 다윗에게 "네 손에 든 것이 무엇이냐?"고 물으시는 하나님께서는 오늘날 우리에게도 동일하게 질문하시고 말씀하십니다. "네 손에 든 것이 무엇이냐?" "네가 든 그것으로 백성들을 구원하라!"

02 가장 가치 있고 보람 있는 삶은 무엇인가?
   성직의 직분!

　내가 아는 어떤 유명한 목사님의 처남이 있었습니다. 아무리 권면을 해도 예수를 안 믿었습니다. 그런데 그에게 문제가 생겨서 감옥에 들어갔습니다. 큰 어려움을 겪고 있던 그를 찾아가 말씀을 권면해서 예수를 믿게 된 후 모든 것이 잘 풀렸는데, 그때 주신 말씀이 골로새서 말씀이었습니다.

> 그는 보이지 아니하는 하나님의 형상이시요 모든 피조물보다 먼저 나신이시니 만물이 그에게서 창조되되 하늘과 땅에서 보이는 것들과 보이지 않는 것들과 혹은 왕권들이나 주권들이나 통치자들이나 권세들이나 만물이 다 그로 말미암고 그를 위하여 창조되었고 그가 만물보다 먼저 계시고 만물이 그 안에 함께 섰느니라(골 1:15~17)

　우리가 신앙생활하면서 예수님이 누구시냐를 아는 것이 대단히 중요합니다. 골로새서를 보면 그는 보이지 아니하는 하나님의 형상이요. 모든 창조물보다 먼저 나신 자라고 말하고 있는데, 이는 엄청난 선포입니다. 만물이 그에게 창조되고 하늘과 땅에서 보이는 것들과 보이지 않는 것들과 혹은 보좌들이나 주관자들이나 정사들이나 권세들이나 만물이 다 그로 말미암아 되었다는 것입니다. 예수님이 창조주시고, 예수님이 통치자시고, 예수님이 모든 권세를 다 잡고 계시는 만왕의 왕이십니다. 만물이 그를 위해 창조됐습니다. 2천 년 전에 역사 속에 오신 그 예수님이 인간의 형상을 입은 하나님이십니다.

이 엄청난 이야기를 믿는 것이 쉽지 않은 것이 사실입니다. 그러나 이것을 믿어야 됩니다. 우리가 믿는 예수님이 만유인력을 붙잡고 있는 분이십니다. 우리 교회의 머리가 되시는 예수님이 이 땅에 오셔서 십자가에서 죽으시고 부활하셔서 믿는 우리에게 부활을 주셨습니다. 만물의 으뜸이 되시는 분이 예수님이십니다. 우리가 예수님을 믿지 않으면 지옥이지만, 믿으면 영생 천국입니다.

예수님이 십자가를 통해서 하나님과 우리가 화목하게 되었습니다. 그것이 예수님의 피로 이루어진 사건입니다. 우리 모두는 다 죄인입니다. 기분 나빠할 것 하나도 없습니다. 다 죄인입니다. 전에는 하나님과 원수가 되었었습니다. 그런데 이제는 믿음으로 예수님 안에서 하나님의 백성들이 되었습니다.

> 만일 너희가 믿음에 거하고 터 위에 굳게 서서 너희 들은 바 복음의 소망에서 흔들리지 아니하면 그리하리라 이 복음은 천하 만민에게 전파된 바요 나 바울은 이 복음의 일꾼이 되었노라(골1:23)

복음의 소망에서 흔들리지 아니하면 우리 모두는 복음의 일꾼으로 살아가는 것이 가장 복된 삶입니다. 돈이 많다, 권력이 있다, 명예가 있다, 다 가졌다, 의미가 없습니다. 그것들은 다 일시적인 것입니다. 우리는 예수님 안에서 하나가 되어 화목하고, 사랑하고, 함께 천국을 향해 전진해 나가는 그런 믿음의 가족들이 되었습니다. 우리는 지금 여기서 살다가 이 땅을 떠난 후 천국에서 영원한 영광을 누리는 영생이 주어져 있습니다. 그래서 우리가 믿음 안에서 가족으로 살고, 예수님 안에서 복음을 위해 사는 것보다 더 귀한 것이 없습니다. 그래서 믿음 위에 굳게 서서 복음의 소망에서 흔들리지 말아야 합니다.

예수 믿는 것이 결코 쉬운 일이 아닙니다. 그러나 우리는 믿음 안에서 기뻐하고 감사하며, 우리의 모든 삶이 예배 중심, 교회 중심, 예수님 중심으로 살아가야만 합니다.

하나님께서는 우리 모두에게 사명을 감당하라고 부탁하셨습니다. 교회의 기둥이 되라고 부탁하셨습니다. 복음 전파를 위해 살라고 부탁하셨습니다. 교회 직분은 결코 감투가 아닙니다. 교회 직분은 두렵고 떨림으로 감당하여 교회의 기둥이 되라는 참으로 두려운 직분인 것입니다.

성경(막16:9)에 보면 일곱 귀신이 들렸던 막달라 마리아가 있었습니다. 귀신이 하나만 들려도 무섭고 힘든 일인데 일곱 귀신이 들렸던 여자였습니다. 그런데 예수님이 만나서 일곱 귀신을 쫓아내 주셨습니다. 이에 감동을 받은 시골 여자였던 막달라 마리아는 예수님의 여성 수제자가 되었는데, 우리도 그런 비전과 사명을 가지고 예수님의 수제자가 되어야 합니다. 아무리 똑똑한 사람들이나 공부를 많이 한 사람들이나 지식이 많은 사람들이나, 박사 학위를 몇 개를 받고, 일류 대학 나오고, 최고의 지식이 있는 사람들은 이것을 인정하지 않는 사람들이 많습니다. 왜 그렇습니까? 자기 지식으로 해석을 하려니까 그렇습니다. 이것을 깨닫고 받아들이는 사람이 얼마나 큰 축복인지 모릅니다.

돈 많이 번 똑똑한 친구한테 예수 믿으라고 하니까 "너나 잘 믿어라"고 합니다. "예수 믿고 천국 가야 된다"니까 "너나 잘 가라"고 합니다. 이것이 현실입니다. 왜 그럴까요? 예수 믿는 것은 비밀입니다. 모두가 구원받는 것이 아니라 택한 사람만 구원 받도록 되어 있습니다. 교회에서는 예수 잘 믿는데 밖에 나가서는 세상 사람들하고 똑같이 살면 안 됩니다. 우리가 운전할 때 신호등 앞에서 파란불이 늦게 바뀌어 아무리 답답하다고 해도 빨간불일 때 갈 수는 없는 것입니다. 하나님의 사람은 하나님의 사람답게 긍지를 가지고 세상의 법도 지키고, 하나님 나라의 법도 지켜서 하나님 나라의 백성이자 이 세상 나라의 백성으로서도 합당하게 살아야 됩니다.

우리는 천국을 향해 가는 순례자들입니다. 우리 모두는 다 함께 천국에 가서 천국에서도 영원한 영광을 누려야 되지 않겠습니까? 천국 가는 순례의 길에 때로는 문제도 있고, 아픔도 있고, 눈물도 있습니다. 그래서 우리는 서로의 문제를 공유하면서 마음과 뜻을 다하고, 서로 돌보면서 아무 일이든지 다툼이나 허용이 있어서는 안 됩니다. 우리 모두 한 마음으로 함께 가야 되는데, 성경(눅9:46)에 보면 예수님이 십자가를 지고 속죄 제물로 죽기 위해서 예루살렘으로 가시는데 뒤따라 오던 제자들이 서로 누가 높으냐며 싸우는 장면이 나옵니다. 참으로 웃기는 일입니다. 이웃의 아픔이 나의 아픔이고, 그의 문제가 나의 문제이며, 우리는 복음의 일꾼으로서 괴로움을 같이 나누고, 그리스도의 남은 고난을 몸된 교회를 위해 육체에 채워야 합니다. 우리가 가지는 직분은 영적인 직분이고, 의의 직분이고, 영광의 직분입니다. 또한, 모든 직분자들은 복음성이 분명해야 됩니다. 예수님이 누구십니까? 나와 무슨 관계가 있는가가? 복음성이 확실해야 하며, 그것 때문에 내가 희생해야 하고, 섬겨야 합니다. 남을 위해서 나의 시간과, 정성과, 물질을 주고, 고난까지도 함께 나눠야 합니다. 또한, 우리의 삶이 투명해야 됩니다. 투명성이 없으면 하나님이 기뻐하지 않으십니다. 우리의 삶이 투명성이 있고, 희생성이 있고, 복음성이 분명하고, 복음을 위해 우리 삶을 드려야 한다는 것입니다. 하나님의 나라에 가서 상 받는 자가 되어야 합니다.

한국에서 한강이라는 작가가 노벨상을 받았다는 기쁜 소식을 들었는데, 우리 대한민국으로서는 큰 명예이고, 기쁜 소식입니다. 그런데, 내용에 대해 논란이 많다는 얘기를 들었습니다. 한강 작가의 작은 아버지(한충원 목사)는 진실한 목회자입니다. 그는 자기 조카가 노벨문학상을 받은 것에 대해 기쁘고 축하할 일이지만, 노벨상 수상으로 인해 형님 집안이 하나님의 구원에서 더 멀어지지 않을까 하는 걱정과, 조카의 작품에 대한 평가로 한국 사회가 두 쪽으로 갈라질지도 모르는 두려운 예감이 들었다며 장문의 서신을 공개했습니다. 이 땅에서 상 받고 유명해지는 것보다 더 소중한 것이 있다는 것입니다.

> 너희 안에 이 마음을 품으라 곧 그리스도 예수의 마음이니 그는 근본 하나님의 본체시니 하나님과 동등됨을 취할 것으로 여기지 아니하시고 오히려 자기를 비워 종의 형체를 가지사 사람들과 같이 되셨고, 사람의 모양으로 나타나사 자기를 낮추시고 죽기까지 복종하셨으니 곧 십자가에 죽으심이라(빌2:5)

우리는 이 말씀을 따라야 합니다. 교회에서 사역자가 된다는 것은 예수님이 낮추시고, 복종하여서 십자가에 죽으신 것과 같은 삶을 살아야 한다는 것입니다. 내가 양보하고, 죽고 희생하면 내가 낮아지는 것이 아니라 도리어 하나님이 나를 높여주십니다. 우리는 종교를 믿어서는 안 됩니다. 그리스도인은 종교를 믿는 것이 아니라 관계입니다. 우주 만물을 창조하신 창조주 하나님이 나를 위해서 무엇을 하셨느냐? 예수님을 통해서 구원과 영생을 주셨는데 그 예수님과 나와의 관계가 뭐냐? 이 관계를 믿어야지 종교를 믿으면 안 됩니다. 성령님이 내 안에 항상 계시고, 예수님은 누구시며, 구원자 하나님이 내 아버지시고, 이 관계가 분명해야 하며, 우주의 고아로 살면 안 됩니다.

> 우리의 시민권은 하늘에 있는지라 거기로부터 구원하는 자 곧 주 예수 그리스도를 기다리노니 그는 만물을 자기에게 복종하게 하실

수 있는 자의 역사로 우리의 낮은 몸을 자기 영광의 몸의 형체와 같이 변하게 하시리라(빌3:20~21)

우리는 한국의 시민권자였었고, 미국에 와서 미국의 시민권자로 살고 있으며, 특별히 하나님 나라의 시민권자입니다. 최근에 브라질에 갔다 오면서 보니까 미국에 들어올 때 미국 시민권만 있으며 다 무사 통과가 되었습니다. 마찬가지로 우리는 예수만 믿으면 하나님 나라에 무조건 통과할 수 있습니다. 그러므로 내가 얻었다 함도 아니오. 온전히 이루었다 함도 아니라 오직 내가 그리스 예수께 잡힌 바 된 그것을 받으려고 쫓아가느라. 어디까지? 천국에 들어갈 때까지!! 육신의 장막을 벗고, 하나님 나라에 들어가서 영원한 영광을 누릴 그때까지 우리는 복음을 위해 살아가는 사명자들입니다.

우리가 살고 있는 미국은 패권 국가이며, 세계에서 최고로 힘 있는 나라이고, 부자 나라라는 통계를 기사에서 보았어요. 그런데, 미국 사람 중에 거의 60%가 우울증에 걸려있다는 기사를 보고 제가 깜짝 놀랐어요. 왜 이럴 수가 있는가? 윌리엄 마스터라는 심리학자가 천 명을 대상으로 설문조사를 했어요. '당신은 이 땅에서 왜 살고 있는가에 대한 분명한 대답을 가지고 사느냐? 삶의 목적이 무엇인지 대답을 가지고 살고 있느냐?'라는 질문을 했다고 합니다. 그런데 정확한 대답은 단 6%였다고 합니다. 100명 중에 6명밖에 없다는 것입니다. 대부분의 사람들이 그저 그렇게 그런 살고 있다는 말입니다. 목적도 의미도 없이 살고 있어요. 우리 주변을 살펴보면 그런 사람들이 정말 많이 있습니다.

　우리 인생에서 가장 중요한 네 가지 요소가 있습니다. 그것은 '내가 누구인가?'라는 존재감과, '나는 어디에 속해서 살고 있는가?'라는 소속감과, '나는 누구하고 교제를 나누면서 살고 있느냐?'라는 소통감과, '나는 보람 있고 가치 있는 인생을 살고 있는가?'라는 성취감입니다.

　요즘엔 대부분 사람들이 핸드폰을 가지고 있습니다. 핸드폰이 뭐예요? 우리의 존재감을 확인시켜주는 것이라고 생각합니다. 우리가 사진을 보면 여러 사람들이 찍혀 있잖아요. 그런데 제일 먼저 찾는 것이 뭐예요? 바로 나의 모습이고, 사진 속에 내가 있느냐? 없느냐? 없으면 흥미가 별로 없어요. 제가 언젠가 목장 구역 편성을 하는데, 수백 명을 편성해서 종이를 나눠줬어요. 집에 와서 다시 한번 목장 편성을 바라봤더니 맨 끝에 좀 서툴게 쓴 글이 하나 있었어요. 그래서 이게 무엇인가 자세히 살펴 봤더니, '나 없는 세상 잘들 살아가라'라는 글이 있었어요. 그래서 다시 한번 확인해 봤더니, 우리 어머님의 이름이 빠져 있었던 거예요. 목장 편성에 우리 어머니 이름이 빠진 거예요. 제일 가까우니까 조금 소홀히 여겼던 것이에요. 이것을 어머니가 보시고, 섭섭해서 '내 이름 없는 세상 너끼리 잘 살아보라'고 했던 거예요. 그래서 제가 깜짝 놀라 가지고 찾아가서 싹싹 빌었어요.

　일본에 초등학생 학생이 자살을 했어요. 왜 자살했는가 이유를 보니까 자기가 핸드폰을 가지고 있는데, 아무도 자기한테 전화하는 사람이 없다는 것이었어요. 그래서 자살을 했다는 것입니다. 제가 어느 교회에 있을 때에 유학생 부부가 있었어요. 그런데 부인이 열심히 일을 했어요. 남편을 열심히 공부시켜서 드디어 남편이 8년 동안 공부해서 미국 변호사가 됐어요. 그런데 어느 날 우연한 일로 부부싸움이 일어났는데, 남편이 홧김에 '너 필요 없어! 나가!'라는 말을 한 거예요. 이 한 마디에 이 부인이 정신병에 걸렸어요. '너 필요 없어! 나가!' 이 한 마디에 인생이 무너져 버리고 말았어요. 제가 목회 현장에서 경험한 것은 '나는 꼭 필요한 존재다. 당신은 나에게 꼭 필요한 존재다. 당신 없이는 난 못 산다'는 것이 가장 축복의 말인 것 같다고 생각합니다.

제가 중학교 2학년 때 전도사님 한 분이 '여러분 인생에 사는 목적이 무엇입니까?' 하고 물었는데, 갑자기 대답이 안 나오는 거예요. 그런데 전도사님이 "인생의 목적은 하나님의 영광을 위해 사는 것입니다"라고 말하는 것을 듣고 나서 그 말이 머리에 확 박혔어요. 나의 존재감이 무엇이냐? 나는 어디에 속한 사람이냐? 내가 하나님과 소통하고, 성도들과 소통하고 있느냐? 나는 사역을 통해서 어떤 성취를 이루었느냐? 이것이 잘 이루어지지 않으면 우울증에 걸려요. 우리는 스스로 우주에 고아가 돼서 교회는 다니는데 껍질뿐인 종교인이나, 무력한 종교인이 되어서는 안 되며, 소속감과 사명감과 존재감과 성취감을 가지고 사명자로 살아야만 합니다. 그래서 하나님 앞에 나아갈 때 잘했다 칭찬받고 면류관을 받는 우리 모두가 되어야 하겠습니다.

03 예언자로, 구원자로, 보호자로, 위로자로, 신이 된 자로!

　사도 바울이 로마에 죄수로 끌려가는 과정에서 배를 타고 지중해를 건너가야 했습니다. 사람들은 로마로 간다고 하니까 신이 나서 많은 짐을 실었는데, 사도 바울은 그 배의 앞날이 순탄치 않다는 것을 미리 알고 항해를 하지 않는 것이 좋겠다고 했으나 그 예언을 아무도 믿지 않아서 결국에는 그대로 배를 타게 되었어요. 그런데 배가 출항하고 얼마 가지 않아서 태풍이 일기 시작했어요. 배에 276명이 탔는데 14일 동안 광풍이 불어서 위험에 처하게 되었을 때 사도 바울이 그 배 속에서 예언자와 구원자와 보호자로 쓰임을 받았어요. 우리도 이 땅에서 예언자로, 구원자로, 보호자로서 백성들을 위로하는 사명을 감당해야 합니다.

　우리가 사는 이 세상은 마치 태풍을 만나 바다에 떠 있는 배처럼 파멸되어 가고 있습니다. 이런 때에 내가 하나님의 사람으로서 어떻게 살아야 하느냐에 대한 심각한 고심이 있어야 합니다. 내가 이 땅에서 존재한다는 의미가 무엇이냐? 사명이 무엇이냐? 책임이 무엇이냐?를 늘 고심해야만 합니다. 사도 바울처럼 이 세상을 바라보면서 앞날이 순탄치 않다는 것을 말해주고 예언해 주는 예언자적인 삶을 살아야 합니다. 그 근거가 어디에 있는 것입니까? 하나님의 말씀이라는 근거 속에서 우리가 예언할 수 있고 예언해야 되는 것입니다.

성경은 무엇입니까? 오늘날 우리의 성경은 1,500여 년 동안에 40여 명의 저자들에 의해서 기록되었는데, 하나님의 계시에 의해 기록된 것이 성경입니다. 성경을 간단히 요약하면, 구약성경은 '메시아가 오신다', 신약성경은 '메시아가 오셨다', 신, 구약을 다 합쳐서 '메시아가 다시 오신다'는 것을 알려주는 것이 성경입니다. 구약 성경의 경우 바벨론 제국 때 이스라엘 나라가 망했죠. 그다음에 페르시아 제국 때 성전이 회복됩니다. 그리고 포로 귀환이 이루어집니다. 그리고 그때 구약성경이 완성됩니다. 그리고 알렉산더 헬라 제국 때 히브리말로 기록된 구약성경이 그 당시에 세계 언어였던 헬라어로 번역됩니다. 이것은 놀라운 사건입니다. 이것이 성경의 역사이자 세계의 역사입니다.

그리고 로마 제국 때 성경에서 예언된 대로 예수님이 처녀의 몸을 빌려 이 땅에 아기로 출생하십니다. 그리고 십자가에서 죽으시고 부활하셔서 믿는 자에게 구원과 영생을 주는 복음이 완성됩니다. 그래서 사도 바울을 부르시고, 사도 바울이 로마에 가서 순교를 당하고, 그런 과정을 통해 신약 성경이 완성됩니다. 그리고 주후 313년에 드디어 로마 황제 콘스탄틴 대제에 의해서 기독교가 국교가 됩니다. 이는 엄청난 사건입니다. 결국 성경의 신, 구약 66권이 확립되고, 그 말씀을 통해서 그 복음이 오늘날 우리에게까지 이루어지게 된 것입니다. 하나님의 구원의 역사를 통해 성경이 하나님의 말씀이다는 것을 알 수가 있습니다. 우리의 인생의 원칙과 법칙과 절대 기준이 성경이라는 말입니다. 성경을 떠나면 인간은 파멸되는 거예요. 이 성경 안에는 복음의 능력이 있고, 생명이 있고 축복이 있어요. 이 성경을 바르게 알고 믿고 받아들이는 나라는 다 복을 받고 다 번성을 해요. 대표적으로 한국이에요. 한반도의 조그만 나라가 반으로 딱 갈라졌는데 남쪽은 교회가 번성을 해서 세계에서 부자 나라가 되었어요. 반면에 북쪽은 예수 믿는 사람 다 잡아 죽이고, 교회 다 말살하고, 목사들 다 죽이고 해서 지금 세계에서 가장 빈곤하고 비참한 나라가 되었습니다.

복음에는 생명이 있고, 능력이 있고, 축복의 약속이 있기 때문에 복음이 들어가면 반드시 번성하는 거예요. 거절하면 거지되는 것입니다. 이것이 이 땅에서 잘 살고 못 사는 것뿐만 아니라 성경대로 살면 영생의 축복을 주시고, 그렇지 않으면 고난과 저주가 이르게 되는 것입니다. 성경은 예언서임을 잊지 말아야 됩니다. 사도 바울이 태풍이 올 것이라고 예언을 했어요. 성경 전체가 예언서입니다. 성경은 우리에게 말합니다. 영생은 곧 유일하신 하나님과 그의 보내신 자 예수 그리스도를 아는 것이라고 말합니다. 하나님께서 영생을 어떻게 어떤 방법으로 우리에게 주시느냐? 예수 그리스도를 믿고 예수 그리스도 안에서 내가 영원한 영생을 누리게 된다고 약속하고 계십니다. 멸망은 무엇입니까? 지옥간다는 것입니다. 이것을 알려주고 깨우쳐 주는 것이 예언자적인 삶인 것입니다.

> 만일 땅에 있는 우리의 장막 집이 무너지면 하나님께서 지으신 집 곧 손으로 지은 것이 아니요 하늘에 있는 영원한 집이 우리에게 있는 줄 아느니라(고후5:1)

우리가 죽으면 없어지는 것이 아니라 땅에 있는 장막 집이 무너지면 하나님이 지으신 영원한 집이 우리에게 있는 줄을 알라는 거예요. 이는 죽음을 겁내지 마라. 두려워하지 마라. 우리에게는 영원한 아버지 집이 준비되어 있다는 것을 가르쳐주고, 알려주고, 예언할 책임이 우리에게 있다는 것입니다.

> 한 번 죽는 것은 사람에게 정해진 것이요 그 후에는 심판이 있으리니(히9:27)

우리가 아무 생각 없이 무의미하게 살다가 이 땅을 떠나게 되면 음부에 빠지는 거예요. 이것을 알려 주는 것이 예언자적인 삶이요 우리의 사명인 것입니다. 우리가 이 땅을 바라보면 악과 죄와 저주와 거짓과 큰 싸움으로 가득 차 있습니다. 이러한 문제를 해결하기 위해 대통령을 100명을 바꿔 봐도 아무 소용이 없어요. 그러나 인생 문제의 해답은 오직 예수 그리스도의 십자가 복음에 있습니다. 우리가 이 땅을 살아가면서 오직 예수의 복음을 전하고 복음의 성을 쌓아야 해요.

세상은 지금 파멸되고 있습니다. 사도 바울이 지중해를 바라보면서 "태풍이 올 것이다! 우리가 이 배를 타는 것이 위험하다! 조심해야 한다!"고 말한 것처럼 우리가 이 세상을 바라보면서 '이 지구라는 배가 지금 순탄치 않다! 곧 어려움이 올 것이다! 주님이 재림하실 때가 됐다! 이 세상이 이렇게 계속되지 않을 것이다!'라며 가르쳐주고 깨우쳐주면서 파수꾼의 역할과 나팔수의 역할을 해야 할 책임은 우리에게 있다는 것입니다. 우리가 나팔을 불고, 정신 차려서 바르게 살 것을 깨우쳐 주는 역할을 감당해야 한다는 것입니다. 또한, 우리는 예언자적인 삶과 함께 구원자로 살아가야 합니다. 사도 바울 한 사람으로 인해 276명의 생명을 건졌어요. 기독교 외에 종교들이 많이 있는데, 다른 종교에는 크리스마스도 없고, 십자가도 없고, 부활도 없고, 영생도 없습니다. 천하 인간에 다른 이름으로는 구원을 주신 일이 없고, 주 예수를 믿으면 구원을 얻게 된다고 약속하고 있습니다.

제가 살면서 보면 확실하고, 분명하고, 유일하고, 완전한 것이 복음인데 사람들이 예수를 믿지 않으려고 해요. 자기 자신을 과신하면서 자존심과 탐욕과 세상적인 것들 때문에 복음을 안 받아들이는 사람들이 너무 많아요. 제가 계산을 해보니까 구원의 경쟁률은 2천 명대 1명이에요. 하버드 대학 경쟁력보다 더 높아요. 그 근거가 무엇이냐? 예수님이 나를 믿으면 영생하는 생명의 떡을 준다고 얘기했는데 2만 명이 모여서 떡 다섯 개와 물고기 두 마리로 배불리 먹고 열두 광주리가 남는 것을 본 후에 예수님이 나를 믿으면 영생하리라 했는데도 다 떠나갔고 10명만 남았어요. 그래서 경쟁률이 2천 대 1이에요.

성경학자들은 소돔과 고모라의 당시 인구가 대략 2만 명으로 추측합니다. 하나님이 심판하실 때 아브라함이 하나님께 몇 명이 있으면 구원해주실 것인지에 대해 조건을 묻습니다. 처음에는 의인 50명에서 시작해서 10명까지 내려갔어요. 결국은 의인 10명이 없어서 소돔과 고모라가 멸망했어요. 우리의 책임이 얼마나 막중합니까? 우리는 이 땅을 살아가면서 내가 구원받았으니 다른 사람들도 예수를 믿고,

구원받고, 천국 가도록 해야 하는 책임이 있어요. 예수님이 십자가 죽으시고 부활하셔서 마지막 승천하시기 직전에 하신 말씀이 '온 천하에 다니며 만민에게 복음을 전파하라. 믿는 사람은 구원받을 것이지만 믿지 않는 사람은 정죄를 받으리라'라고 했습니다.

또한 우리는 사도 바울처럼 위로자가 되어야 합니다. 사도 바울과 함께 한 자들이 바다에서 14일 동안 굶고 광풍으로 살 소망이 없어질 정도로 절망적인 상황에서 사도 바울이 담대하게 "하나님이 함께 하십니다! 우리를 도와주신다! 염려하지 말아라!"라고 했던 것처럼 절망하고, 좌절하고, 아파하는 사람들을 복음을 통해 위로하고, 힘을 얻게 하는 것이 우리의 사명입니다. 우리는 어떠한 상황에서도 예수 그리스도를 믿음으로 위로를 받고, 하나님의 뜻이 무엇인가에 대해. 확신을 갖게 만들어야 하는 사명이 있습니다. 하나님께서는 우리가 비록 미약하지만 기도를 통해 질병이 치유되고, 하나님의 역사를 경험하게 하십니다. 현실적으로 불가능해 보이고, 도저히 소망이 없어 보일 때에도 우리가 믿음으로 기도하면 하나님께서는 놀라운 역사를 보여 주십니다.

제가 필그림교회에서 목회할 때 어떤 젊은 자매님이 다리 수술을 하는데 너무도 두려워하면서 염려하고 있을 때 이사야 41장 말씀으로 기도하며 위로해 준 적이 있습니다. 나중에 그 자매님이 "목사님의 위로와 하나님의 말씀으로 큰 힘을 얻었다"며 간증을 했던 일이 기억납니다. 사도 바울이 태풍을 만난 상황에서 "여러분들 염려하지 마십시오. 이 태풍이 우리를 다 파괴할 것 같아도 하나님께서 보호해 주시겠다고 약속하셨습니다. 나는 이 약속이 이루어질 줄로 믿습니다"는 말씀을 백성들이 듣고 힘을 얻었던 것처럼, 오늘 우리는 어디에 있든지 간에 내가 살아서 세상을 살리는 사명을 담당하는 자로 살아야 합니다. 사도 바울 한 사람 때문에 276명이 살았던 것처럼 나로 인해 공동체가 생명을 얻고 하나님의 역사가 이루어지도록 그 역할을 우리 모두가 해야 합니다.

이스라엘 백성들이 죄를 범해서 하나님의 진노로 질병에 의해 죽어갈 때 비느하스 한 사람이 일어나서 이스라엘 백성들을 살렸고, 온 이스라엘이 하나님을 대적하고 우상을 섬기는 그런 가운데서 엘리야 한 사람이 일어나서 이스라엘 백성들을 다시 살렸습니다. 애굽이 침범하여 위기에 처해 있을 때 엘리야 한 사람이 딱 버티고 있으므로 적군이 이스라엘을 감히 건드리지 못했어요. 그때 왕이 엘리야를 보고 "당신은 이스라엘의 군대요 마병입니다. 당신 한 사람이 이스라엘의 군대보다 강한 마병입니다"라고 말했습니다. 그렇게 엘리야가 구원자 되었던 것입니다. 제가 인생을 살면서 보니까 인생이 망하는 방법이 있다는 것을 알았어요. 인생이 잘되는 것 같아도 결과적으로 망하더라고요. 성경(약1:5)에서 '욕심이 잉태한즉 죄를 낳고 죄가 장성한즉 사망을 낳느니라'고 했어요. 돈을 사랑함이 일만 악의 뿌리라고 했습니다.

저는 중학교 때 사람이 어떻게 망하는가를 철저하게 경험한 사람입니다. 제가 중학교 때 살던 곳이 경기도 광주였는데, 지금은 천호동으로 바뀐 곳입니다. 그때 국회의원이 최인규 씨라는 사람이었습니다. 그분이 40대 초반에 국회의원이자 내무장관이었습니다. 그런데 어느 날 제가 섬기던 천호동 성결교회에 방문했어요. 인물도 좋고, 부인도 예쁘고, 권세가 대단했어요. 그분이 오면 경찰이 쫙 깔리고 그 가운데 이 사람은 거만하게 폼을 잡고 가는 것을 보고 권력이 좋다고 생각을 했었어요. 그런데 4.19가 나고 5.16 이후에 우연히 신문을 보니까 최인규 씨가 죄수복을 입고 사형장에 끌려가서 앉아 있는 그 모습을 보았어요. 결국 그는 부정선거 주동자로 사형을 당해 42세에 생을 마쳤는데, 그때 깨달았습니다. 저분이 저렇게 될 수도 있구나! 권력이라는 것이 무엇인가? 출세라는 것이 무엇인가? 내가 어디에 있든지 어떤 자리에 있든지 내 삶이 하나님 앞에 합당하게 살아야 되겠구나라고 생각을 했고, 그 사건을 평생을 잊지 못합니다.

성경은 하나님을 두려워하라고 하십니다. 이 세상 사는 것은 잠시이고, 그 후에는 지옥에 집어넣는 권세가 있으신 하나님을 두려워하라는 말씀입니다. 나의 모든 행동과 생각과 모든 것이 하나님의 CCTV에 다 찍히고 있어요. 우리가 하나님 앞에 가면 하나님께서 CCTV를 틀어놓고 우리를 심판하실 것입니다. 하나님께서는 우리의 행동과 말과 생각까지 하나님께서 다 보시고 나중에 결산(유1:15)하신다고 하십니다. 우리는 하나님을 경외해야 합니다. 하나님의 살아계심을 믿고, 하나님이 지금 나를 보고 내 마음의 생각과 동기까지 아시는 그 하나님 앞에서 내가 어떻게 살고 있느냐 점검해야 합니다.

미국을 살린 디엘 무디는 구두 수리공 출신인데, 미국을 영적으로 살린 사람이에요. 요하네스 한 사람이 유럽을 살렸습니다. 사도 바울 한 사람 때문에 276명이 살아난 것 같이 내가 이 세상을 살리는 사명자로 살아가야 해요.

사도 바울이 살린 276명이 구원을 받아 멜리데라는 곳에 도착해서 원주민들이 피워 놓은 불을 쬐던 중 뜨거운 불로 말미암아 독사가 나와서 바울의 손을 물고 있었어요. 그것을 보고 원주민들이 바울이 살인한 자라고 여겼어요. 그래서 독사에 물린 바울이 틀림없이 죽을 줄 알고 기다리는데 안 죽는 거예요. 그러니까 원주민들이 사도 바울을 신이라고 생각했어요. 하나님이 보호하셔서 죽지 않은 거예요.

우리도 이 땅에서 구원자로 살고, 보호자로 살고, 위로자로 살고, 예언자로 살면서 희생성이 있어야 됩니다. 무너져 가는 가정과 어려움을 당하는 가정과, 고통 당하는 가정들을 위해 우리가 매일 기도하면 하나님이 기적을 베풀어주십니다. 뱀에 물려서 죽을 것 같은데, 안 죽어요. 원주민들이 사도 바울을 신처럼 여겼던 것처럼 우리도 이 땅을 살아가면서 예수님만이 해답인 것을 보여주어야 합니다. 우리는 누군가에게 도움의 손이 되어야 합니다. 그러한 희생성이 있어야 돼요. 사도 바울처럼 희생하게 되면 독사가 물어도 죽지 않는 거예요. 지금 지구라는 배가 지금 파멸되고 있고, 침몰하고 있어요. 비록 큰 역할은 하지 못할지라도 내가 살고 있는 내 영역에서 예언자로, 구원자로, 보호자로, 위로자로 희생하고 섬겨서 바울처럼 신이라는 말을 들어야 되지 않겠습니까?

성 프란시스코는 이름 앞에 성 자가 붙은 성인이에요. 한 번은 성 프란시스코가 전도 여행을 간다고 해서 사람들이 전도를 어떻게 하는가에 대해 관심을 가졌어요. 구경하려고 갔는데 도시를 한 바퀴 돌고 들어온 후에 전도를 다 했다는 거예요. 예수 믿으라는 말 한 마디도 안 했는데 사람들은 성 프란시스코를 보면서 "예수님이 계시는구나! 저렇게 살아야 되겠구나! 나의 모델이다"라고 한다는 거예요. 이것이 우리의 삶이어야 합니다. 말 한마디도 안 했지만 나라는 존재 자체가 사람들을 살리는 역사가 이루어지도록 해야 합니다.

모세가 회막에서 기도하고 나왔어요. 사람들이 쳐다보니까 모세의 얼굴에서 빛이 나는 거예요. 사람들이 모세의 얼굴을 보고 무서워하는데 모세는 몰랐어요. 나중에 알고 나서 모세가 얼굴에 수건을 썼어요. 그 당시 광야 길이 얼마나 힘들고 어렵습니까? 그럼에도 불구하고, 하나님을 만나 모세의 얼굴에서 빛이 나는 것을 보고 성도들이 위로를 받고, 순종하며 따랐던 것입니다. 우리들도 내 얼굴에서 빛이 나서 사람들이 내 얼굴을 보고 "당신을 보니 하나님의 사람이야. 당신과 함께 있으니 너무 너무 좋습니다"라고 말을 듣는 사람이 되어야 하지 않겠습니까?

온 이스라엘이 범죄함으로 망해갈 때 비느하스 한 사람이 이스라엘을 살렸고, 이스라엘 온 백성이 하나님을 배반하고 떠났을 때 엘리야 한 사람이 이스라엘을 살려서 이스라엘의 군사와 마병이라는 소리를 들은 것처럼 우리도 그렇게 살아야만 합니다. 오늘 우리가 이 땅을 살아가면서 내가 존재하는 이유를 분명히 알고, 예언자로, 구원자로, 보호자로, 희생자로서 신이 된 자로 살아가야만 합니다.

04 히말라야 산을 올라갈까, 내려갈까?
     나의 값은 얼마인가?

　히말라야 산에는 높은 산에서만 사는 고산족들이 있습니다. 그들은 양과 염소를 기르면서 삽니다. 그런데 그들이 양과 염소를 사고팔 때의 값을 어떻게 정하느냐? 무게나 털의 질이나 다른 것으로 정하는 것이 아니라 염소의 성격을 따라서 값을 정한다고 합니다. 먼저 가파른 비탈길에 양을 놓고, 그 양을 팔 사람과 살 사람이 풀어주고 지켜본 후 이 양이 비탈길을 풀을 뜯어 먹으면서 올라가느냐? 아니면 내려가느냐에 따라 정한다고 합니다. 비탈길을 올라가는 것은 어렵습니다. 그러나 조금 올라가면 태양을 맞아서 풀이 많다고 합니다. 당장은 풀이 있어서 풀 뜯어 먹기가 쉽지만 아래로 내려가면 아래는 풀이 없다고 합니다. 그래서 이 양이 어렵더라도 위를 향해 올라가면 값이 비싸지다가 아래로 내려오면 값이 싸진다고 합니다. 참으로 신비한 얘기입니다. 그것이 그 사람들의 값을 정하는 방법이라고 합니다. 내려가긴 쉽지만 결국은 바닥에 풀이 떨어져서 굶어 죽게 됩니다. 올라가는 것은 어렵지만 그러나 올라가면 거기는 푸른 풀밭입니다.
　마찬가지로 우리가 이 땅을 살아가면서 꿈을 가지고 힘들더라도 도전을 하며 비전을 가지고 올라갈 것인가? 당장 쉬운 대로 산 밑으로 내려갈 것인가? 양의 값이 올라가면 비싸고, 내려가면 싼 것과 같이 나의 인생의 값은 얼마냐를 스스로 점검해 보아야 합니다. 나의 신앙생활의 의미도 여기에 있다는 말입니다. 비탈길이 힘들어도 올라가라. 삶의 고난이 있고, 어려움이 있고, 아픔이 있고, 핍박이 있어도 당장은 그래도 비탈길을 뚫고 올라가라. 그러면 하나님이 함께하신다. 말씀을 붙잡고 기도로, 믿음으로 도전하고 승리하면 하나님의 승리를 주신다는 말입니다.

야곱이 형을 피해서 외삼촌 라반 집에서 20년 간 양 치는 일을 하다가 임금을 주지 않아 야곱이 라반에게 제의를 했습니다. 양에는 흰 양과 얼룩진 양, 검은 양, 아롱진 양들이 있는데, 내가 키우는 양들 중에서 얼룩진 것, 아롱진 것, 색깔 있는 것은 다 삼촌이 끌어가고, 흰 양만 나에게 달라고 했습니다. 흰 양 어미 중에서 얼룩진 것, 아롱진 것, 색깔 있는 것이 나오거든 자기에게 달라고 했습니다. 이 말을 듣고 삼촌이 가만히 생각해 보니까 흰 양 중에서 얼룩진 것, 아롱진 것, 색깔 있는 것이 나올 확률이 거의 없을 것이라고 생각했습니다. 그래서 그렇게 계약을 했던 것입니다. 그런데 야곱이 신풍나무, 버드나무, 살구나무 껍질을 벗겨서 우물가에다가 세워놨습니다. 희한한 이야기입니다. 그런데 웬일입니까? 그 속에서 아롱진 양, 색깔 있는 것만 계속 나오는 것이었습니다. 이것은 생물학적으로 이해할 수가 없는 사건입니다. 그래서 재산이 엄청 늘어난 것입니다. 하나님이 하신 것입니다. 하나님이 하나님의 방법으로 야곱의 기도를 응답하셔서 그 흰 양만 있는 데서 색깔 있는 아롱진 것들이 나온 것입니다. 그러니까 외삼촌은 그것을 모른 채 인정하지 않고 양들을 도둑질했다고 시비를 거는 것이었습니다. 이것이 무엇인가? 어려움이 있어도 산을 올라가는 야곱의 믿음과 도전을 말하는 것입니다.

우리의 삶에 어려움과 시련이 있어도 야곱처럼 믿음으로 도전하면 하나님께서 하나님의 방법과 기적으로 이루어 주십니다. 이것은 생물학적으로 인정할 수 없는 하나님의 방법이자 기적의 사건이라고 볼 수밖에 없습니다.

우리 성도의 삶은 믿음의 씨름입니다. 인간적으로 보면 불가능하게 보일 때도 믿음으로 나가면 기적이 나타납니다. 그래서 '하나님이 하셨다 해주셨다'라고 인정할 수밖에 없는 방법이 곧 하나님이 주신 방법인 것입니다. 믿는 자에게 그런 역사가 있고, 우리도 그렇게 살아야 합니다. 당장 어려워 보여도 히말리야 산을 올라가야 합니다. '주를 앙모하는 자 올라가 독수리 같이' 야곱이 드디어 자기 가족들을 이끌고 삼촌을 떠나서 옛 고향으로 돌아갑니다. 그런데 얍복강가에 이르렀을 때에 큰일 날 소식이 왔습니다. 자기 형 에서가 400명 군사를 거느리고 야곱에게 달려오고 있다는 것이었습니다. 깜짝 놀랐습니다. 자기는 어린 아이들도 있고, 군사도 없는데 형은 400명의 군사를 데리고 오니까 얼마나 두려웠겠습니까? 그래서 얍복강가에서 하나님 앞에 무릎 꿇어 기도하는 것이었습니다. 그때 하나님의 사자가 나타났습니다. 그래서 야곱이 하나님의 사자를 붙잡고 매달렸습니다. '내게 축복 주시고 내 이 어려움을 건져달라'고 간청을 한 것입니다. 기도하고, 동이 틀 때까지 붙잡고 기도를 한 것입니다. 하나님의 사자가 그만 가야겠다고 사정을 해도 야곱이 놓지를 않는 것이었습니다.

우리는 여기서 기억해야 합니다. '놓지를 않았다' 그래서 하나님의 사자가 야곱의 환도뼈를 쳤습니다. 그리고 야곱의 이름을 장차 야곱이 아니라 이스라엘로 바꿨습니다. 하나님이 바꿔주셨습니다. 하나님과 싸워서 이겼습니다. 그래서 지금 이스라엘 나라가 야곱의 이름입니다. 이것이 어려운 환경 속에서 내가 히말라야 산으로 올라갈 것이냐? 쉽게 살아서 내려갈 것이냐를 생각해야 하는 것입니다. 올라갈까? 내려갈까? 나의 값은 얼마나 되느냐? 나는 올라가는 사람이냐? 내려가는 사람이냐? 언제 어디서든지 '하나님의 살아계심을 믿고' 하나님의 전능하심을 믿고, 하나님이 예수를 믿는 나에게 구원과 영생을 주심을 믿고, 나와 하나님이 함께하시는 것을 믿고, 기도를 응답해 주신다는 것을 믿고, 믿음으로 살면 하나님이 승리를 주신다'는 것을 믿어야 합니다. 믿음으로 산에 올라가야 됩니다. 이것이 승리하는 비결입니다. 내 인생을 역전시키는 방법이 바로 그것입니다. 내가 아무리 어려운 가운데 있어도 내 인생을 역전시키는 방법은 히말라야 산으로 올라갈 것이냐? 내려갈 것이냐? 올라가라! 믿음으로 올라가라! 그러면 하나님이 내 인생을 역전시켜 주십니다.

미국에 백화점이 많습니다. 그 백화점을 최초로 시작한 사람이 누구냐? 워너 메이커라는 사람입니다. 워너 메이커는 백화점 왕이라는 타이틀이 붙은 사람입니다. 그는 원래 벽돌공의 아들로 시골에서 출생한 사람입니다. 아주 빈곤한 가정에서 태어났습니다. 어린 시절에 교회 벽돌 하나를 헌금으로 드릴 돈이 없었습니다. 자기는 드리고 싶은데 벽돌 한 장 낼 값이 없었던 것입니다. 그래서 하나님께 기도했습니다. 하나님께 내가 돈 벌어서 교회 벽돌을 많이 드릴 수 있게 해달라고 기도했습니다. 그런데 하나님께서 정말 복을 내려 주셨고, 나중에 돈을 많이 벌었습니다.

그는 나중에 미국의 체신부 장관까지 한 사람입니다. 그가 체신부장관직을 제의받고 그때 대통령에게 조건을 걸었습니다. 자기는 평생 성수 주일을 지켜온 사람인데, 그래서 주일 예배에 빠지지 않게 해주지 않으면 장관직을 할 수 없다는 조건을 제시한 것입니다. 그는 평생 동안 주일학교 교사를 하나님 앞에서 서약한 사람입니다. 이렇게 해서 체신부 장관이 된 사람입니다. 어느 날 신문기자가 그에게 "지금까지 투자한 것 중에서 가장 성공적인 것이 무엇입니까"라는 질문에 그는 서슴없이 대답했습니다. "내가 11세 때 2.75달러를 주고 산 성경이 최고의 투자였습니다. 그 성경이 오늘의 나를 만들어주었기 때문입니다" 워너 메이커는 삶의 원칙을 세우고, 믿음의 원칙을 세우고, 그 원칙에 충실했던 사람이 워너 메이커입니다. 그는 평생 예배 시간에 지각을 해본 적이 없었다고 합니다. 그리고 19살부터 85세까지 주일 예배에 빠지지 않고, 장관직보다 필라델피아 첸바스 교회의 주일 학교 교사직을 더 소중히 여겼다는 일화처럼 교회 봉사를 우선순위로 두고 최선을 다했던 사람입니다.

하나님을 신뢰하고, 믿음으로 사는 사람은 결코 침몰하지 않는다는 말입니다. 힘이 들어도 믿음으로 히말라야 산 비탈길을 올라가야 합니다. 워너 메이커가 젊은이들을 주님 앞으로 인도하기 위해 세계 구석구석에 세운 것이 YMCA입니다. 한국에도 종로 2가에 YMCA를 세위 많은 젊은이들을 주님 앞으로 인도한 것이 워너 메이커입니다. 워너 메이커가 평생에 지녔던 표어가 3개의 'T'자였습니다. 'Thinking, Trying and Trusting in God'. 하나님의 살아계심을 믿고 의지하라. 하나님을 사랑하는 자 그 뜻대로 부르심을 입은 자들에게는 하나님이 반드시 축복하신다. 이것이 첫 번째 T입니다. 하나님의 생각 살아계심을 생각하라. 이것이 두 번째 T입니다. 그리고 하나님을 신뢰하라. 언제 어디서든지. 어떤 상황이 닥쳐도 하나님을 신뢰하라. 어떤 상황에서 도전하고 실천하는 삶의 원칙을 세우라는 것입니다.

내 삶의 원칙을 믿음과 진실함으로 하나님을 신뢰하고 나가면 하나님께서 결국은 승리를 주십니다. 하나님은 약속의 하나님이십니다. 인격을 가지신 전능하신 하나님이 그 하나님을 신뢰하고 믿음으로 히말라야 산을 올라가면 하나님께서 인정하시고 약속을 지켜 주십니다.

> 내게 능력 주시는 자 안에서 내가 모든 것을 할 수 있느니라(빌 4:13)

빌립보서 4장 13절 말씀이 우리가 이 땅에서 승리하는 삶의 방법입니다.

> 두려워 말라 내가 너와 함께하리라 놀라지 말라. 나는 너의 하나님이라. 너를 굳세게 하리라. 참으로 내가 나의 의로운 오른손으로 지켜주시리라(사41:10)

이사야 41장 10절의 약속을 붙잡고 믿음으로 히말라야 산으로 올라가야 합니다. 이러한 도전이 없으면 그냥 평범하게 그리고 인생 실패할 수도 있습니다. 어떠한 상황에서든지 이 말씀을 붙잡고 올라가야 됩니다. 산을 올라갈 것이냐? 내려갈 것이냐? 자녀들에게도 이걸 가르쳐 줘야 됩니다.

제가 제일 좋아하는 성경이 신약과 구약을 연결시키는 히브리서입니다. 언젠가 히브리서를 강해한다고 광고를 냈더니, 씩씩한 젊은이들이 몰려들었습니다. 그런데 "히브리서 강의를 통해 너무 은혜 받았습니다. 내 삶을 새롭게 바꾸겠습니다. 도전하겠습니다"라고 했던 사람들이 나중에 보니까 빠져나가고 타락에 빠지고 참 안타까웠습니다. 기개가 넘쳤던 그들이 왜 그랬을까 분석을 해보니 자기 성격, 교만, 탐욕, 이기심, 세상적인 취미 등에 빠져서 히말라야 산에서 내려갔던 것입니다.

지금 세상을 보면서 지금 핍박의 시대입니다. 심각하게 들어야 합니다. 3가지 T인 생각하라. 믿어라. 도전하라. 이것을 우리가 잊지 말고 사명을 감당해야 합니다. 세상은 성경을 기준으로 하지 않으면 계속 무너집니다. 이런 시대에 성경 중심의 분명한 기준과 표준을 가지고 설명해주어야 합니다. 힘이 들어도 히말라야 산을 올라가야 한다는 것을 가르쳐 줘야 합니다.

감사하게도 현재 서울에서는 100만 명 이상이 광화문 광장에 모여서 동성연애를 반대하고, 차별금지법 반대한다는 뉴스를 보면서 그래도 아직까지 희망이 있다고 생각했습니다. 기도로 나라를 다시 살려야 합니다. 6.25 때 다 망해서 부산만 남았을 때 이 대통령이 목사님들에게 기도해달라고 부탁을 했습니다. 삼각산에서 성도들이 개구리처럼 부르짖으며 기도했습니다. 한강 백사장에 10만 명이 모여서 기도했습니다. 여의도 광장에 100만 명이 모여서 기도했습니다. 그 기도로 사는 나라가 한국입니다. 우리들도 사명감을 가지고 기도하지 않으면 무책임한 것입니다. 나는 미국에 살기 때문에 상관이 없는 일이 아닙니다. 우리가 하나님 앞에서 민주주의가 아니라 신주주의로 가야 합니다. 공산주의는 아닙니다. 오직 예수님의 신주주의로 가야만 합니다. 사람들의 뜻을 따라서 민주주의가 잘못 가고 있습니다.

성경은 우리에게 절대 기준을 가르쳐 주십니다. '너는 산으로 올라가라. 히말라야 산으로 올라가라. 어렵고 힘들어도 3T로 올라가라.' 예수를 믿으면 죽인다고 위협하는 때가 다가옵니다. 그때 나는 신앙을 지키겠는가? 내 자신을 점검해야 합니다. 다니엘서에 사드락과 매삭과 아벳느고는 느브가넷살 왕의 포로로 잡혀가서 뽑혔는데 음식을 바꿔라. 옷을 바꿔라. 문화를 바꿔라. 하나님을 바꾸라고 강력하게 요구를 했는데도. 그들은 '나는 절대로 바꾸지 않겠다'라며 지조를 지켰습니다. 앞으로 이런 핍박의 시대가 옵니다. 그때 내가 죽으면 죽으리라는 각오로 대항해서 끝까지 신앙을 지킬 수가 있는가? 고민해야 합니다. 우상에게 절하라고 할 때 우리는 우상에게 절할 수 없습니다. 풀무불 속에 집어넣겠다고 위협할 때 타협하지 않아 풀무불에 던져 넣어졌지만 머리칼 하나 타지 않았습니다. 우리를 풀무불 속에 집어

넣어도 하나님이 우리를 보호하시겠지만, 그리 아니하실지라도 우리는 우상에게 절할 수 없다는 각오가 되어 있어야만 합니다.

다니엘서 6장에 보면은 다른 신에게 기도하면 사자굴 속에 집어넣겠다고 명령을 했습니다. 그러나 다니엘은 그 명령을 알고도 시간을 정해서 하나님 앞에 기도했습니다. 결국 사자굴 속에 집어넣어졌습니다. 그러나 어떻게 되었습니까? 당장 사자들에게 잡아 먹혔습니까? 아닙니다. 다니엘은 멀쩡했습니다. 그래서 사자굴 속에 집어넣자고 했던 신하들을 잡아서 사자굴 속에 집어넣더니, 땅에 떨어지기도 전에 사자들이 그들은 다 잡아 먹었습니다. 이것이 바로 하나님의 역사입니다.

내가 기억하는 이름이 하나 있습니다. 그는 비느하스입니다. 비느하스 한 사람이 이스라엘을 살렸습니다. 핍박의 시대에 내가 이 땅을 살리는 비느하스가 되고, 엘리야가 되어서 주의 사역을 감당하면 하나님 우리와 함께 하십니다. 산을 올라가는 것이 바보스러운 것 같아도 올라가는 염소는 삽니다. 히말라야 산을 내려가는 것이 당장 보기에는 쉬운 것 같아도 내려가면 실패한다는 사실을 명심해야 합니다. 어떠한 상황에서도 하나님을 신뢰하면 하나님은 우리를 결코 버리지 아니하십니다.

05 복음의 다이돌핀으로 세상을 살려야 한다!

　우리가 신앙생활을 하면서 늘 새롭게 확인해야 하는 것은 '예수님이 누구시냐?'는 것입니다. 우리는 예수님이 나와 어떤 관계가 있느냐? 에 대해 늘 확인하셔야 합니다. 예수님은 공생애 전까지 목수를 하셨습니다. 그래서 사람들은 나사렛 예수, 목수라고 생각하고 있었어요. 그런데 30세에 공생애를 선포하시면서 예수님이 선포하십니다. "내가 메시아다. 내가 하나님 아들이다. 내가 하나님이다. 나는 죽기 위해서 이 땅에 온 하나님의 어린 양이다. 이 성전을 헐어라. 46년 동안 지은 성전을 헐고 내가 다시 세우리라. 3일 만에 다시 지으리라. 내가 아브라함 이전에 내가 있느니라. 내가 곧 길이요. 진리요 생명이니 나로 말미암지 않고는 아버지께는 올 자가 없다"라고 선포하실 때에 사람들이 이해를 할 수가 없었어요. 저 사람이 나사렛 목수인데 자기가 하나님이라 하니까 받아들일 수가 없었어요. 그런데 문둥병자를 고치고 절름발이를 일으키고 소경을 눈을 뜨게 하고 귀신을 내쫓고 죽은 자를 살리고 이런 어마어마한 기적을 베푸시는 거예요. 유대인들이 이걸 받아들일 수도 없고 안 받아들일 수도 없고, 굉장히 어려움에 빠졌어요. 결국은 도저히 받아들일 수 없다며 예수님을 신성 모독죄로 십자가에 매달려 죽게 만들었습니다. 예수님은 "내가 하나님이다. 내가 메시아다. 나를 믿어야 구원받는다. 내가 곧 길이요 진리요, 생명이니 나로 말미암지 않고는 하나님께로 갈 수가 없다. 나 믿지 않으면 지옥 간다"라며 복음의 본질에서 양보하지 않고 흔들리지 않았어요. 그래서 유대 지도자들이 예수님을 붙잡아 십자가에 매달아 죽였죠. 예수님께서 십자가에서 하나님의 어린 양으로 자신의 몸을 십자가에 매달아 피를 흘려 자기 자신이 대제사장이 되어서 희생 제물로 죽어주셨어요. 주님이 운명하시면서 '다 이루었다'라고 선포하시는 순간에 예루살렘 성전의 휘장이 위에서부터 아래로 찢어졌어요. 하나님이 찢으신 거예요. 그래서 제사가 완성됐어요.

오늘날 교회에 가면서 양을 끌고 가는 사람이 하나도 없죠? 왜 안 끌고 와요? 예수님이 어린 양으로 죽으셨기 때문에 우리는 제사가 아니라 예배를 드리고 있는 것입니다. 이것이 우리에게 주신 하나님의 은혜입니다.

우리 몸에는 여러 호르몬이 있는데, 아주 진한 즐거움을 느낄 때 발생하는 호르몬을 엔돌핀이라고 합니다. 이러한 호르몬이 강하게 일어나면 암도 치료된다고 합니다. 그런데, 엔돌핀 호르몬보다 무려 4천 배가 더 높은 강력한 호르몬을 발견했는데, 그것은 다이돌핀(didorphin)이라는 호르몬입니다. 이 다이돌핀은 전혀 알지 못했던 새로운 참된 진리 이것을 깨달았을 때 생긴다고 합니다. 예를 들어 엄청난 사랑이 내게 임할 때 "아~ 이것이구나!"라는 것을 깨달았을 때 생기는 것입니다. 하나님이 사랑하시되 독생자 예수님을 주시기까지, 믿는 나에게 자격 없지만 구원과 영생을 주신 그 사랑을 깨달았을 때, 엄청난 진리를 깨닫고 확인할 때, "아~ 이것이구나!" 그 하나님의 사랑을 확인하고 깨달았을 때 우리 몸에 생기는 호르몬이 다이돌핀이에요. 이 놀라운 에너지가 생기면 우리 몸이 새로워지는 것입니다. 요즘에 우울증으로 고생하는 사람들도 많고, 중독증이 있어서 어려운 사람들이 많은데, 치료의 방법이 이 다이돌핀이래요.

나를 사랑하시는 하나님이 깨달아지고, 나를 구원하신 그 진리, 하나님의 사랑이 확 깨우쳐지면 모든 질병이 떠나가고, 우울증이 사라지고, 귀신이 떠나가게 된다는 것입니다. 내가 다이돌핀 대해 알게 되었을 때에 이것이야말로 복음의 능력이라는 생각이 들었고, 성령께서 주시는 다이돌핀의 은혜와 사랑이 충만케 되길 기도하고 있습니다.

참된 진리, 진짜 변할 수 없는 진리, 엄청난 사랑이 무엇입니까? 그것은 예수님께서 결코 양보하지 아니하셨던 "내가 하나님이다. 내가 하나님의 독생자다. 나를 믿어야 구원받는다. 십자가 사랑, 부활의 능력, 믿음, 구원, 은혜, 영원한 천국, 이것이 확실하게 풀려지고, 하나님의 세계, 하나님의 은혜, 하나님의 사랑, 이것이 강하게 내게 비춰지면 내 속에서 엄청난 감사가 일어나요. 이것이 복음의 다이돌핀입니다.

예수님은 사람들이 "너는 목수다! 너는 갈릴리 촌사람이다!"라며 무슨 말을 하더라도 "내가 하나님이다. 내가 하나님의 독생자이다. 나를 믿어야 구원받는다. 나는 하늘에서 내려온 산떡이다. 너희가 이 떡을 먹어야 산다. 내가 너에게 영생을 준다. 내가 곧 길이고 진리고 생명이다" 하면서 이 원칙을 절대로 양보하지 않아요. 왜 그렇습니까? 그가 참 진리이고, 그가 참사랑이기 때문이에요. 우리도 이 믿음 안에서 이 믿음을 통해서 주어지는 다이돌핀으로 충만해야만 돼요. 사도 바울이 예수님을 믿는 자들을 핍박하던 자였으나 다메섹에서 예수님을 만난 후 강력한 다이돌핀이 일어나서 세상을 변화시키는 구원의 역사가 이루어졌다는 말입니다. 그냥 교회만 왔다 갔다 하면 안 됩니다. 더 높이 더 신령하게 영의 세계로 들어가셔야만 합니다. 새롭게 도전하여야만 합니다.

　세상이라는 곳에는 답이 없어요. 오늘 이 세상이 지금 어디로 가고 있는가 생각해 보십시오. 그리고 앞으로 이 세상이 어떻게 될 것인가? 내가 지금 살고 있는 이 세상이 어떻게 될 것인가? 일기 예보하듯이 한 번 예측해 보십시오. 어떻습니까? 긍정적입니까? 부정적입니까? 희망적입니까? 절망적입니까? 오늘 이 시대에 우리가 최고의 나라에서 최고의 강국에서 삶을 누리고 있지만 미국이 지금 바르게 가고 있습니까? 점점 이 땅은 혼란의 빠지고 있습니다. 파멸로 가고 있습니다. 바다에 큰 배가 가라앉듯이 점점 가라앉고 있습니다. 그것을 볼 줄 아는 눈이 있어야 됩니다. 그것을 볼 줄 아는 영안이 있어야 됩니다. 우리가 미국에 온 이후 지금으로부터 30년, 40년, 50년 전의 미국과 지금의 미국을 비교해 보세요. 미국이 영적으로 심각하게 타락했음을 인정할 수밖에 없습니다. 그렇다면 해답은 무엇이냐? 다른 것이 없습니다. 예수님이 해답입니다. "내가 하나님이다. 내가 하나님의 독생자다. 내가 너를 위해서 십자가에 죽었다. 그리고 3일 만에 내가 부활했다. 나를 믿으면 죄 사함이 이루어지고, 너도 내가 부활한 것처럼 너도 부활한다. 이건 은혜를 주시는 선물이다. 그리고 너에게는 영원한 영생, 천국이 보장되어 있다"는 말씀입니다. 예수님에 대한 확신이 나에게 확인될 때 내 속에서 끓어오르는 뜨거운 것이 무엇이냐? 그것은 바로 다이돌핀입니다. 사도 바울이 핍박자에서 전도자로 세상을 바꾸는 자로 변한 것도 이러한 영적 다이돌핀 때문이었습니다.

1,700년대 유럽을 보면 지금의 미국과 거의 비슷한 상황이었습니다. 세계가 불경기에 빠지고, 범죄가 늘어나고, 각종 감옥은 가득한데 교회는 텅텅 비고, 실업자들이 가득 차고, 동네에는 창녀들과 깡패들이 들끓고, 이런 상황이 유럽의 상황이었어요. 독일의 형제단 창설자가 루트비히 진젠돌프(Ludwig Zinzendorf)입니다. 그가 대학을 갓 졸업한 19세의 청년 때 견문을 넓히고 사회 생활을 준비하기 위해 독일의 여러 지방을 여행하고 있었습니다. 그 청년은 뒤셀도르프의 어느 미술관을 구경하러 갔다가 문득 한 그림을 뚫어지게 바라보았습니다. 그의 시선은 그 그림에서 좀처럼 떠날 줄 몰랐습니다. 그 그림 아래에는 다음과 같은 제목이 붙여져 있었습니다. "나는 너를 위하여 이 모든 것을 하였노라. 그러나 너는 나를 위하여 무엇을 하였느냐?(All this I did for you, what are you doing for me?)" 가시 면류관을 쓴 채 십자가에 달려 있는 예수 그리스도의 상과 위와 같은 글을 바라보고 있던 청년의 마음에 뜨거운 변화가 찾아왔습니다. 하나님이 그 청년의 마음을 두드린 것입니다. 그때 청년은 그림 속에 있는 예수 그리스도가 자기 죄를 위해 목숨을 버렸으며, 자기는 값없이 구속함을 받았다는 것을 확신하게 되었습니다. 이 청년이 바로 18세기 독일 복음주의 운동의 구심체로서 활약을 했던 모라비안 교도들의 리더 진젠돌프

백작이었습니다. 진젠돌프는 그 당시 최고 부자이자 최고 권력자로서 세상적으로 가질 것 다 가졌어요. 그런데 '나는 너를 위해서 몸 버려 피 흘려 죽었는데 너는 나를 위해서 무엇을 주느냐?'는 이 한 마디에 고꾸라졌던 것입니다. 그래서 눈물로 삶을 정리하고, 복음 운동을 일으켰는데, 그것이 그 유명한 모라비안 운동입니다. 기독교 역사에 나오는 유명한 경건주의 운동인데, 진젠돌프 한 사람 때문에 유럽이 복음화되었습니다. 진젠돌프가 예수님의 십자가를 바라보고 '나는 너를 위해 죽었는데 너는 나를 위해서 무엇을 하였느냐?'는 그 한마디에 꼬꾸라져서 그 속에 복음의 다이돌핀이 강력하게 일어났던 것입니다. 그 다이돌핀으로 세상을 변화시키는 놀라운 부흥 운동이 일어났던 것입니다.

6.25 전쟁에서 다시 살아난 것은 성도들의 기도 때문이에요. 그 당시 유엔군이 올 수 없는 상황이었습니다. UN 안전보장이사회에서 한국에다 파견하면 안 된다고 당시 소련이 거부권을 행사하면 못 하는 거였어요. 그런데 그 결정적 순간에 러시아 대사가 안 왔어요. 못 왔는지 안 왔는지 하나님이 막으신 거예요. 그래서 안전보장 이사회에서 유엔군을 보내게 된 것입니다. 부산만 남았을 때에 목사님들에게 기도해 달라고 부탁했어요. 목사들이 교회가 기도하고, 성도들이 기도하고, 기도할 때 소식이 들어왔어요. 맥아더 장군이 인천 상륙작전에 성공했다는 소식이 온 거예요. 기도가 나라를 살렸고, 복음으로 다이돌핀 능력이 나타났어요. 복음화가 이루어지고, 산업화가 이루어지

고, 민주화가 이루어졌어요. 그래서 오늘날 번성하게 된 것입니다. 회복이 어떻게 이루어집니까? 예수님의 피를 통해서 이루어지는 겁니다. 예수님의 피를 통해서 하나님과의 관계가 회복되면 교제가 회복되고, 교제가 회복되면 능력이 회복되고, 능력이 회복되면 공급이 회복되고, 공급이 회복되면 축복이 회복되고, 영생이 회복되는 것이 원리입니다. 세상을 살릴 힘은 다이돌핀 복음의 성령의 역사를 통해 세상을 살게 합니다.

아말렉과 여호수아가 전쟁할 때 모세가 아론과 함께 산꼭대기에 올라가서 기도했더니 이겼잖아요. 지금도 마찬가지입니다. 이런 위급한 상황에서 기도하면 하나님께서 다이돌핀의 놀라운 능력으로 승리를 주십니다. 우리가 '예수님은 하나님이시다. 예수님의 십자가를 통해서만 구원받고 믿는 자에게 죄사함과 영원한 영생을 주시고 하나님 나라가 우리에게 보장돼 있다. 절대 양보할 수 없다'는 믿음을 가지고 하나님께 매달려 기도하면 하나님이 들어 주십니다.

영국의 조지아 왕이 어느 연주회에서 '전능의 주가 다스리신다'는 찬양에 벌떡 일어났어요. 그 당시에 최고의 왕이었던 그 양반이 벌떡 일어났어요. 다이돌핀에 감당을 할 수가 없어서 벌떡 일어나서 하나님을 찬양했다는 유명한 얘기가 있어요. 마지막에 최고의 다이돌핀은 무엇이냐면, '죽임당하신 어린 양 나의 죄 위해 피 흘려 죽으셨네!!. 찬양과 존귀, 영광, 권능, 지혜 주께 돌리세. 보좌 위에 앉으신 주의 어린양! 영원히! 영원히! 영원히! 영원히! 영원히! 영원히! 영원히!'입니다. 그 다이돌핀이 지금도 저를 움직이고 있습니다.

  한 번은 전화가 왔어요. 자기 어머니가 죽어가고 있는데 의사도 손을 놨대요. 그래서 병원으로 달려갔습니다. 병원에 도착했더니 지금 숨이 넘어가는 순간이래요. 그래서 내가 귀에다 "예수 이름으로 부르세요. 할 일이 많은데 벌써 가시면 안 돼요. 다시 나와서 일어나요"라고 했더니 점점 살아나기 시작하는 거예요. 나중에 간증을 들어보니까 자기가 수평한 물 가운데서 배가 점점 죽는 쪽으로 가고 있었대요. 그래서 자기가 무의식 중에 지금 죽음으로 가고 있다는 것을 느끼고 있는데 목사님 소리가 들리더래요. 목사님이 "일어나야 돼!"라는 소리를 듣고 자기 가슴이 뛰기 시작했대요. 그래서 15년이 지난 지금도 권사님으로 열심히 수고하고 계세요. 예수 이름을 들려주니까 다이돌핀이 생긴 거예요. 그래서 구원의 역사가 이루어진 거예요.

  우리가 이 땅을 살아가면서 예수님이 해답이다는 확신을 가지고 믿음으로 살면 내 속에 예수 이름의 능력이 있어요. 그래서 다이돌핀이 생기는 거예요. 그래서 치유가 이루어지고, 구원이 이루어지고, 회복이 이루어지는 거예요. 그래서 내가 살아서 세상을 살리는 역사가 나를 통해서 이루어지는 것이죠. 나는 진짜를 가짜로 여기면서 그냥 건성으로 생활하고 있는지 점검해야 합니다. 나는 종교인이냐? 신앙인이냐? 진짜 예수님이 누구시냐? 목수냐? 하나님이냐? 내가 믿는 것은 무엇이냐는 것입니다. 종교인이 되어서는 안 됩니다. 무늬만 신앙인이 되어서는 안 된다는 것입니다. 예수님은 참 하나님의 독생자와 구원자시다는 확신을 가지고 믿음으로 살면 그 믿음 안에서 다이돌핀이 생기고, 그 다이돌핀이 내 병도 치료해주고, 내 문제도 해결되고, 내가 살아서 세상을 살리는 역사가 나를 통해서 이루어지도록 해야 한다는 것입니다. 지난 한 주 동안에 내가 얼마나 영적인 삶을 살았느냐? 지난 한 주 동안에 난 기도 한 번도 안 했다. 성경도 한 번도 안 봤다. 혹시 그런 분이 있으면 돌아서야 합니다.

정말 예수님이 해답입니다. 예수님 앞에 무릎 꿇고 삶을 드리면 엔돌핀보다 4천 배가 넘는 능력의 다이돌핀이 내게 임해서 능력으로 인도하시고, 문제를 해결해 주시고, 질병을 고쳐주시고 나를 통해서 세상이 살아가는 역사가 이루어질 것입니다.

06 요단강 건너, 한강 건너, 낙동강 건너, 영생의 강을 건너

　이스라엘 백성들이 400년 동안 애굽의 종살이를 하다가 모세의 인도로 홍해 바다를 맨땅으로 건너는 기적을 경험한 후 40년 동안 구름기둥과 불 기둥으로 인도하심을 받아 광야를 건너서 가나안 땅으로 들어갑니다. 그런데 모세는 가나안 땅을 들어가지 못하고 느보산에서 죽게 되고, 다음 인도자가 여호수아가 됩니다. 여호수아가 백성들을 인도해서 가나안 땅으로 들어가는데 마침 홍수 때가 되어 요단강의 범람으로 건너갈 수가 없어 난관에 처했을 때 하나님께서 '걱정하지 말라'하시며 법궤를 맨 제사장을 앞장세우게 되었습니다. 법궤를 맨 제사장이 요단강 입구에 발을 내디뎠을 때 그 홍수가 멈춰서 이스라엘 백성들이 안전하게 건너게 되는 놀라운 사건을 목도하게 됩니다. 홍해 바다 사건과 유사한 사건입니다. 이에 대해 여호수아 4장에서 12지파에 한 사람씩 준비한 그 열두 사람을 불러 요단 가운데로 들어가 여호와의 궤 앞으로 가서 이스라엘 자손들의 지파 수대로 각기 돌 한 개씩 가져다가 어깨에 메고, 이것이 표징이 되게 하여 후일에 자손들이 "이 돌들은 무슨 뜻이냐"고 물으면 하나님이 어려움 가운데서 우리 백성들을 인도해 주셨다는 것을 증거로 보여주고, 그것을 '잊지 말아라! 되새기라! 기념하라!'고 후세에 알려주라고 하신 것입니다. 하나님은 우리 각자에게도 말씀하십니다. 하나님이 베풀어주신 놀라운 일들을 "기념하라! 잊지 말라! 기억하라! 되새김하라!"고 말씀하십니다.

저는 한국에서 미국으로 이민 와서 거의 반세기 동안을 미국에 살았습니다. 나의 일생을 돌아볼 때 나에게 있어 성경의 요단강 사건과 같은 큰 사건이 무엇이었나에 대해 생각해 보면 한강을 건넌 사건이 아니었나 싶습니다.

우리 집은 궁예의 왕궁 터가 있던 곳이었습니다. 6.25 당시 강원도 철원은 전쟁의 중심지였으며, 우리 집 근처에 백마고지는 전쟁이 가장 치열했던 곳이었습니다. 현재 한국의 남북을 갈라놓은 휴전선의 남쪽 경계선이 우리 집이었습니다. 어린 시절 궁예의 왕궁터에서 살았었습니다. 현재 남방한계선에 있는 곳이 집이었습니다. 만약에 거기서 1마일만 더 남쪽으로 내려왔으면 저는 북한에 속한 사람이 되었는데, 생각만 해도 소름이 끼칠 정도입니다. 1950년 6월 25일에 김일성이 남침을 한 후 이스라엘 백성들이 요단강을 건넌 것처럼 1952년 5월 달에 한강을 건너서 전주-이리-삼례 등지로 피난을 다녔습니다.

돌아보면 한강을 건넌 사건은 내 일생에 가장 큰 사건일 수밖에 없고, 놀라운 하나님의 은혜의 사건입니다. 6.25 노래에 '아아 잊으랴 어찌 우리 이날을'이라는 가사가 있는데, 제가 한강을 넘은 사건을 잊지 않고 요단강을 건넌 것처럼 "기념하라! 잊지 말라! 되새기라!"는 말씀을 잊지 않고 생각날 때마다 가족들과 주변 사람들에게 알려주는 이유이기도 합니다. 한강을 넘은 후 피난 중에 또 감격스러웠던 사건은 김일성이 남침으로 나라가 부산만 남은 백척간두의 위기에 처했을 때 이

승만 대통령이 목사님들을 불러놓고 나라가 망하게 생겼다며 기도를 요청했습니다. 그때 생각지도 않았는데 트루먼 대통령의 결단에 의해서 순식간에 유엔군들이 달려왔습니다. 유엔군의 인천상륙작전으로 전세가 바뀌어서 낙동강을 넘어서 압록강까지 진격을 했습니다. 개인적으로는 한강을 넘었던 사건과 함께, 우리 민족적으로 낙동강을 넘어 구원의 역사가 이루어졌다는 것이 너무 감격스럽습니다. 우리 동네가 현재의 휴전선이 되었는데, 철원의 우리 집이 남방한계선 초소가 되었다는 사실이 참으로 극적인 일이 아닐 수 없습니다. 6.25 당시 전쟁의 중심지였던 철원에서 구사일생으로 빠져 나와서 한강을 건넌 사건에 대해 되새기면서 하나님께 늘 감사하며 살고 있는 것입니다.

우리는 미국에 살지만 조국을 잊어서는 안 됩니다. 요단강을 넘었고, 한강을 건너 자유가 됐고, 나라가 망하게 생겼을 때 낙동강을 넘어 치고 올라갔었는데, 지금은 다시 낙동강을 건너 올라가야 할 때입니다. 성경은 우리에게 말합니다. 제사장 놈들아! 선지자 놈들아! 관리 놈들아! 너희가 썩어서 나라가 이렇게 망했다고 하나님께서 아주 격렬하게 책망하며 경고하고 계시는 것입니다.

우리 조국 대한민국은 택한 민족이며, 택함을 받은 민족입니다. 마지막 때에 온 세상에 오직 예수 그리스의 십자가의 복음을 전파할 소명을 맡은 민족이 바로 우리 한민족입니다. 동방에 빛 나는 나라로 마지막 때에 제사장 나라로서 재림의 복음을 증거할 사명이 우리 한국 민족에게 있다는 것입니다. 우리가 하나님을 의지하고 나갈 때에 우리를 요단강과 한강과 낙동강을 건너게 하신 하나님이 여전히 우리와 함께 하셔서 민족을 살리고 세계를 살리는 민족으로 우리를 삼아 주실 것입니다. 특별히, 우리가 넘어가야 할 마지막 강이 무엇이냐? 그것은 주님이 우리를 위해서 마련해 놓으신 영원한 영생의 요단강입니다. 궁극적으로 우리가 건너가야 할 강인 영원한 요단강을 건너서 주님이 재림하시고, 우리가 부활하고, 그래서 온 땅에 메시아 왕국으로 새 하늘과 새 땅에서 영원한 영광을 누릴 그 땅을 바라보아야 합니다.

07 교회는 많고 가야 하는데, 갈 교회가 없어요! 왜요?

예수님께서 제자들에게 물으셨습니다. "너희는 나를 누구라고 하느냐?" 이에 제자들은 대답하였습니다. "주는 그리스도시오, 살아계신 하나님의 아들이십니다. 그것을 믿습니다!" 이 고백이 바로 우리의 신앙 고백입니다. 주님께서는 말씀하셨습니다.

> 이 반석 위에 내 교회를 세우리니, 음부의 권세가 이기지 못하리라
> (마16:18)

그렇다면 교회란 무엇일까요? 베드로가 고백한 신앙, 그리고 그 신앙의 주인이신 예수 그리스도 위에 세워진 공동체가 바로 교회입니다.

교회는 헬라어로 '에클레시아(called out)'라고 하며, 이는 '세상 속에서 불러냄을 받은 사람들의 모임'이라는 뜻을 가집니다. 세상에 있는 모든 사람이 예수를 믿는 것은 아닙니다. 그러나 부르심을 받은 사람들이 모여 믿음의 공동체를 이루는 것이 교회입니다. 또한, 교회는 '코이노니아(coinonia)'라고도 합니다. 이는 사랑과 영적인 연합을 이루는 공동체를 의미합니다. 세상에는 수많은 회사와 기관이 존재하지만, 교회는 단순한 조직이 아니라 하나님의 교회입니다. 예수를 믿는

성도들이 모인 기관, 그것이 바로 교회입니다. 우리는 교회의 목사이며, 목회자일 수도 있고. 혹은 교회의 장로, 권사, 집사일 수도 있습니다. 또한 목장의 목자나 소그룹의 리더로서 사명을 감당하는 이들도 있습니다. 그렇다면 이러한 직분과 사명은 무엇일까요? 교회의 직분은 어떤 형태든지 목회, 즉 양을 먹이고 치는 일입니다. 목회란 무엇일까요? 목회는 관계입니다. 우리가 맺는 관계는 하나님과의 관계, 그리고 성도들과의 관계입니다. 이 두 관계가 바로 목회입니다. 목회는 하나님과의 관계와 성도들과의 관계로 이루어집니다. 하나님과의 관계는 어떻게 이루어질까요? 이 관계에서 성공해야 합니다. 하나님과의 관계는 무릎으로 이루어집니다. 즉, 무릎을 꿇고 기도함으로 하나님과 교제하는 것입니다. 하나님과의 관계는 기도, 말씀, 예배를 통해 매일 매일 만나는 교제와 친밀함 속에서 이루어집니다. 나는 그리스도를 통해 하나님 안에 있고, 하나님은 그리스도를 통해 내 안에 계십니다. 이것이 바로 하나님과의 관계입니다.

성도들과의 관계는 어떻게 해야 할까요? 저는 성도들과의 관계가 항상 친밀해야 한다고 생각합니다. 마치 전화기를 늘 붙잡고 있는 것처럼, 신발을 신은 채로 움직이는 것처럼, 자동차 안에 항상 있는 것처럼, 성도들과의 관계는 비상상태처럼 유지되어야 합니다. 누군가 아프거나, 가정에 문제가 생기면 그것은 내 문제입니다. 그럴 때에는 달려가야 하고, 항상 대화하며 교제해야 합니다. 성도들과의 관계는 언제나 이렇게 긴밀하게 유지되어야 합니다. 전화기, 신발, 구두, 차 안에서처럼, 성도들과의 관계는 항상 가까운 곳에서 이어져야 합니다.

목회의 핵심은 무엇일까요? 그것은 바로 "먹이라!", "치라!", "먹이라!" 입니다. 목회의 핵심에는 다섯 가지가 있습니다. 첫째는 복음성, 둘째는 희생성, 셋째는 투명성, 넷째는 창의력, 그리고 다섯째는 열정입니다. 오늘날 내가 교회 목회자나 직분자로 세움을 받아 사역을 감당하는 데 있어, 항상 이 다섯 가지를 점검해야 합니다. 나는 복음성이 분명한가? 희생성이 분명한가? 투명성이 있는가? 창의력이 있는가? 그리고 열정이 있는가? 내 자신을 늘 점검하며 이 사명을 감당해야 합니다.

때로 성도들을 만납니다. "교회 잘 나가세요?" 하면, "저 요즘 교회 안 나가요."라고 말하는 분들이 있습니다. "왜 안 나가세요?" 하면, "갈 기회가 없어요."라는 답을 듣게 됩니다. 이는 참 난처한 상황입니다. 교회는 많은데, 갈 기회가 없다는 것입니다. 이러한 말을 종종 듣습니다. 너무 안타깝습니다. 성도들은 목사를 찾고, 목사는 성도를 찾지만, 서로 갈 곳이 없다는 상황이 발생하는 것입니다. 함께 일할 성도가 없고, 함께 섬길 목회자가 없다는 말입니다. 이 말은 무엇을 의미할까요? 나의 사역이나 섬김에 문제가 있다면, 그 이유는 이 다섯 가지 중 하나에 문제가 있기 때문입니다. 복음성에 문제가 있을 수 있고, 희생성이나 투명성에 문제가 있을 수도 있으며, 도전성이나 열정이 부족할 수도 있습니다. 그중 하나의 문제가 있기 때문에 서로 찾으려 해도 결국 맞지 않는 것입니다.

설교는 중요합니다. 좋은 설교가 필요하죠. 하지만 아무리 좋은 설교를 해도, 그 목사님과 나와의 관계가 좋지 않으면 귀가 열리지 않습니다. 반면, 관계가 좋다면 어떤 설교를 하더라도 그 말씀은 들려옵니다. "아, 이 말씀이 나에게 주시는 말씀이구나"라고 느껴집니다. 그러나, 관계가 좋지 않으면 아무리 좋은 설교도 귀에 들어오지 않는 것입니다. 이것이 바로 그 원리입니다. 그러므로, 내 자신을 내려놓고 늘 점검해야 합니다. 저는 목회자의 한 사람으로서, 늘 두려운 마음으로 저 자신을 채찍질하며 살아갑니다. 마태복음 24장 45절의 말씀처럼, "충성되고 지혜로운 종"이 되어 주인인 우리 예수님께 제가 맡은 성도인 여러분을 섬기고 있습니다. 성도들을 맡아서 섬기며, 때를 따라 합당한 양식을 나누어 줄 자가 누구일까요? 바로 주님이 그런 종을 찾고 계십니다. 이는 정말 조심스럽고 두려운 말씀입니다. 주인이 오실 때, 우리가 주님을 만날 때, 그런 충성된 종을 보면 그 종은 복이 있을 것이라고 하십니다. 저는 우리 모두가 합당한 종이 되기를 원합니다.

사도행전 20장 24절에 보면, "나의 달려갈 길과 주 예수께 받은 사명, 곧 하나님의 은혜의 복음을 증거하려 함에는 나의 생명을 조금도 귀한 것으로 여기지 아니하노라"는 말씀이 있습니다. 저는 이 말씀을 두려워합니다. 기도할 때마다 이 말씀을 붙잡고, 나의 달려갈 길과 주께 받은 사명을 기억하며, 하나님의 은혜의 복음을 증거하는 일에 헌신하고자 합니다. 하나님의 은혜의 복음을 증거하려면, 나의 생명을 조금도 귀한 것으로 여기지 않아야 한다는 말씀이죠. 이 은혜의 복음은 무엇일까요? 복음은 고린도전서 15장 3절과 4절에 분명히 써 있습니다. 복음은 성경대로, 그리스도께서 우리를 위하여 십자가에서 죽으시고, 3일 만에 부활하신 것입니다. 이것이 바로 복음입니다. 우리는 영생을 향해 가고 있습니다. 내가 지옥에서 영생을 살 것인가, 아니면 천국에서 영생을 누릴 것인가? 그 결정은 예수님을 믿었느냐, 안 믿었느냐에 따라 달려있습니다. 이것이 바로 복음입니다.

우리 인간의 삶을 돌아보십시오. 오늘 우리의 삶의 모습은 어떠합니까? 세상에서 신문을 보고 TV를 보면, 어떻게 저렇게 악할 수 있을까 하는 생각이 들 때가 많습니다. 악, 죄, 저주, 눈물, 질병, 고통, 기근. 이것이 오늘 우리가 사는 세상의 모습입니다. 그런데 이 세상의 해답은 무엇일까요? 그 해답은 예수님을 믿어서 구원받은 자로, 결국 이 땅을 마감하고 주님이 재림하실 때 우리가 부활하여 주님과 함께 영원한 영광을 누리는 새 하늘과 새 땅이 보장되어 있다는 것입니다. 그러므로 그 믿음 안에서, 우리는 저 높은 곳을 향해 날마다 날마다 나아갑니다. 이것이 우리는 신앙생활을 하면서 믿음 속에서 그것을 받아들이지 못하고 배척하는 사람들이 많아 안타깝습니다. 그리고 믿음의 길을 계속 가고 싶지만, 주저앉는 사람들이 많습니다. 문제를 안고 씨름하는 사람들이 많습니다. 그 문제를 내 문제로 여기고, 내가 희생해야 합니다.

우리 모두는 각자 가정에 기도 제목이 있을 것입니다. 우리는 나를 위한 기도뿐만 아니라 서로를 위해 계속 기도합니다. 이것이 바로 희생성입니다. 내 시간을 드리고, 물질을 드리며, 정성을 다해 희생하는 것입니다. 이것이 '내 양을 먹이라'는 말의 의미이기도 합니다. 나 자신의 존재 이유가 내가 직분 받은 자로서 남을 섬기는 것입니다. 남을 위해서 희생하는 것입니다. 일주일 동안 나만을 위해 살았다면, 그것은 부끄러운 일입니다. 성도들을 위해, 어려운 사람들, 고통받는 사람들을 위해 기도하고, 씨름하는 삶이 되어야 한다는 것입니다. 교회에 와서 직분을 받았다면, 그것이 출세를 위한 방법이 되어서는 안 됩니다. 그리고 항상 내 삶에 투명성이 있어야 합니다. 조심스럽고 두려운 말이지만, 우리 모두는 성직자로서 깨끗한 삶을 살아야 한다고 생각합니다. 투명해야 합니다. 누가 뭐라 해도, 깨끗하고 투명해야 합니다. 숨기고 있는 것들, 남이 알면 안 되는 비밀들, 숨겨놓은 돈, 숨겨놓은 여자 등은 가리고 싶을 수 있습니다. 아담이 선악과를 따먹고 숨었듯이, 우리도 종종 피하려고 하고, 핑계를 대곤 합니다. 이런 요소가 있으면, 나에게 잘못된 것입니다. 즉시 회개하고 하나님께 나아가야 합니다.

교회는 무엇인가요? 예배는 무엇인가요? 교회는 회개의 장소입니다. 물질에 대해 깨끗하고, 신앙 양심에 거리낌이 없는 삶을 살아가는 곳입니다. 이것이 투명성과의 싸움입니다. 투명성은 세상이 변해가면서도 계속 기도하고 새로운 아이디어를 모으고, 열정을 가지고 복음에는 해답이 없다는 확신을 가지고 삶에 임하는 것입니다. 내가 직분자입니까? 주일마다 교회에 한 번 오면 그게 다인가요? 아니죠. 그 일을 놓고 복음성과 희생성, 투명성을 늘 생각하며, 하나님이 주신 지혜로 열정을 가지고 사명을 감당하는 것이 중요합니다. 나는 종교인인가, 아니면 사명자인가? 나는 집사, 권사, 장로, 목사인가? 나는 종교인인가, 아니면 사명자인가? 늘 나 자신을 돌아봐야 합니다. 나는 종교인인가, 껍질뿐인가? 껍질뿐이고 사실 내용이 없다면, 나는 바리새인인가, 사두개인인가, 율법사인가? 예수님을 죽인 바리세인들, 사도교인들, 율법사들, 그 종교인들의 모습이 내게 없는지 스스로 돌아봐야 합니다.

교회에 나가세요? 그런데 왜 나가지 않나요? 갈 기회가 없다는 말, 이건 우리가 심각하게 받아들여야 합니다. 목사는 많은데 교인이 없고, 목사는 교인을 찾고 있는데 교인은 갈 곳이 없다고 합니다. 성도들은 목사를 찾고, 교회에서 함께 일할 목회자를 찾고 있는데, 그런 사람이 부족하다고 합니다. 안타까운 현실입니다. 교회가 예수천당 불신지옥의 교훈을, 예수님이 재림하신다는 말을 하지 않습니다. 새 하늘과 새 땅의 그 놀라운 복음을 말하지 않습니다. 세상적이고 도덕적인 종교로 떨어뜨립니다. 복음이 없고, 희생이 없고, 투명성이 없고, 열정이 없는 것이 오늘의 모습입니다.

어느 정신 병원에서 난리가 났다고 합니다. 정신병자들이 모여서 합숙 치료를 받는 중에 한 사람이 일어나서 "메시아다, 내가 하나님 아들이다"라고 계속 주장하는 겁니다. 그러자 다른 사람은 "나는 너 같은 아들을 둔 적이 없다"라고 응수하고, 또 다른 사람은 "누가 진짜인지 말해다오"라고 묻습니다. 그러다가 또 한 쪽에서는 "십자가에서 죽고 3일 만에 부활해 보라"라고 말하는데, 정신병자들이 하는 소리가 정말 끔찍합니다. 그런데도 그 말에 따라가는 사람들이 있습니다. "나는 너 같은 아들을 둔 적이 없다. 내가 하나님이라 그 말이다"라고 주장하며 혼란은 계속됩니다. 하지만 그 중 누구도 진짜인지 구별할 수 없고, 마치 진리를 구분할 수 없는 오늘날의 모습처럼 보입니다.

진정한 목회자, 진정한 하나님의 사람이 누구일까요? 구약에서 한 사람, 신약에서 한 사람을 찾아볼 수 있습니다. 구약에서는 사무엘입니다. 사무엘이 마지막에 선지자의 사명을 다 감당하고 은퇴하면서 백성들 앞에 말합니다. '내가 여러분들 중에서 누구의 재산이나 소나 나귀를 뺏은 적이 있냐? 옷을 달라고 했느냐? 내가 뇌물을 받고 잘못한 것이 있느냐?' 그랬을 때 백성들이 대답합니다. '없습니다!.' 이 말을 보면서, 아, 이게 목회로구나라는 생각이 들었습니다. 백성들에게 '내가 너희에게 잘못한 것이 있으면 말해봐라. 내가 너희에게 돈 달라고 했냐? 옷 달라고 했냐? 소 달라고 했냐? 나귀 달라고 했냐? 재물을 뺏거나 뇌물을 먹고 잘못한 적이 있느냐?' 그런데 백성들이 '없습니다.'라고 말합니다. 이게 바로 복음성, 희생성, 투명성입니다.

신약에는 누가 있습니까? 사도 바울이 있습니다. 사도행전 20장을 보면, '내가 3년 동안이나 밤낮 너희를 섬겼다. 눈물을 흘리며 여러분들을 섬겼다. 여러분들에게 돈이나, 물질이나 의복을 달라고 했느냐?'라고 말하며, '있으면 나와 봐라' 했습니다. 이에, 에베소 교인들 중 아무도 그런 이야기를 하지 않았습니다. '나는 너희에게 희생성과 투명성을 가지고 범사의 본을 보였다'는 것입니다. 이것이 바로 사무엘의 모습이고, 사도 바울의 모습입니다.

코로나로 인해 교회들이 다 가라앉고 성도들이 영적으로 가라앉았어요. 정말 안타까운 상황입니다. 히브리서 10장 24절에 보면 "서로 돌아보아 사랑과 선행을 격려하며 모이기를 폐하는 어떤 사람들의 습관과 같이 하지 말고(히10:24-25), 더욱 모여 함께 하나님을 섬기며 사명을 감당하라"고 경고하셨습니다. 그런데 3년 동안 코로나로 모이지 못했으니, 이제는 그게 습관이 되어 버린 것 같아요. 코로나가 풀렸는데도 교회에 가지 않으려 해요. 집에서 TV 보며 커피 한 잔 마시면서 예배드렸다고 해요.

그런데 설교만 들었다고 예배일까요? 복장도 그렇고, 자세도 그렇고, 오늘날 이렇게 된 것입니다. 우리가 이를 알고, '모이기를 폐하는 습관' 속에서 다시 일어나야 합니다. 깨우쳐야 합니다. 일어나야 합니다. 그렇게 믿으면 안 됩니다. 예수님을 편안하게 믿으려고 해서는 안 됩니다. 세상이 파멸되어 가는 이 상황 속에서 해답은 오직 복음뿐입니다. 예수님만이 복음을 가진 자로서, 비겁하게 살면 안 됩니다. 복음의 일꾼으로서 내가 세상을 살아가는 방법을 출세나 성공의 길로 생각하는 사람들도 있습니다. 이것에 대해 조심해야 합니다. 특히 젊은이들은 예수 그리스도의 십자가와 부활, 복음만이 해답이라는 확신을 가져야 합니다. 그 확신을 가지고 나 자신을 들여 희생하고 헌신해야 합니다. 내가 희생해야 하고, 십자가에 못 박혀야 합니다. 그리고 내 삶은 투명해야 합니다. 누가 뭐라고 하더라도, 조심스럽게 말하지만 투명해야 합니다. 또한 열정을 가지고 새롭게 도전하면서 교회의 크기나 적음에 상관없이, 우리 교회가 5명, 10명, 20명이 모였다고 해도, 복음이 확실하고 희생과 투명성이 분명히 나타난다면 하나님께서는 그것을 보십니다.

어떤 교회는 건물 하나에 네 개의 교회가 있다고 합니다. 그리고 그 교회에서 15명이 모인다고 하더군요. 그럼에도 불구하고 그 15명이 모인 교회가 중견 교회라고 말하는 것을 듣고 놀랐습니다. 그러나 중요한 것은 5명, 10명, 20명이 모이든, 그곳에서 복음성이 확실하고 희생과 투명성이 확실하며 열정을 가지고 섬긴다면 하나님은 그 진정성과 투명성을 보신다는 점입니다. 하나님은 그 속사람을 보십니다. 내가 만 명, 10만 명을 모았다고 해서 중요한 것이 아니라, 내가 받은 한 달란트, 두 달란트, 심지어 한 달란트 반의 달란트를 어떻게 사용하느냐가 중요한 것입니다. 진정성이 있는가? 투명한가? 복음이 분명한가?

해답은 히스기야의 기도처럼, 확신을 가지고 기도하는 것입니다. 공산당과 기독교는 공존할 수 없습니다. 무신론과 유신론도 공존할 수 없습니다. 북한은 마귀의 세력에 의해 지배되고 있습니다. 마귀는 대적하라고 성경에서 말씀하셨지, 협상하라고 하지 않았습니다. 우리가 성경대로 믿고, 마귀의 세력을 대적하며 하나님께 가까이 나아가면, 하나님께서 쌀 문제도 해결해 주시고, 핵 문제도 해결해 주실 것입니다.

"교회 나가요? 안 나가요?" "왜 안 나가요?" "나갈 교회가 없어요." 목회자는 성도를 찾고 성도는 교회를 찾아 소개해 주세요. 우리는 이 현실적인 문제를 바라보며 하나님 앞에서 내 중심을 점검해야 합니다. 나는 정말 복음 안에서 희생하고 있는지? 내 삶이 투명하고 열정을 가지고 하나님을 섬기고 있는 하나님의 사람인지 스스로 물어봐야 합니다.

주님께서 말씀하신 대로, "죽도록 충성하라. 생명의 면류관을 너에게 주리라"는 약속을 믿고, '주님 오실 때까지 나는 이 길을 가리라 좁은 길, 좁은 문, 나의 십자가 지고. 나의 가는 이 길 끝에서 나는 주님을 보리라' 는 결단으로 나아가야 합니다.

08 할 수 있다! 하면 된다! 해 주신다!
절대 믿음과 기도

예수님께서 다니시는 곳마다 언제나 사람들이 몰려들어 인산인해를 이루었습니다. 마태복음 15장, 예수님께서 가나안 지역을 지나가실 때도 많은 사람이 모여 있었습니다. 그때 한 가나안 여인이 큰 소리로 외쳤습니다. 예수님이 "자녀의 떡을 취하여 개들에게 던짐이 마땅치 않다"는 모욕적인 말에도 끝까지 간청하여 예수님께 괴침을 받고 칭찬을 듣습니다. 이 말씀을 통해 우리가 다시 확인할 수 있는 것은 무엇일까요? 바로 이 가나안 여인의 절대적인 믿음입니다. 예수님께 나아가기만 하면 된다는 그 믿음, 그리고 끈질긴 기도입니다. 우리는 이것을 배워야 합니다. 그렇게 믿어야 하고, 그렇게 기도해야 합니다.

예수님께서 가나안 땅을 지나가신 것은 결코 평범한 기회가 아니었습니다. 가나안 여인은 그 기회를 놓치지 않기 위해 끈질기게 예수님께 나아갔습니다. 사람들의 방해에도 아랑곳하지 않고 뚫고 나아가며 간절히 딸을 고쳐 달라고 구했습니다. 기회를 놓치지 않고 딸을 고쳐 달라고, 사람들이 막아도 계속해서 끈질기게 뚫고 나아갑니다.

예수님의 말씀은 지금의 관점에서 보면 인종 차별로 보일 수 있습니다. 인종 차별을 넘어 인격적인 모독입니다. 오늘날이라면 큰 논란이 될 만한 일입니다. 그런데 그녀는 끝까지 뚫고 나아갔습니다. 그리고 결국 응답을 받았습니다.

가나안 여인의 절대적인 믿음에 대한 예수님의 해답이었습니다. 예수님께 나아가기만 하면 된다는 절대적인 믿음, 그리고 그 믿음을 가지고 끈질기게 기도하는 것, 이것이 오늘 우리 신앙생활의 본이 되어야 합니다.

우리는 '할 수 있다! 하면 된다! 예수님께서 해주신다!' 그 절대적인 믿음과 끈질긴 기도로 예수님을 감동시켜야 합니다. 이것이 우리가 가져야 할 믿음입니다. 그저 교회만 다니고, 문제가 생기면 골치 아프고 어렵다고 포기하는 것이 아니라, 가나안 여인처럼 절대적인 믿음과 끈질긴 기도로 응답을 받아야 합니다. 항상 하나님의 살아계심을 믿고, 하나님의 전능하심을 믿고, 예수님을 믿는 나에게 구원과 영생을 주셨음을 믿고, 그 하나님이 지금도 나와 함께하신다는 것을 믿어야 합니다.

성도의 삶이란 무엇입니까? 그것은 바로 기도의 삶입니다. 우리의 삶에 기도가 없다면 본질이 빠진 것입니다. 우리의 삶에 기도가 없다면 본질을 잃어버린 것과 같습니다. 기도는 영적인 호흡입니다. 호흡이 끊어지면 생명이 끊어지듯이, 기도가 끊어지면 우리의 영적인 생명도 위태로워집니다.

기도는 무엇입니까? 하나님과의 교제입니다. 우리가 찬양하면서, 기도하면서 하나님과 교제하고, 예배는 바로 그 교제의 시간입니다. 기도는 무엇입니까? 하나님 앞에 내 소원을 아뢰는 것입니다. 모두가 각자 기도 제목이 있을 것입니다. 그것을 하나님 앞에 아뢰는 것이 바로 기도입니다. 우리가 처한 어려움이나 문제를 하나님께 말씀드리며, 하나님께 도와달라고, 함께해 달라고 기도하는 것입니다. 기도하다 보면 어느새 그 기도가 응답된 것을 느끼게 됩니다.

기도는 무엇입니까? 하나님의 능력을 나의 것으로 삼는 기도입니다. 스펄전 목사님이 '기도는 하나님 능력의 손을 붙잡는 것'이라고 한 것처럼 기도는 능력의 통로입니다. 기도 없이는 우리는 아무것도 할 수 없습니다. 저도 요즘 특별히 기도와 설교하는 일들이 많이 제 주변에 있습니다. 어제도 그제도, 그리고 내일도 계속 설교를 해야 합니다. 그때마다 기도하며 능력을 주시도록 기도합니다. 그럴 때마다, 왠지 모르게 힘이 나고 하나님의 능력을 경험하게 됩니다. 기도하면 하나님의 능력이 함께 하십니다. 그러므로 우리는 정해진 시간에 기도하고, 필요할 때마다 수시로 기도해야 합니다. 기도를 깊이 하고, 길게 하고, 영적으로 높이 올라가며, 기도의 신령함을 추구하는 것이 필요합니다. 성도의 삶은 다른 것이 아닙니다. 바로 말씀과 기도의 삶입니다. 우리는 하나님께서 기도하면 응답해 주시겠다고 약속하신 것을 믿고, 간직하고 있어야 합니다.

요한복음 14장 13절에 보면, "너희가 내 이름으로 무엇이든지 구하든지 내가 행하리니"라고 하셨습니다. 예수님의 이름이 중요합니다. 예수님의 이름에는 능력이 있다는 것을 믿으셔야 합니다.

요즘 미국 사람들이 행사를 할 때 "예수님의 이름으로 기도합니다"라고 말하지 않을 사람을 찾습니다. 얼마나 망측한 일입니까? 예수님의 이름에는 능력이 있는 것입니다. 예수님의 이름으로 기도하면 응답을 주시겠다고 약속하신 것입니다. 오늘날 대통령 취임식을 보면 "예수님의 이름으로 기도합니다. 아멘!"이라는 소리를 하지 않고 적당히 넘기는 것을 봅니다. 그러나 그렇게 해서 안 된다는 것입니다. 예수님의 이름에는 능력이 있으며, 그 능력을 믿어야 합니다. 예수님께서 "내 이름으로 무엇이든지 구하면 내가 행하리라"라고 말씀처럼 반드시 예수님의 이름으로 기도해야 합니다.

마태복음 21장 22절을 보면, "너희가 기도할 때에 무엇이든지 믿고 구하는 것은 다 받으리라"라고 기록되어 있습니다. 기도 제목이 있지 않습니까? 믿고 구한 것은 받은 줄로 믿으라고 하셨으니, 확신을 가지고 기도해야 합니다.

요한계시록 8장 3절에 보면 우리의 기도가 단순히 허공을 치거나 땅에 떨어지는 것이 아니라 우리가 믿음으로 기도하면 그 기도가 하늘에 상달되어 금대접에 담기고, 하나님 보좌 앞에 상달되고, 하나님께서 내성과 음성과 번개와 지진으로 응답하시는 놀라운 역사가 이루어지는 것을 보여주고 있습니다.

오늘날 이 세상은 얼마나 험악합니까? 악한 세상입니다. 마귀가 지배하는 세상입니다. 이러한 세상 속에서 우리가 승리할 수 있는 방법은 오직 기도의 무릎을 꿇는 것입니다. 우리는 기도의 응답을 받으며 살아가야 합니다. 그것이 바로 성도의 삶입니다. 기도하는 사람이 이깁니다. 기도하면 이김을 주십니다. 절대 믿음으로 기도하면 하나님이 해주실 것을 믿고, 끈질기게 기도하면 하나님께서 응답해 주십니다. 이것이 하나님을 경험하는 삶입니다. 이렇게 하면 하나님을 경험하게 됩니다. 놀라운 사건들이 일어나는 것입니다.

우리가 위급한 상황에서 기도할 때, 마치 긴급전화를 거는 것과 같습니다. 여기 미국에서는 응급 전화가 911이지요. 한국에서는 119입니다. 그렇다면 성도들이 급할 때 걸어야 할 전화번호가 무엇인지 아십니까? 예레미야 33장 3절입니다. "너는 내게 부르짖으라 내가 네게 응답하겠고 네가 알지 못하는 크고 은밀한 일을 네게 보이리라"라는 말씀이 있습니다. 이것이 바로 성도의 긴급 기도 전화번호입니다. 어떤 일이 있을 때, 우리는 이 말씀을 붙잡고 기도해야 합니다.

어느 곳에 술집과 교회가 함께 있었습니다. 그런데 교회에서 예배를 드리려 하면, 아래층 술집에서 떠드는 소리 때문에 방해가 되었습니다. 그래서 교회 성도들이 술집이 문을 닫도록 간절히 기도했습니다. 기도 외에는 방법이 없었기 때문입니다. 그런데 놀랍게도, 얼마 지나지 않아 술집이 문을 닫게 되었습니다. 성도들은 "기도 응답을 받았다"고 기뻐했습니다. 그런데 얼마 후, 술집 주인이 교회를 상대로 손해 배상 청구 소송을 제기했습니다. "저 교회가 우리 술집이 망하도록 기도해서 결국 망했다. 그러니 손해를 배상하라"고 법정에서 주장한 것입니다. 그러자 목사가 변호하면서 이렇게 말했습니다. "기도한다고 술집이 망할 수 있습니까?" 그러면 누가 더 믿음이 좋은 것입니까? 오히려 술집 주인이 기도의 능력을 더 믿은 것입니다. 그러므로 우리는 기도의 능력을 믿어야 합니다. "기도는 응답된다!" "기도하는 사람이 이깁니다!"

저는 필그림 교회 건축을 건축하고 20여 년을 보내면서 기도의 능력을 수없이 경험했습니다. 교회를 건축하는 과정에서 많은 방해가 있었습니다. 특히 교회 인근 옆집에서 계속해서 시비를 걸고, 건축을 막으려고 했습니다. 정말 힘든 시간이었습니다. 그러나 우리는 끝까지 기도하며 나아갔고, 결국 교회 건축을 완성했습니다. 그리고 제가 은퇴할 때에는 모든 것이 완전히 마무리된 상태로 깨끗하게 정리되었습니다. 기도의 무릎으로 하나님께서 승리를 주셨습니다.

우리 모두는 문제를 가지고 있습니다. 문제 없는 사람은 아무도 없지 않습니까? 그러나 하나님은 기도하면 응답하십니다. 기도는 소홀히 생각해서는 안 됩니다. 당장은 어떻게 느껴질지 모르지만, 나중에 보면 결과적으로 기도하는 사람이 이깁니다.

저는 우리 손자, 손녀들에게 이렇게 말합니다. "너희가 좋은 대학에 가는 것도 중요하고 반드시 가야 하지만, 결과적으로 보면 무릎 꿇은 사람이 이긴다. 하루에 5분이라도 무릎을 꿇고 하나님 앞에 기도하면, 네가 승리자가 될 것이다"라고 강조합니다. 하지만 그게 쉽지 않습니다. 우리는 자녀 세대에게 기도를 가르쳐야 합니다.

6.25 직후에 얼마나 어려운 상황이었습니까? 그런데 저희 아버지는 그 어려운 가운데서도 항상 가정 예배를 드리며, 같이 찬양을 했습니다. 제가 중고등학생이었을 때였는데 갑자기 저를 보고 기도를 하라고 하는데, 그때는 기도하려 하면 입에 마치 돌덩어리가 있는 것처럼 느껴져 열리지 않았었는데, 그렇게 훈련을 받으면서 자랐습니다. 우리도 자녀들에게 기도를 가르치고, 기도의 능력을 끊임없이 깨우쳐줘

야 합니다. 아무리 공부를 잘하고, 아무리 무엇을 해도 결국 기도하는 사람이 이깁니다.

성도들 가운데는 영적인 목마름이 있어야 합니다. 기도에 대한 갈증이 있어야 합니다. "아, 기도하고 싶다. 아, 기도가 목마르다"는 마음이 있습니까? 교회는 다니고 직분도 있고, 내가 목사라 해도 기도에 대한 갈증이 없다면, 기도에 대한 열망이 없다면, 그것은 옳지 않습니다. 기도해야 합니다. 기도하면 됩니다. 기도하면 할 수 있습니다. 하나님께 간구하면 이루어집니다.

성도란 무엇입니까? 기도의 맛을 알아야 합니다. 기도의 참 의미를 경험해야 합니다. 기도의 응답을 체험해야 합니다. 이것이 성도의 삶입니다. 성도의 삶에 기도가 없다면 그것은 온전한 신앙이 아닙니다. 기도의 맛을 알지 못한다면 신앙이 흔들릴 수 밖에 없습니다. 기도의 간증이 우리 모두에게 있어야 합니다. "아, 기도하고 싶다"는 갈망이 있어야 합니다. 기도 응답을 체험해야 신앙이 성장하는 것입니다. 그래서 저는 기도의 중요성을 거듭 강조합니다. 아무리 강조해도 끝이 없습니다. 만약 기도의 중요성이 상관없다면, 성도라고 할 수 없습니다.

하나님과 친밀해지는 방법이 무엇입니까? 바로 기도입니다. 예수님께서 말씀하시기를, "너희는 나의 친구라"고 하셨습니다. 그런데 친구라고 하면서 대화 한 번도 나누지 않는다면, 그것이 무슨 친구입니까? 왜 그렇습니까? 매주 한 번씩 만나고, 매일 새벽 기도에서 함께하기 때문입니다. 얼마나 친합니까? 그런데 저만 그렇게 느끼는 것입니까? 우리 모두가 서로 친밀한 관계를 맺고 있습니다. 이처럼 만남이 많을

수록 관계는 더욱 가까워집니다. 그러니 하나님과도 자주 만나야 합니다. 하나님과의 만남의 시간을 가져야 합니다. 기도의 시간을 만들어야 합니다.

지난 일주일 동안 얼마나 기도하셨습니까? 혹시 기도의 시간이 없었습니까? 그렇다면 이제 바꾸어야 합니다. 결단해야 합니다. 기도의 능력을 반드시 체험해야 합니다. 하나님과의 만남과 교제가 깊어질수록 우리의 신앙도 더욱 깊어집니다. 만날수록 하나님을 닮아가고, 만날수록 더욱 친밀해집니다. 기도는 바로 성화의 핵심입니다.

모세가 회막에서 기도하고 나오니, 사람들이 그의 얼굴을 볼 수가 없었습니다. 모세 자신은 몰랐지만, 그의 얼굴에서 빛이 났기 때문입니다. 결국 모세는 얼굴을 가리기 위해 수건을 써야 했습니다. 참으로 신비한 사건입니다. 우리도 하나님을 만나고 또 만나서, 우리의 얼굴에서 빛이 나야 합니다. 사람들이 "당신은 어느 교회에 다닙니까? 왜 그렇게 얼굴에서 빛이 납니까?"라는 말을 들어야 합니다. 하나님과 깊이 교제하는 사람의 얼굴에는 그 빛이 나타나야 합니다.

기도는 하나님과 씨름하는 것입니다. 하나님과 씨름하며 간절히 기도해야 합니다. 저는 교회 건축을 하면서 큰 씨름을 했습니다. 하나님과 씨름하며 간구했습니다. 그리고 기적이 나타났습니다. 교회를 개척한 지 3년 만에 건물을 구입하는 것은 기적과도 같은 일이었습니다. 하나님께서 이루어 주셨습니다.

야곱이 가족들을 이끌고 돌아오는데, 에서가 400명의 군사를 거느리고 오고 있었습니다. 야곱은 얼마나 두려웠겠습니까? 자신이 과거에 형을 속이고, 장자의 명분을 가로챈 일을 알고 있었기 때문에 더욱 두려웠을 것입니다. 형이 400명의 군사를 데리고 온다는 소식을 듣고, 겁이 나서 얍복강가에서 하나님 앞에 매달려 간절히 기도했습니다. 기도하고 또 기도했습니다. 그러자 하나님의 얼굴로 바뀌었습니다. 형과의 관계가 회복되었고, 형제 간에 화목이 이루어졌습니다. 이것이 바로 기도의 힘입니다.

우리는 항상 정해진 시간에 기도하고, 수시로 기도하며, 기도로 승리해야 합니다. 그리고 하나님께서 우리의 기도를 들어주실 것을 바라보며, 그 응답의 실상을 믿고 기도해야 합니다. 기도할 수 있는데 왜 염려하십니까? 우리는 염려하지 말고, 주님 앞에 모든 것을 아뢰십시오. 그러면 하나님께서 기적을 베풀어 주실 것입니다. 그런데 기도하면서 가장 중요한 것이 있습니다. 바로 두 가지 "부(不)"로 기도해야 한다는 것입니다.

첫째, 부정한 것을 하나님 앞에 내려놓아야 합니다. 내 안에 하나님께 합당하지 못한 것들을 회개하고 자백해야 합니다. 그리고 용서하심에 대한 확신을 가지고 기도해야 합니다. "주님, 나의 부정한 것, 부족한 것, 실수한 것, 실패한 것을 용서해 주옵소서. 저는 죄인입니다. 주님 용서해 주십시오." 이 기도가 먼저 따라야 합니다.

둘째, 부족한 것을 채워 달라고 기도해야 합니다. 부정한 것은 예수 그리스도의 십자가 보혈로 씻어 주시기를 간구하고, 부족한 것은 성령의 능력으로 채워 달라고 기도해야 합니다. "주님, 저의 부족한 부분을 성령의 충만함으로 채워주시고, 능력을 더하여 주옵소서"라고 기도해야 합니다.

제가 미국에 와서 돌아보니, 아홉 번이나 이사를 했습니다. 이사하고 또 이사하며 점점 더 큰 집으로 옮겨가기도 했습니다. 그런데 중요한 것은, 그 집들마다 기도했다는 사실입니다. 그곳에서 기도했고, 또 다른 곳에서도 기도했습니다. 제가 그 사실을 너무나도 잘 알고 있습니다. "그 집에서는 거기에서 기도했지. 그 집에서는 지하실 구석에서 기도했지" 이렇게 제 삶을 돌아보면, 기도는 제 삶의 원동력이 되었습니다.

저는 성도들에게 묻습니다. 몇 번 이사를 다니셨습니까? 그리고 어디서 기도하셨습니까? 지금은 어디에서 기도하고 계십니까? 기도의 자리를 마련하는 것이 중요합니다. 내 집에 기도의 장소를 정하고, 무화과나무 아래에서 기도했던 나다나엘처럼 하나님과 만나는 기도의 공간을 만들어야 합니다.

제 조카가 새 집을 구입해서 이사를 했습니다. 그래서 제가 물었습니다. "기도실은 어디냐? 어디에서 기도하느냐?" 그랬더니 "anyway, anywhere, anyplace"라고 대답하더군요. "그게 아니라, 네가 기도하는 장소가 어디 있냐? 기도하는 방이 어디 있냐? 기도하는 곳이 어디 있냐? 정해진 곳이 어디 있냐고 물어보는 거야"라고 말했더니 깜짝 놀라더군요. 그렇습니다. 내가 기도하는 내 집이 되어야 합니다.

인생은 어렵고 힘든 시간들이 많습니다. 문제가 있을 때, 내가 믿음으로 그 문제를 뚫고 도전하며 일어설 것인가, 아니면 그 문제를 안고 "이래서 저래서 내가 이렇게 됐다"며 한탄하고 있을 것인가? 어느 쪽을 선택할 것인가가 중요합니다. 문제가 있을 때, "그냥 이렇게 될 거야"라고 생각하지 마세요. 우리는 뚫고 나가야 합니다.

귀신 들린 딸을 가진 가나안 여인이 "제 딸도 심한 귀신이 들렸습니다. 예수님, 고쳐주세요" "나는 이스라엘 사람 아니면 상대 안 해" 그래도 "고쳐주세요" "나는 이스라엘 자녀들을 위해서 왔어. 자녀의 떡을 개에게 줄 수 없어. 너는 개야" 그러나 "개들도 도시락이라도 먹는다"고 했습니다. 이것이 바로 뚫고 나가는 기도의 모습입니다. 이게 기도입니다. 그래서 기도로 내 운명을 바꾸라는 말이 있습니다. 기도로 뚫고 나가면 하나님께서 응답해 주십니다.

오늘날 미국도 추락하고, 유럽도 추락하고, 한국도 추락하고 있습니다. 동성애 축제가 지금 한국에서 화제가 되고 있는데, 미국 대사가 축사를 했다고 합니다. 그래서 저는 "미친놈이다"라고 생각했습니다. 대사로 갔으면 대사 역할을 해야지 동성애 축제에서 축사를 한다는 게 이해가 되지 않았습니다. 찬송가 470장 "저 마귀는 우리를 삼키려고, 입 벌리고 달려와도 주 예수는 우리의 대장되사 끝내 싸워서 이기겠네"라는 말씀처럼 우리는 그와 싸워야 합니다. 기도로 싸워야 합니다. 목사들이 가만히 있는 것은 옳지 않습니다.

이 세상은 허용된 기간 동안 마귀가 지배하는 세상입니다. 우리는 이 상황을 뚫고 이겨야 합니다. 그것이 하나님이 우리에게 주신 사명입니다. '마귀를 물리치고 승리하라. 네가 살고 세상을 살려라!' 그것이 우리의 사명입니다.

> 마귀를 대적하라 그리하면 너희를 피하리라 하나님을 가까이 하라 그리하면 너희를 가까이 하시리라(약4:7-8)

> 두려워하지 말고 믿기만 하라(막5:36)

> 내 말이 네가 믿으면 하나님의 영광을 보리라 하지 아니하였느냐 (요11:40)

> 여호와를 기뻐하라 그가 네 마음의 소원을 네게 이루어 주시리로다(시37:4)

"할 수 있다! 하면 된다! 해주신다!" 절대 믿음과 끈질긴 기도를 하십시오.

기독교 역사를 보면, 세상의 역사 속에서 다 망해가는 것처럼 보일 때에도 믿음의 영웅들이 일어나 믿음과 기도로 세상을 살렸습니다. 우리가 살려야 합니다. 우리는 살아서 이 세상을 살릴 책임이 있습니다. 그 책임은 우리 모두에게 있습니다. 가난한 여인의 믿음, 절대 믿음과 끈질긴 기도가 그것을 보여줍니다. 보잘 것 없는 가난한 여인이었지만, 끈질긴 기도와 절대 믿음으로 응답을 받았습니다. "할 수 있다! 하면 된다! 해주신다!" 기도로 살고, 기도로 세상을 살립시다!!

09 과거, 현재, 미래,
　　　나는 무엇을 붙잡고 어떻게 사는가?

　우리 인간에게는 하나님을 찾고 영생을 찾는 본능이 있습니다. 이 본능을 체계화한 것이 종교입니다. 세상 종교는 인간이 하나님을 찾아서 위로 올라가는 것이고, 기독교는 하나님이 인간을 찾아 내려오시는 것이 다릅니다. 이와 같이 하나님이 자신을 보여주시는 것을 계시(啓示)라고 합니다. 이것이 세상 종교와 기독교의 차이점입니다. 기독교에서 계시는 성경입니다. 이 계시의 말씀인 성경은 우리에게 영원한 영생이 있으며, 그 영생이 예수 그리스도 안에 있고, 다른 방법은 없다라고 분명하게 말씀하고 있습니다.

　　그가 우리에게 약속하신 것은 이것이니 곧 영원한 생명이니라(요일2:25)

　우리 인간은 일단 이 땅에 태어나면 영원히 영생하는 존재인데, 어디에서 영생하는 것인가가 중요합니다. 하나님이 우리에게 영생을 주신 것과, 이 영생이 그의 아들 안에 있는 것이라고 말씀하십니다. 하나님의 아들 예수 그리스도께서 영생을 주셨는데 그 안에 있는 영생을 어떻게 나의 것으로 만드느냐가 중요합니다. 내가 예수를 믿어서 내 안에 소유하고 있으면 나는 영원한 영생을 소유하지만, 그렇지 않으면 음부에 빠지게 됩니다. 예수님께서 너희에게 이 성경을 쓰는 것은 너희로 하여금 영생이 있음을 알게 하려 하심이라고 했습니다.

우리가 왜 교회를 다닙니까? 영생을 얻기 위함이 아닙니까? 성경 전체는 다 예수님에 대한 얘기이고, 예수를 믿으면 영원한 영생을 주신다는 말씀입니다. 그런데 참으로 안타까운 것은 아무리 전도를 해도 받아들이지 않으려는 사람들이 많아요. 우리 인간들이 지은 죄의 결과는 지옥이라고 말씀하고 있습니다. 하나님이 주신 선물은 예수 그리스도 안에 있는 영생입니다. 우리는 예수 그리스도를 믿어서 영생이 주어졌습니다.

저는 어린 시절에 잠자리 잡기를 좋아했습니다. 잠자리를 잡는 데 많은 시간을 보내며 놀았던 것 같습니다. 이 세상과 다음 세상을 설명하는 예화가 있습니다. 하루는 잠자리가 하루살이와 같이 놀다가 해가 졌어요. 잠자리가 하루살이에게 "오늘은 해가 졌으니까 내일 놀자!"라고 했더니 하루살이는 "내일이 뭐야?"라며 내일을 모르는 거예요. 잠자리가 개구리와 같이 연못에서 놀았어요. 그런데 개구리가 "내년에 놀자!"라고 하니까 잠자리는 "내년이 무엇인데?"라며 내년을 모르는 거예요. 개구리하고 어린 소년이 같이 놀았어요. 소년이 개구리에게 "나는 10년 지나면 예쁜 색시하고 결혼해서 행복하게 살 거야!"라고 했더니 개구리가 "10년 후가 무엇인데?"라며 10년 후를 모르는 거예요. 소년이 교회 갔어요. 예수님 말씀에 '나를 믿으면 영원한 영생이 있다'라고 하니까 소년은 영생을 이해하지 못하는 거예요.

우리가 명심해야 할 것은 어디에서 영생을 하느냐는 것입니다. 예수를 믿으면 멸망치 않고, 지옥에 가지 않고, 영생을 얻게 하려함이라는 말씀처럼 예수를 믿으면 하나님의 나라에서 영생을 누리게 되고, 예수를 믿지 않으면 지옥에 영원히 처해집니다.

이병철 회장 같은 최고의 부자도 죽음을 앞에 두고 내세(來世)와 구원과 천국에 대해 심각한 고민을 했었던 거예요. 그렇지만 그는 정확한 대답을 듣지 못한 채 죽었어요. 너무 너무 안타까워요. 그래서 제가 '너 진짜 목사냐'라는 책을 썼습니다. 이 책을 쓴 이유가 무엇이냐? 진짜 목사라면 예수 그리스도 안에 영생이 있고, 예수님을 통해서만 영원한 천국에 들어갈 수 있다는 것을 가르쳐주고 인도해 주어야 하는 책임이 있다고 생각해서 책 제목을 '너 진짜 목사냐?'라고 정했던 것입니다.

세상의 돈, 명예, 권세, 이런 것들은 순간적이고 일시적일 뿐입니다. 예수님 안에서 예수님을 통해서만 얻는 영원한 영생을 내가 소유했느냐? 이것을 믿고 믿음으로 사느냐? 이것이 가장 소중한 문제입니다. 부활, 믿음, 은혜, 구원, 영생, 천국, 이것을 내가 믿고 확신하도록 전하는 사명이 우리들에게 있습니다.

우리는 하나님 앞에서 우리 삶의 모습을 점검해 보아야 합니다. '나는 과거에 속해서 사느냐?' 나는 현재 교회는 다니지만 물질이 더 중요하고 세상적인 것이 더 중요해서 사두개인들 처럼 살고 있지는 않은지 확인해 보아야 합니다. 장차 들어갈 영원한 아버지의 집, 하나님의 나라와 영광을 바라보면서 우리의 삶을 하나님 앞에서 돌아보아야만 합니다.

  오늘 나의 삶의 모습은 과거에 내가 어떻게 살았느냐에 대한 결과입니다. 나의 미래는 무엇입니까? 오늘을 내가 어떻게 살느냐에 따라서 미래가 결정됩니다. 한 번 죽는 것은 정해진 것입니다. 우리 모두는 나이에 상관 없이 반드시 죽습니다. 문제는 그 죽음이 끝이 아니라는 것입니다. 예수님이 십자가에서 죽으시고 부활하지 않으셨다면 우리에게는 소망이 없어요. 그러나 예수님이 십자가에서 죽으시고 부활하셨으므로 잠자는 자들의 첫 열매가 되셨고, 예수님이 부활하신 것처럼 우리도 부활할 것을 확신하며 살아갑니다. 성경은 우리에게 분명히 말하고 있습니다. 아담으로 인해 인간에게 죄가 들어왔고, 죄의 결과로 죽음이 들어왔어요. 아담 안에서 죄 때문에 모든 사람이 죽은 것 같이 그리스도 예수 안에서 모든 사람이 살아나리라고 약속하고 있습니다.

  요즘은 인공지능(AI) 시대입니다. 어느 날 신문 기사에서 본 사건인데, 20대 후반 공군 조종사가 훈련 비행 중 떨어져서 죽었어요. 그런데 AI가 죽은 조종사와 똑같이 만들어서 조종사의 어머니를 만났어요. AI가 만든 조종사가 어머니에게 보고 싶었다고 하니까 그 어머니가 펑펑 우시는 거예요. 그러나 아무리 완벽하게 만들었다고 해도 그것은 진짜가 아니라 가짜입니다. 인간이 만든 작품에 불과합니다. 그런데 우리는 먼저 천국으로 간 가족들과 형제들과 친구들을 다시 만날 때가 옵니다. AI로 만든 모조품과 같은 것이 아니라 진짜로 만나게 됩니다. 우리가 알아야 될 것은 과학은 인간이 무(無)에서 유(有)를 만들어내는 것이 아니라 하나님이 이미 만들어 놓으신 것을 찾아서 발전시켜 만드는 것이 과학입니다. 과학이 놀라울 정도로 발전해서 요즘은 시간과 공간을 하나로 만듭니다.

얼마 전에 성지순례를 갔었는데 이스라엘의 그 산꼭대기에서 내 유튜브 영상이 나오더라고요. 내가 만든 유튜브의 버튼을 누르면 캘리포니아에서도 연락이 오고, 휴스턴에서도 연락이 오고, 남미에서도 연락이 오고, 독일에서도 연락이 와요. 이것이 무엇입니까? 세계가 하나가 됐다는 얘기예요. 이와 같이 과학은 하나님이 만드신 원리와 원칙을 찾아서 시간과 공간을 하나로 만듭니다. 왜 이런 이야기를 하는 줄 아십니까? 우리가 장차 들어갈 천국은 하나가 된다는 것을 알려드리기 위함입니다. 우리가 천국에 들어가면 아담이나 모세나 엘리야나 모두가 하나가 되어 함께 영광을 같이 드리는 그때와 그곳이 있다는 것입니다.

우리는 더 나은 본향을 사모하고 기다리면서 예수님 안에서 예수님을 통해서 이루어질 그 나라가 나에게 있고, 영광의 때를 바라보면서 신앙생활을 하는 것입니다. 이런 믿음의 사람들을 위해서 하나님께서는 우리에게 천국을 예비해 놓으셨습니다. 육체가 죽는다고 해도 하나님이 지으신 집, 곧 손으로 지은 것이 아닌 하늘의 영원한 집이 우리에게 있는 줄을 알고 그 믿음을 가지고 살아가야 합니다. 어떠한 상황에도 우리의 소망이 예수 그리스도 안에 있고, 예수 그리스도를 통해서만 우리에게 주어짐을 믿어야 합니다. 십자가의 도가 멸망하는 자들에게는 미련한 것이지만 그러나 우리 믿는 우리들에게는 하나님의 능력입니다.

> 내가 너희 중에서 예수 그리스도와 그가 십자가에 못 박히신 것 외에는 아무것도 알지 아니하기로 작정하였음이라(고전2:2)

사도 바울의 고백처럼 우리도 그리스도 예수의 십자가에 못 박힌 것 이외에는 알지 않기로 작정하고, 이 작정으로 매일 기도해야 합니다. 사도 바울은 세상적인 것을 다 가졌었지만 다 배설물로 여기고, 장차 주어질 그 영원한 나라를 위해서 세상적인 것을 알지 않기로 작정한 것처럼 우리도 그렇게 살아야 합니다.

어느 왕에게 아들 셋이 있었어요. 아들 중에서 누구를 왕으로 후계자로 삼을 것인가? 고민했습니다. 그래서 아들들을 불러서 뒷산의 높은 곳에 올라가서 주변을 보고 너희들이 무엇을 느꼈는지 와서 말해 보라며 세 아들을 산으로 올려보냈어요. 첫째 아들은 "높은 산에 올라가서 우리 왕궁을 보니까 너무 왕궁이 아름다웠습니다"라도 말했습니다. 둘째 아들은 "높은 산에 올라가니까 그 산 위에는 꽃이 만발하고 경치가 너무 좋았습니다"라고 말했습니다. 셋째 아들은 "산에 올라가 그 산 너머를 보니까 어마어마하게 넓고 아름다운 땅이 있습니다. 우리나라 수도를 그곳으로 옮겼으면 좋겠습니다"라고 말했습니다. 첫째는 과거를 바라보았고, 둘째 아들은 현재를 보았고, 셋째 아들은 미래를 보았던 것입니다. 그 왕이 누구에게 왕위를 넘겨주었는지 쉽게 알 수 있을 것입니다.

나는 오늘 어떻게 살고 있느냐? 과거를 보며 과거에 붙잡혀 있느냐? 현재의 돈, 명예, 권세, 쾌락, 거기에 붙잡혀 사느냐? 아니면 현재의 너머에 있는 영광스러운 그 나라를 보고 사는가? 결단해야 합니다.

우리 인생의 삶은 선택과 결단입니다. 예수님에게 부자 청년이 왔어요. 부자 청년이 자신은 예수님의 제자가 되고 싶다고 했습니다. 그러나 예수님이 재산의 모든 것을 팔고 나를 따를 때 내 제자가 될 수 있다고 하니까 그 부자 청년은 근심하며 돌아서 갔다고 했습니다. 반면에 마태는 세금을 걷는 자로서 돈을 많이 버는 부자였습니다. 그런데 예수님께서 나를 따라오라고 하니까 그 자리에서 벌떡 일어나서 예수님의 제자가 되었습니다. 마태는 나중에 열두 제자 중 하나가 되어 그의 이름이 천국에 있는 하나님의 생명책에 기록되었습니다. 당장은 돈이 좋고, 명예가 좋고, 세상 종교가 옳은 것 같아 보이지만 과감하게 일어나서 예수님의 제자로 살아가시는 자가 복된 자입니다.

개인적으로 영화 중에 최고의 영화는 벤허라고 생각합니다. 벤허는 소설입니다. 벤허의 작가는 루이 웰레스(Lewis Wallace)이며, 남북전쟁 때 북쪽의 장군이었는데, 그는 철저한 무신론자로 유명했습니다. 그 사람은 예수를 믿는 사람을 반대하고 비난하는 사람이었습니다. 어느 날 또 다른 유명한 무신론자 잉거솔(Ingersoll)을 만났는데, 그가 '기독교의 가르침은 다 거짓말이고 쓸 데 없는 것이며, 기독교는 믿을 수 없는 거짓 종교임을 증명하는 소설을 쓴다면 대단한 베스트셀러가 될 것'이라고 조언을 했습니다. 그래서 웰레스는 기독교의 기초가 되는 성경을 상세히 읽어 거짓된 내용을 찾아내기로 하고 성경을 읽기 시작했습니다. 그런데, 성경을 읽어가면 갈수록 성경의 허구를 발견하기는커녕 도리어 성경에서 놀라운 진리를 발견하고, 반복하여 읽으면서 마음 깊은 곳에서 놀라운 변화가 일어나는 것을 경험하게 되었습니다. 그는 결국 부인할 수 없는 하나님의 말씀 앞에서 무릎을 꿇고 "예수님은 나의 주요, 나의 하나님이십니다!"라고 고백하며 끝내 하나님께 회개하고 돌아와 쓴 것이 그 유명한 소설 벤허입니다. 벤허에서 전차 경주에 출전해서 말을 타고 치열하게 목숨을 건 죽음의 경쟁을 하는 것을 보면 정말 박진감과 긴장감이 최고입니다. 경주에서 승리하여 복수를 했지만 공허함만 남기고 가족을 찾던 벤허는 예수님을 만나 하나님의 섭리를 깨닫고 골고다 언덕에서 예수님의 처형을 지켜보며 진정한 용서를 배우고, 구원의 길을 걷게 됩니다.

벤허처럼 예수님 십자가의 복음을 믿고 과거, 현재, 그리고 미래를 바라보면서 나갈 때에 비록 고난이 있고 어려움이 있고, 힘들 때도 있지만 그래도 뚫고 나가야 되며, 뚫고 나가야만 최후 승리와 영원한 천국에 나아갈 수 있는 것입니다. 이 세상의 지혜로는 영원한 하나님의 나라를 알 수가 없습니다. 과거에 붙잡혀 살거나, 현재에 붙잡혀 살면 안됩니다. 과거나 현재를 완전히 무시하지 말라는 것은 아닙니다. 다만 우선순위와 가치관을 미래에다 두고 신앙의 경주를 해야 한다는 말입니다.

예수님께서 십자가에 못 박혀 죽으시면서 마지막 하신 말씀이 "다 이루었다!"입니다. 이것이 "무슨 말이냐?". 제사를 다 완성했고, 죗값을 다 지불했고, 예언을 완성했고, 사명을 다 완성했다는 뜻입니다. 그리고 예수님은 돌아가셨습니다. 그러므로 믿기만 하면 은혜로 구원을 주시며 영생을 소유하게 됐어요. 은혜의 시대가 펼쳐지게 된 것입니다.

2023년 6월 18일 1912년에 침몰한 타이타닉호의 잔해 관광을 위한 잠수정 '타이탄'이 연락이 두절되어 전원 사망한 것으로 보도되었는데, 잠수정에 탄 5명은 오션게이트 익스페디션 최고 경영자를 비롯해서 엄청난 부자들이었습니다.

저는 그 신문보도를 보고 나서 참 어리석다는 생각을 했습니다. "도대체 그것을 보아서 무엇하나?". 그들은 호기심 때문에 그렇게 되었는데, 우리가 가져야 할 진정한 호기심은 무엇이냐? 영적인 호기심이어야 합니다. 예수님이 진짜 메시아인가? 예수님을 믿어야만 천국 가는가? 우리에게는 이러한 영적 호기심과 탐험심이 있어야 합니다. 그래서 우리는 과거의 옛 성도들이 실패한 것을 거울로 삼아, 미래를 바라보며, 오늘 내가 어떻게 살아야 할지 고민해야 합니다. 내가 어떻게 살고, 무엇을 선택하느냐에 따라 나의 미래, 나의 천국 또는 지옥이 결정된다는 것입니다.

18세기 미국의 청교도 신학의 거장이자 미국의 대각성 운동을 일으킨 조나단 에드워즈(Jonathan Edwards, 1703-1758)가 있습니다. 에드워즈는 '매사에 나의 죽음과 죽고 난 뒤에 무슨 일이 일어날지에 대해 많이 생각하자'는 등 70가지 결심문으로도 유명한데, 이분은 대화체로 사람들과 소통하지 않았습니다. 그는 책을 읽듯이 복음을 전한 분이었습니다. 그분의 설교의 주제는 "예수천당 불신지옥"이었습니다. 그 당시 노동자들이 많이 있었는데, 하루종일 일을 한 후 피곤한 몸을 이끌고 와서 설교를 듣고 있었습니다. 그 피곤한 몸으로 와서 예수천당 불신지옥을 계속 들으니 얼마나 힘들었겠습니까? 그럼에도 불구하고 사람들이 몰려들어 통곡하며 회개하는 역사가 일어났습니다.

에드워드가 사역할 당시 어린아이였던 한 사람이 에드워드의 설교에 대해 "사람들은 2시간 이상 걸리는 설교 시간에 움직이지 않고 똑바로 앉은 채 경청했다. 진리가 도저히 항거할 수 없는 중력으로 성도의 마음을 압도했다. 거의 설교를 마칠 즈음에는 그렇게 빨리 끝마치는가 하여 다소 실망하는 듯하였다. 특히 에드워즈가 전하는 설교는 죄인들을 향한 하나님의 분노와 그들이 받을 형벌이 무자비할 정도로 엄격하고 가혹하여 회개치 못한 사람들을 회심하게 하기에 충분했다"고 말했습니다. 미국의 신앙을 바르게 정립한 것이 바로 조나단 에드워즈입니다. 이 땅이 살아날 교회가 지금 모두 비틀거리고 약해지는 상황에서, 세상도 마찬가지로 비틀거리고 있습니다. 이런 상황에서 이 땅이 다시 살아날 소망은 오직 십자가의 복음뿐입니다. 이 복음을 살아서 능력 있게 전파하는 교회가 살아야 하며, 교회가 살아야 목사도 살아갈 수 있습니다. 그래서 저는 계속해서 '지옥과 천국', '예수천당 불신지옥'을 선포하고 있습니다. 마귀는 결코 협상의 대상이 아닙니다. 마귀는 대적해야 할 대상입니다.

콜럼버스가 1492년에 아메리칸 대륙을 발견했어요. 아무도 믿지 않았어요. 엄청난 신대륙이 있다는 것을 그 당시에는 아무도 안 믿었어요. 마찬가지입니다. 영원하고 완전하고 영광스러운 하나님의 나라가 있다는 것을 알고 콜럼버스가 신대륙을 발견한 것처럼 영원한 하나님의 나라를 향해서 나아가야 합니다. 과거나 종교 습관에 매이지 말고, 돈, 명예, 권세, 거기에 붙잡히지 말고, 장차 나에게 주어질 영원한 나라를 위해서 내 삶을 드려야 한다는 것입니다.

우리는 삶에 영적 비밀이 있어야 합니다. 예수님께서 나다나엘에게 무화과나무 아래에서 보았다면서 마음에 간사함이 없다고 하셨는데, 우리도 무화과나무 아래 비밀이 있어야 합니다. 진정으로 믿음의 사람이라면 아무도 모르는 그 시간 그 장소에서 하나님과 교제를 나누는 삶이 있어야 합니다.

예수님 외에는 해답이 없습니다. 신앙생활은 싸움입니다. 한국 어느 정치인이 '가짜 평화도 전쟁보다 낫다'고 하던데, 이것은 타협하라는 말입니다. 그러나 마귀하고 타협하는 것은 절대 안 됩니다. 마귀는 대적해서 물리치라는 거예요. 그것이 성경의 바른 원리입니다. 동성연애자들도 인간인데 하나님은 사랑이시니까 그들을 품어주어야 한다는 사람들도 있는데, 동성연애는 마귀의 작품입니다. 마귀를 받아주고 협상하라고 하지 않았습니다. 오늘 우리의 현실을 바라보면서 내가 어느 쪽으로 갈 것이냐? 나는 과거에 속한 자로 사느냐? 현재에 속한 자로 사느냐? 미래에 속한 자로 사냐? 내 자신을 늘 돌아보면서 살아야만 합니다.

제4부

부활 · 천년왕국 · 새 하늘 · 새 땅 · 하나님 나라

01 성도들이 가져야 할 5가지 확신
(구원, 부활, 재림, 천국, 사명)

오늘날 성도들의 모습을 보면 천국에 대한 소망과 확신을 가지고 기쁨과 활력이 넘치는 성도들이 있는가 하면, 구원에 대한 확신도 없이 세상 근심이나 걱정하면서 교회만 출석하는 성도들이 있는데, 이러한 차이의 원인은 무엇인가? 그것은 확신에 대한 문제인 것 같습니다. 오늘날 성도들이 가져야 할 다섯 가지 확신을 꼽으라면 첫째, 구원의 확신, 둘째, 부활의 확신, 셋째, 재림의 확신, 넷째, 천국에 대한 확신, 다섯째, 사명에 대한 확신입니다. 우리는 살아가면서 나는 누구인가? 나는 어디서 와서 어디로 가고, 무엇을 위해서 어떻게 사는가? 나의 끝은 무엇인가? 이런 생각을 할 때가 있습니다. 저는 어릴 때부터 비교적 순조롭게 신앙생활을 했습니다. 그런데 30대 초반 어느 날 갑자기 창문을 통해 밖을 내다보다가 "정말 하나님이 살아계시는가?"라는 생각이 들었는데, 그동안 하나님의 살아계심에 대해 한 번도 의심하지 않았었으나, 문득 그 생각을 하니까 아찔했습니다. 그리고 막 혼란이 왔습니다.

그런데 그때 하나님이 지혜를 주셨습니다. 데카르트가 생각나는 것이었습니다. 르네 데카르트(1596~1650)는 근대 철학의 아버지라 불린 프랑스의 철학자이며, 그의 대표적인 저서인 《방법서설》에서 '나는 생각한다, 고로 존재한다(Cogito ergo sum)'로 유명한 사람입니다. '나는 생각한다. 고로 존재한다'는 말씀을 통해 '나는 생각한다. 고로 나는 존재한다. 고로 하나님이 존재하신다'라고 풀어가니까 금방 해답이 나오더라고요. 내가 존재한다는 것 자체가 신비하지 않습니까? 내가 어떻게 존재합니까? 하나님이 존재하시기 때문에 내가 존재하는 것입니다. 하나님은 누구십니까? 스스로 계시고 영원 전부터 영원까지 계시고, 존재하시며 전능하신 분이십니다. 전능하신 그 능력으로 "있으라! 있으라!" 하시면서 만물을 창조하셨습니다. 인간의 타락으로 죄와 사망이 들어왔는데, 성경에서 죄는 반드시 값을 지불해야 한다는 것이 원칙입니다. 그래서 구약에서는 수 많은 짐승들을 드리는 제사가 이루어졌습니다. 죄와 저주와 죽음의 문제를 해결해서 하나님과의 관계가 회복될 수 있는 방법은 오직 값을 지불하는 방법밖에 없는 것입니다.

> 하나님이 세상을 이처럼 사랑하사 독생자를 주셨으니 이는 그를 믿는 자마다 멸망하지 않고 영생을 얻게 하려 하심이라(요3:16)

요한복음 3장 16절은 바로 나를 위한 말씀입니다. 그러므로 우리는 3인칭이 아닌 1인칭으로 바꿔서 '하나님이 나를 이처럼 사랑하사 독생자를 주셨으니 이는 저를 믿는 나는 멸망치 않고 영생을 얻게 하려 함이라'라고 고백을 해야 합니다.

> 너희는 그 은혜에 의하여 믿음으로 말미암아 구원을 받았으니 이것은 너희에게서 난 것이 아니요 하나님의 선물이라(엡2:8)

은혜라는 것은 공짜 선물이라는 말입니다. 내가 예수님의 피를 통해서 나에게 구원을 주신 그 구원을 은혜로 받아들이는 것이죠. 예수님이 나를 대신하여 죽으셨다는 것을 믿음으로 말미암아 죄 사함이 이루어지고, 공짜로 나에게 구원과 영생이 주어진다는 것입니다. 예수님이 누구십니까? 예수님은 처녀 마리아의 몸에 성령으로 잉태해서 이 땅에 오신 크리스마스 사건의 주인공이신 바로 예수님이십니다. 그래서 예수님은 완전한 하나님도 되시고, 완전한 사람도 되는 신성과 인성을 함께 가지신 분이십니다. 어떻게 그런 일이 있을 수 있습니까? 그것은 하나님이시니까 가능한 것입니다. 전능하신 분이시니까 가능한 것입니다. 그 방법을 통해서 이 땅에 인간의 몸을 입고 오신 하나님이십니다. 그분이 십자가에서 피를 흘려 죽어주셨습니다. 그것이 역사적인 사실이고, 모든 사람이 인정할 수밖에 없는 객관적인 사실입니다.

2천 년 전의 그 사건이 나를 위한 개인적인 사건이요, 나를 위한 주관적인 사건으로 내가 그것을 받아들이면 그때 그 십자가 사건이 나에게 효력을 발생하게 되는 것입니다. 그래서 내 죄가 사함을 받는다. 이것이 믿음입니다. 십자가의 사건이 나 때문이라고 받아들이면 그것이 은혜로 내게 죄 사함이 이루어지고, 저주가 사라지고, 나에게 영생이 주어지는 것입니다. 얼마나 확실하고 분명한 것입니까? 얼마나 감사하고 감격적인 일입니까?

교회를 그냥 건성건성 다니면 안 됩니다. 늘 자신을 돌아보면서 '나는 지금 죽어도 천국 가겠는가? 자신을 냉철하게 확인해서 확신이 없다면 예수님을 영접하는 기도를 해야만 합니다. 구원의 확신을 가져야 합니다. 성경이 하나님의 말씀이라는 것을 무엇으로 어떻게 증명하겠습니까? 가장 중요한 방법 중의 하나는 성경의 역사성입니다. 성경의 모든 이야기가 역사적인 사건들이라는 사실입니다. 사람들이 만들어낸 우화나 신화나 무슨 전설이 아니라 실제 역사 속에서 있었던 사건이며, 성경이 하나님 말씀임을 증명할 수 있는 가장 중요한 근거입니다. 또한, 성경의 역사적 사건들은 우연히 이루어진 것이 아니라, 수백 년, 수천 년 전부터 예언된 사건입니다. 그 예언이 실제로 역사 속에서 성취된 것입니다. '역사'라는 영어 단어 'history'의 어원은 그리스어 히스토리아이며, 히스토리아는 원래 조사나 탐구라는 뜻을 가지고 있는데, 기독교 차원에서 보면 그분의 이야기(His-story), 곧 예수님의 이야기라는 의미로 해석할 수가 있습니다. 역사는 인간을 죄와 사망에서 구원하시기 위한 복음입니다. 믿기만 하면 구원을 주신다는 것이 바로 복음입니다.

그런데 모든 사람들이 복음을 받아들이는 것이 아닙니다. 참으로 안타까운 일입니다. 인간의 고집과 교만과 세상적인 것들 때문에 안 받아들입니다. 복음은 분명히 모든 사람들을 위한 것인데, 모든 자들이 받는 것이 아니라, 나를 위한 것이라고 믿는 사람들에게만 그 효력이 발생합니다. 믿는 사람들은 하나님의 택하심을 받은 사람들이며, 내가 예수를 믿어서 구원받은 것은 하나님의 특별한 선물이고, 택함을 받은 것입니다. 믿는 우리는 하나님 앞에서 택함을 받은 사람들입니다. 성경의 역사성, 예언성, 성취성, 복음성, 구원성과 함께, 역사 속에서 가장 중요한 사건이 무엇입니까? 그것은 예수님의 부활입니다. 성경 전체에서 가장 중요한 것은 부활입니다. 부활이 없다면 그 어느 것도 의미가 없습니다. 예수님이 십자가에서 죽으시고 삼일 만에 부활하시므로 그 부활 때문에 예수님이 하나님의 독생자라는 것이 증명되었습니다. 부활 때문에 하나님의 독생자가 나의 죄 때문에 죽어주셨다는 복음이 증명되었습니다.

부활하신 것 때문에 예수님은 하나님도 되고 사람도 되는 신성과 인성을 함께 가지신 분이라는 것이 증명된 것입니다. 십자가에서 피 흘려 죽으시고 부활하신 그분을 믿기만 하면 비록 자격도 없고, 공로도 없지만, 그 구원이 오직 은혜로 하나님의 선물이라는 것이 증명된 것입니다. 무엇보다도 가장 중요한 것은 예수님이 부활하신 것처럼 나도 부활한다는 사실입니다. 우리가 이 모든 것들을 보면서 구원의 확신을 가져야 합니다. 부활의 확신을 가져야 합니다. 재림의 확신을 가져야 합니다. 하나님 나라에 대한 확신을 가져야 합니다. 세상은 얼마나 빨리 흘러갑니까? 잠시 잠깐 지나가는 이 땅에서 삶 때문에 영원한 영생을 잃어버려선 안 됩니다.

에콰도르의 아우카족에게 선교를 하다가 젊음의 나이에 순교한 짐 엘리엇은 '영원한 것을 얻기 위해 영원하지 않은 것을 버리는 자는 바보가 아니고 낭비가 아니다'라는 말을 남겼습니다. 보이는 것은 잠깐이요. 보이지 않는 것은 영원합니다. 당장 보이는 것 때문에 거기에 몰두하다가 영원한 것을 잃어버리고 지옥에 가면 안 된다는 말입니다. 성경은 분명히 증거합니다. 다시는 눈물이 없고, 이별이 없고, 아픔이 없는 그 영원한 천국이 우리에게 보장되어 있다는 것입니다. 그러므로, 구원의 확신, 부활의 확신, 재림의 확신, 그리고 사명의 확신을 확고히 해야 합니다.

우리는 매 순간 선악과를 마주하게 됩니다. 내가 선악과를 먹을 것이냐? 안 먹을 것이냐? 하나님을 믿고 구원받을 것이냐? 믿지 않고 마귀를 따라갈 것이냐? 우리는 매 순간 선택과 결단을 해야만 합니다. 생명의 복음, 은혜로 거져 주시는 공짜의 구원을 거절할 필요가 없지 않습니까? 우리는 건성건성 교회만 왔다 갔다 하지 말아야 합니다. 심각하게 내가 정말 구원의 확신이 있고, 나는 예수를 믿어서 구원받았느냐? 나 지금 죽어도 천국 가느냐는 이 확신을 가지고, 구원의 확신을 가지고, 그리고 재림의 확신을 가지고, 나에게 하나님의 나라가 보장되어 있다는 확신을 가지고, 사명을 감당해야 합니다.

보이는 것은 잠깐입니다. 보이지 않는 영원한 세상이 우리에게 준비되어 있습니다. 우리가 마귀를 대적할 때 가까이 하시겠다고 하신 하나님을 믿으며 영적으로 살아있어야 합니다. 영적으로 성령 충만하고, 말씀 충만하고, 믿음 충만하고, 은혜로 충만하여 살아있는 성도가 되어서 견고하며 흔들리지 말고, 더욱더 주의 일에 힘쓰는 자가 되어야 합니다. 하나님께서는 힘써 사명을 감당하는 자들을 통해 믿지 않는 영혼들을 주께로 돌아오게 하는 구원의 놀라운 열매를 맺게 해주시고, 우리를 통해 영광을 받으실 것입니다.

02 고행인가, 쾌락인가, 철학인가, 복음인가, 부활이다!

인간들에게는 하나님을 찾고 영생을 찾는 본능이 있습니다. 이 본능을 체계화시킨 것이 종교입니다. 종교에는 세상 종교가 있고, 기독교 복음이 있습니다. 세상 종교는 인간이 하나님을 찾아 땅에서 위로 찾아 올라가는 거예요. 반면에 기독교 신앙은 하나님이 인간을 찾아서 우리 인간을 찾아 내려오신 것입니다. 그것을 신학적인 용어로 계시라고 합니다. 우리는 계시를 통해서 하나님의 살아계심을 믿어요. 자신을 보여주신 것입니다. 계시에는 여러 방법이 있습니다.

첫째는 자연을 통해서입니다. 자연계시(natural revelation)란 인간의 구조와 자연 현상을 통하여 하나님의 임재가 전달된 계시인데, 이것은 성경 말씀에 주어진 계시가 아니라 자연이나 우주에서 나타난 사실들을 구체화한 계시입니다. 하나님의 형상으로 창조된 우리는 그의 영원하신 능력과 신성(롬1:20)을 깨닫게 된다. 자연 하늘의 무수한 별들을 망원경으로 바라보고, 세상의 모든 것을 바라보며, 현미경으로 세포의 세계를 바라보면 똑같은 원리, 원칙, 법칙, 능력으로 움직여요.

두 번째는 역사를 통해서 하나님이 계시하는 것을 볼 수가 있어요. 역사는 뭡니까? 인간 역사가 스스로 흘러가는 것 같지만 결과와 내용을 보면 하나님께서 지배하세요. 이것을 종합해서 우리에게 보여주신 것이 특별 계시입니다. 특별 계시는 무엇이냐면 성경입니다. 성경의 내용은 하나님께서 인간을 죄와 저주와 죽음에서 독생자 예수님을 통해서 구원해 주신다는 것이 성경 전체의 이야기에요. 그래서 구약과 신약은 '오실 예수, 오신 예수, 다시 오실 예수에 대한 것이 성경 전체 얘기에요. 그러니까 성경의 주인공은 여인의 후손으로 이 땅에 오신 예수 그리스도이시고, 그분을 믿으면 하나님과의 관계가 회복되어 영원한 영생이 우리에게 주어진다는 것입니다.

그리스는 플라톤, 소크라테스, 아리스토텔레스, 이런 위대한 인류 철학가들이 대거 활동하던 곳이에요. 최고의 지성인들이 모인 곳에 가서 복음을 전하려고 하는데, 온 아테네가 우상으로 가득 차 있는 거예요. 에피큐리언(epicurean)이라는 쾌락주의자들은 '인생의 최고 선은 쾌락이다. 인생은 짧다. 그러니까 즐기면서 살자'며 들고 일어나는 거예요. 또 다른 분파인 스토아파에서는 '짧은 인생을 우리가 바르게 살아야 한다'며 고행을 하는 거예요. 한쪽에서는 쾌락주의를 주장하고, 한쪽에서는 고행으로 나 자신을 절제하고 욕심을 절제하고 금욕주의(asceticism)로 살아야 한다며 서로 새로운 진리를 찾는다고 야단을 치던 곳이 그리스 아테네였습니다. 그것을 보고 사도 바울이 전도합니다. 우상을 섬기면 안 된다. 우주 만물을 창조하신 분은 하나님이시다. 하나님이 너희를 사랑하사 독생자 예수님을 보내 주셨다. 그 예수님을 믿는 것이 인생 문제의 해답이다. 쾌락주의로 살지 말아라. 허

무주의로 살지 말아라. 금욕주의와 고행주의로 살지 말라고 했던 것입니다. 오늘날에도 고행한다고 나무에 올라가서 자기 몸을 매달고, 수염을 기르고, 손톱을 길러놓고 그리고 고행하는 사람들이 있잖아요. 사도 바울이 거룩한 분노로 그들에게 우리를 구원하시기 위해서 하나님께서 예수님을 보내 주셨다. 그 예수님이 구원자이신 것을 어떻게 아느냐? 그것은 그가 십자가에서 죽고 죽은 지 사흘 만에 부활하셨다. 그래서 그들 앞에서 예수님이 부활하셨다. 십자가를 믿으면 죄 사함을 받고 예수님 부활하신 것처럼 나도 부활한다. 그것을 선포한 거예요. 그랬더니 아테네 사람들은 처음 듣는 얘기였던 것이었습니다. 세상의 철학, 세상의 학문, 윤리 도덕으로 인간의 문제를 해결하려고 했는데 그게 아니라 하나님이 독생자를 보내 주셔서 그분이 십자가에서 죽고 부활하시므로 믿는 자에게 죄 사함과 영생을 주셨으며, 그 예수님을 믿으면 나도 부활한다고 전파하니까 그들의 반응이 무엇이었냐? 사도 바울을 말쟁이라고 하는 거예요. 그래서 이 사람한테서 무슨 새로운 지식을 얻을 것에만 집중하는 겁니다. 그러나 복음은 지식이 아닙니다. 복음은 말쟁이가 아닙니다. 결과적으로 그 많은 아테네 사람들에게 복음을 전했는데, 일부 몇 사람만 복음을 믿고 사도 바울을 따라왔습니다.

오늘 우리는 인생을 살아가면서 노세! 노세! 젊어서 노세가 아니잖아요. 쾌락이나 고행을 하고 수양을 쌓아서 우리가 구원받을 것이 아니지 않은가? 복음철학으로 해석하는 사람들이 성직자들 중에도 있어요. 복음은 철학이 아니에요. 복음은 부활이에요. 죽음이란 다음 단계의 세계로 연결되는 것을 믿는 것이 예수를 믿는 거예요. 그것을 준비하고 살아야 돼요. 한 번 죽는 것은 정한 것이에요. 그 후에는 심판이 있어요. 심판의 기준은 뭐냐? 하나님의 독생자인 예수님을 믿었느냐? 안 믿었느냐? 믿었으면 비록 자격이 없고 공로도 없지만 천국이다. 안 믿었으면 아무리 세상에서 잘 살고 출세하고, 쾌락을 즐기고, 고행을 했어도 지옥이다. 이것이 분명한 결론이에요.

워싱턴에는 17년생 매미가 있는데, 매미가 17년 만에 다시 나타납니다. 모든 벌레는 누에가 됐다가 껍질을 벗으면 나비가 됩니다. 기어 다니던 벌레가 껍질을 벗거나 나오면 나비가 돼서 날아다니고, 구더기들이 껍질을 벗고 나오면 파리가 됩니다. 이런 작은 현상들이 아무것도 아닌 것 같지만, 우리에게 증거로 보여주는 것입니다. 한낱 벌레도 나비가 돼서 날아다니는데 우리 인간이 죽으면 끝이 아니라니까요. 우리에게는 부활의 영광이 있습니다. 그래서 아버지 집에서 영원히 영광을 누릴 그때가 우리에게 있다는 것입니다.

> 주의 죽은 자들은 살아나고 그들의 시체들은 일어나리이다 티끌에 누운 자들아 너희는 깨어 노래하라 주의 이슬은 빛난 이슬이니 땅이 죽은 자들을 내놓으리로다(사26:9)

저는 언젠가 성경을 읽다가 이 말씀에 충격을 받았어요. 예수님이 요한복음 5장에서 무엇이라 했어요? '무덤 속에 있는 자들아 그들이

다 내 음성을 들을 때가 오나니 주께서 일어나라' 재림하실 때 무덤에 잠겨 있던 시체들이 일어난다는 것이에요.

　기독교 신앙은 신비한 것입니다. 믿은 사람은 생명의 부활로, 믿지 않은 사람은 지옥의 부활로 이어진다는 것입니다. 죽음이 믿는 자들에게는 기쁨이지만 믿지 않는 사람은 무서운 얘기에요. 이것 때문에 예수는 믿어도 되고 안 믿어도 되는 선택과목이 아니라 필수과목이라는 것이에요. 만약 "왜 나를 지옥에 보내는 것이에요?"라고 따진다면 하나님은 "내가 너를 구원하기 위해서 내 아들 독생자를 보내줘서 너를 위해서 십자가에 죽게 만들었는데 그냥 너가 믿으면 순종하고 믿으면 되는데 네가 안 믿었잖아?"라고 하면 어떻게 하시겠습니까? 하나님께서 "내가 어떻게 하란 말이냐?"라고 하시면 뭐라고 대답해야 하겠느냐는 말입니다.

　예수 믿는 것처럼 급선무가 없어요. 예수님이 부활하시므로 이 모든 증거를 보여주셨습니다. 예수님이 부활하신 것은 역사적인 사실입니다. 예수님이 부활하시므로 그 하나님의 독생자가 죽고 부활하셨기 때문에 내가 믿기만 하면 나는 자격이 없지만, 은혜로 구원과 영생을 주시고, 예수님의 부활을 내가 믿으면 예수님께서 부활하신 것처럼 나도 부활한다고 사도 바울이 그리스 아테네에 가서 전했던 복음입니다. 그런데 아테네 사람들은 지적인 것을 가지고 조롱했어요. 농담으로 여겼어요. 우리들 가운데서도 그런 사람이 있을까봐 안타까운 겁니다. 온 땅이 우상으로 가득 차 있고, 세상 종교로 가득 차 있는 가운데, 사도 바울이 부활을 선포하니까, "이것 무슨 말을 하는 것이냐?

죽은 사람이 부활한다는 것이 말이 되는 것이냐?"며 조롱했어요.

어쩌면 오늘날 이 세상의 모습과도 똑같아요. 기독교 신앙의 핵심인 부활을 얘기하면 사람들이 저 말쟁이가 무슨 말을 하는가? 농담으로 여기고 조롱해요. 비웃어요. 거절해요. 미쳤다고 하는 거예요. 부활 얘기하면 미쳤다는 거예요. 가장 귀한 메시지인데 미쳤다는 거예요. 이게 뭡니까? 만약에 부활이 없다면 나도 예수 안 믿겠어요. 부활이 없다면 세상 종교 중의 하나에 불과합니다.

인생은 죄로 얼마나 악합니까? 우리가 신문을 보고, 텔레비전을 보면 세상이 이렇게 악할 수가 있을까 이해가 안 가죠. 인간의 문제는 인간 스스로 해결할 방법이 없어요. 예수님의 부활을 믿는 나에게 나도 부활이라는 것이 예수님 사역의 클라이막스예요. 예수님의 공생애 3년 동안 많은 일을 하셨는데, 그중에 클라이막스는 부활이에요. 마가복음 5장에 보면, 회장장 야이로의 12살짜리 딸 아이가 죽어서 온 동네에 통곡이 일어났어요. 회장장이면 그때 당시 지방의 유지였어요. 예수님이 찾아가서 "울지마라. 다시 살아난다"고 말씀하시니까 모두가 비웃었어요. 조롱했어요. 그런데 예수님이 "달리다굼, 소녀야 일어나라"고 하니까 죽었던 아이가 벌떡 일어났어요. 나인성 과부의 아들이 청년인데 죽었어요. 그래서 묘지로 장례 행렬에 간 거예요. 그런데 예수님이 만나서 정지시키고, 청년에게 "청년아 일어나라"고 하니까 청년이 뻘떡 일어났어요. 이것이 핵심이에요. 친구 나사로가 죽어서 썩어서 냄새가 났습니다. 예수님이 무덤을 열고 옮겨놓으라 해서 옮겨 놓고, "나사로야 일어나라"고 명령하니까 썩어서 냄새가 났었는데 벌떡 일어나서 나오는 거예요. 저는 6.25 당시 꼬마일 때 남쪽에 피난 와가지고 대전에서 선교사가 보여주는 나사로에 대한 영화를 보다가 나사로가 깡충 깡충 뛰어나오는 걸 보고 지금도 그 감격을 잊지 못해요. 우리에게 선포하는 것이 무엇입니까? 이것은 바로 요한복음 11장 41절, '네가 믿으면 하나님의 영광을 보리라'의 말씀입니다. 우리가 이 땅을 살면서 제일 어려운 믿기 어려운 것이 부활이에요. 전도를 해보면 어떤 사람들은 다른 것은 다 믿겠는데 부활을 못 믿겠다고 하는 사람이 있어요. 그런데 제일 먼저 믿어야 하는 것이 부활이에요. 제일 믿기 어려운 것이 부활이지만, 제일 중요하게 믿어야 하는 것이 부활입니다. 한낱 벌레도 나비가 돼서 날아다니는데 우리 인간이 이 땅에 살다가 죽으면 끝이다? 아니에요. 묘지에 들어가면 끝이다? 아닙니다. 확실한 증거는 예수님의 부활입니다. 성경의 모든 결론은 부활입니다. 성경을 잘 읽어보세요. 성경의 모든 결론인 부활이 없다면 예수 믿을 필요 없어요. 다른 것은 다 믿겠는데 부활을 못 믿겠다? 그러면 예수 믿는 것 아니에요. 부활을 믿는 것이 예수 믿는 거예요.

우리는 지금 최고의 문명사회에 살고 있습니다. 이 문명사회에서 창조냐 과학이냐? 과학을 주장하는 사람들은 진화론자들인데, 아니에요. 창조가 맞아요. 요즘 AI 시대라고 하는데, AI가 인간을 지배할 것이라는 얘기까지 합니다. 지금 AI도 인간이 만든 것이 아니라 하나님이 창조하신 것을 찾아내서 발전시켜 활용하는 것이며 이것이 과학입니다. 이 모든 것들의 정점이 무엇이냐? 바로 이것을 다 합해서 우리에게 주신 것이 부활입니다. 우리가 장차 누리게 될 천국은 스페이스와 스피드를 하나로 만든 것이 천국이에요. 대표로 보여주는 것이 변화산입니다.

부자 청년이 예수님께 나왔어요. 내가 모든 것을 다해서 잘 살았다고 해서 예수님도 인정했어요. 그런데, 예수님이 부자 청년에게 "너의 모든 것을 팔아 가난한 사람들에게 주고 나를 따르라"고 하니까 슬픈 기색을 띠고 그냥 가버렸어요. 복음을 믿고 믿음으로 산다고 애를 썼는데 절박함과 절실함이 없었다는 것이에요.

세리 마태는 그 당시 세무관으로 잘 살았어요. 돈을 많이 벌었어요. 그런데 예수님이 "일어나서 나를 따르라"고 하니까 자리에서 벌떡 일어났습니다. 왜? 절실함 때문이었습니다. 이것이 아니면 안 된다! 다른 해답이 없다! 부자 청년은 다 예수님에게 칭찬받을 정도로 살았지만 절실함과 절박함이 없었습니다. 세리에게는 좋은 자리에 있었지만 절실함과 절박함을 가지고 벌떡 일어나 따랐던 것입니다. 향유 옥합을 드린 여인은 예수님 앞에 3만 불에 해당하는 향유를 부어드렸어요. 예수님만이 해답이다는 확신을 가지고 확 부어드렸어요. 가룟 유다는 뭐예요? 예수님을 따라다닌 수제자급이었지만 복음에 대한 절실함과 절박함이 없었습니다.

오늘 이 시대를 복음에 대한 확신을 가지고 절실함과 절박함을 가지고 보아야 합니다. 오늘 세상은 임박한 재림의 현상으로 들끓고 있어요. 각처에 지진이 난다. 각처에 재난이 있다. 끊임없는 전쟁과 기아, 온 세상이 지금 핵무기로 가득 차 있어요. 이런 때는 과거에는 없었어요. 이런 때에 복음만이 해답입니다. 그래서 절실함과 절박함을 가지고 신앙생활에 소홀히 하면 안 되는 거예요. 어떠한 현실적인 어려움이 있어도 신앙생활에 소홀함이 있어서는 안 됩니다. 우리가 이 땅을 살아가면서 고행이냐? 쾌락이냐? 철학이냐? 복음이냐? 철학이냐? 결론은 뭐예요? 부활에 대한 절실함과 절박함을 가지고 살아야 해요. 캐나다 나이아가라 폭포 지방에 사는 사람들은 겨울이면 차에 싣고 다니는 게 두 가지가 있어요. 하나는 초를 가지고 다니고, 또 하나는 헌 타이어를 가지고 다녀요. 눈비가 갑자기 오면은 길이 막히는 거예요. 갈 수도 없고 올 수도 없어요. 그런데 그 자리에 차가 선다면 추워서 얼어 죽잖아요. 그때 차 속에서 촛불을 켜고 차의 온도를 유지하는 거예요. 타이는 왜 가지고 다니느냐? 조난을 당했을 때 타이에다가 불을 붙이면 연기가 올라가서 헬리콥터가 올 수 있도록 하기 위함이라 해요. 우리들도 이 땅을 살아가면서 그런 마음으로 초와 타이어를 가지고 준비된 자로 살아야 돼요. 절실한 마음으로 성냥에 불을 붙여야 돼요. 그냥 교회만 다니지 말고 성령 충만한 사람, 예수로 충만한 사람이 되겠다는 마음으로 기도에 불을 붙여야 돼요. 기도의 연기를 하나님 앞에 올려드려서 내가 살고 세상을 살려야 돼요.

> 이러므로 우리에게 구름 같이 둘러싼 허다한 증인들이 있으니 모든 무거운 것과 얽매이기 쉬운 죄를 벗어 버리고 인내로써 우리 앞에 당한 경주를 하며 믿음의 주요 또 온전하게 하시는 이인 예수를 바라보자(히12:1~2)

허다한 증인들이 뭡니까? 히브리서 11장에 나오는 그 위대한 믿음의 사람들이에요. 그 믿음에서 승리한 사람들이 지금 천국에서 우리를 향해서 박수치고 있어요. 절실함과 절박함을 가지고 "신앙생활 똑바로 해라! 흔들리지 마라!"면서 우리를 위해서 박수를 치고 있어요. 절실함을 가지고 믿음의 주요 온전케 하시는 예수님을 바라보라고 할 때 영어의 fix라는 단어를 쓰고 있어요. 고정시키라는 말이에요. '예수 그리스도에게 초점을 맞춰라! 예수님의 십자가 부활에 초점을 맞춰라! 초점이 틀렸다면 다시 회복해라! 카메라의 렌즈를 다시 맞추는 것처럼 예수님의 십자가 부활에 초점을 맞춰라!' 내 신앙이 좀 기울어져 있습니까? 내 신앙생활에 어려움이 있습니까? 믿음의 주요, 온전케 하시는 예수 그리스도에게 초점을 맞춰야 합니다. 고행이냐? 쾌락이냐? 철학이냐? 복음이냐? 우리의 중심은 부활입니다. 복음의 중심은 부활입니다. 초점을 다시 맞춰야 합니다. 우리 선배 신앙인들이 우리를 보면서 박수 치고 격려하며 응원하고 있습니다. 이 세대를 바라보면서 절실함과 절박함을 가지고 예수 그리스도에 초점을 맞춰야 합니다.

03 사슴 피로 목욕하는 푸틴!
예수님 피로 영생하는 복음!

　최근 한국의 헌법재판관이었고 대통령에 의해 국가인권위원장에 임명된 안창호 위원장이 청문회에서 발언한 선포에 제가 신문 기사를 보고 깜짝 놀랐습니다. 그의 소신과 용기에 제가 아주 감탄해 버렸습니다. 대한민국의 고위 공직자로서 이런 사람이 있는가? 대한민국에 소망이 있다는 확신을 갖게 되었어요. 그가 '자기는 창조론을 지지한다. 동성애는 안 된다'라고 선포했어요.
　요즘 같은 혼란과 분위기 속에서 하기 어려운 말을 했습니다. 참 위대하다. 한국에 이런 분이 계시다는 것에 감동을 받았습니다. 참 위대합니다. 진화론은 과학적인 증거가 없다고 말했어요. 차별금지법 반대한다. "차별금지법은 남자와 여자 차별 없이 동성연애를 지지하는 것인데, 동성연애는 결국 공산당 혁명으로 이용될 가능성이 있어 안 되며, 차별금지법은 공산으로 가는 것을 길이다"라고 말했어요. 저는 그 기사를 읽고 혼자 박수를 쳤어요. 그는 기독교인입니다. 그런데 그런 공적 자리에서 그 험악한 분위기에서 그렇게 선포하는 것이 쉬운 일이 아닙니다.
　성경은 우리에게 분명하게 하나님이 우주 만물을 창조하신 것을 선포하고 있습니다. 우리가 인생을 살아가면서 가장 중요한 것은 창조의 신앙에 스스로 계신 하나님이 전지전능한 능력으로 우주 만물을 창조하셨다는 것을 확실히 알아야 합니다.

창조의 신앙이란 무(無)에서 유(有)를 창조하신 것입니다. 과학은 엄청나게 발전해서 우리가 그 과학 속에 살고 있지만 과학은 창조가 아닙니다. 하나님이 창조해 놓으신 모든 원리 원칙과, 법칙, 질서, 재료 이런 것을 찾아내서 하나로 활용해서 쓰는 것이 과학이지 과학은 창조가 아니라는 사실을 우리는 확실하게 알아야 합니다. 창조 신앙에 뿌리를 박고 모든 기준을 창조신앙에 두어야 됩니다. 창조 신앙이 흔들리면 우리 인생의 삶의 기준이 흔들리고 축복을 받지 못해요. 우리가 그걸 확신하고 창조 신앙에 굳건히 서서 우리의 삶의 목표와 기준을 거기에다가 둬야 됩니다.

하나님께서 모든 만물을 지으셨는데, 얼마나 아름다워요? 가을이 되니까 형형색색 꽃들과 단풍과 황홀한 열매들을 맺는 것이 참으로 신비하지 않습니까? 하나님께서 모든 것을 지으시고 우리 인간은 영혼을 사모하는 마음을 주셨습니다. 그래서 우리가 예배 드리는 거죠. 그런데 이것이 앞으로 어떻게 될지 몰라요. 하나님이 하시는 일에 시작과 끝을 우리는 알 수가 없어요. 그냥 믿음으로 감사하며 나아가면 되는 거예요. 그러므로, 창조의 신앙, 구원의 신앙, 재림과 부활의 신앙, 천국과 영생의 신앙, 이것을 우리가 확실하게 가지면 다 형통하는 것이고 바로 삶의 방법이에요. 이런 신앙이 우리 인생의 삶의 방향과 목표를 분명하게 정해주는 것입니다.

인간 중심의 인본주의인가? 하나님 중심의 신본주의인가? 인간이 발달해서 모든 것을 할 수 있다고 해서 인간 중심으로 살아가느냐? 아니면 하나님이 모든 것을 창조하시고 통치하시고 지배하신다는 하나님 중심의 신본주의로 살아가느냐?를 잘 생각해야 합니다. 인본주의로 적당히 살아가면 안 됩니다. 어떤 상황에서도 신본주의 신앙 중심으로 살면 나중에 그 사람이 축복자입니다.

육체를 위하여 세상의 물질, 출세, 돈, 권세, 명예, 거기에 따라서 그것만을 위해서 살면 다 썩어 없어져 버립니다. 그러나 성령을 위하여 심는 자는 성령으로부터 영생을 거두게 됩니다.

며칠 전에 신문을 보고 너무 놀랐습니다. 러시아의 독재자 푸틴이 목욕하는데 목욕탕에 사슴 피를 가득 채워 넣고 그 속에서 목욕을 하는 것이었습니다. 자기의 부하들에게 영생하는 방법을 연구해서 찾아내라고 특명을 내렸어요. 부하들이 당황한 거예요. 영생을 찾는 방법을 찾아내라고 얼마나 무섭습니까? 그래서 영생하겠다고 사슴의 피로 목욕을 한 것입니다.

우리 예수님께서는 우리에게 영생을 주시기 위해서 피를 흘리셨잖아요. 사슴의 피냐? 예수님의 피냐? 어느 쪽입니까? 우리에게 영생을 주는 것을 깊이 묵상해야 합니다. 사슴의 피냐? 예수님의 피냐? 이것은 말도 안 되는 얘기 아닙니까?

우리는 워싱턴에 살고 있습니다. 워싱턴에 살면서 백악관을 여러 번 지나 다녔어요. 그런데 백악관 안에 들어가 본 적은 없어요. 대통령을 직접 만나본 적도 없어요. 그렇지만 TV나 신문을 통해서 대통령을 많이 보죠. 우리는 영국의 궁전을 압니다. 또 그 안에 엘리자베스 여왕이 있고 그 안에 찰스왕이 있다는 것을 신문이나 TV를 통해서 압니다.

그러나 직접 들어가 보거나 만나 본 적은 없습니다.

우리는 그 대통령이나 왕을 만난 사람들의 기록이나 기사 등을 통해서, 사진이나 TV를 통해서 우리가 알고 확신하는 것입니다. 마찬가지로 성경은 천국에 가본 자들과 하나님을 만난 자들이 기록한 책임을 알아야 합니다. 하나님은 죽은 자의 하나님이 아니요, 산 자의 하나님이십니다. 우리 선배들도 우리 형제들도 죽었어요. 육체는 묘지로 들어갔어요. 화장되거나 매장돼요. 그러나 그 영혼은 낙원에 들어가 있어요. 예수 안 믿은 사람은 음부에도 빠졌고 근본적으로 그 영혼은 살아있다는 말입니다. 그래서 항상 우리는 죽었지만 영으로 살아있는 것입니다.

인간은 하나님의 신을 가진 영생하는 존재입니다. 그래서 성경의 끝은 요한계시록이에요. 요한계시록은 우리에게 놀라운 장면을 보여주고 있어요. 우리는 가보지는 않았지만 백악관이 있고, 영국의 황실이 있고 그 안에 왕이 있고 대통령이 있는 것처럼 우리는 직접 가보진 않았지만 아는 것은 뭡니까? 기자들이 사진 찍어오고, 만나본 것을 통해서 우리가 아는 것처럼 요한계시록은 요한이 직접 영으로 불림을 받아 하늘나라에서 그 영광을 본 것을 우리에게 전해주는 거예요. 그것을 통해서 우리는 확신하는 거예요. 우리가 죽는 것은 순간 형태가 바뀌는 것뿐이지 죽으면 즉시 하나님 나라로 들어가는 것을 우리에게 알려주는 겁니다. 하나님은 어디 계시며 지금 무엇을 하고 계시냐?

요한계시록 4장에 보면, 요한이 바라보니까 하나님이 영광의 보좌에 앉아 계세요. 영광의 보좌는 홍보석의 영광의 보좌, 녹보석의 영광의 보좌, 그리고 무지개에 둘러싸여 있습니다. 현재 하나님은 하나님 나라에서 벽보석의 영광이라는 거룩과 경건함을 말하며, 홍보석은 공의와 심판을 말하고 그 하나님이 우주 만물을 통치하시면서 통치하시고, 공의를 심판하시며, 녹보석은 생명의 본체가 되신다는 말입니다.

요한계시록 5장에 보니까 일찍 죽임을 당한 어린 양이 서 계시는데, 그 어린 양 대신 예수 그리스도가 심판주로 계시고, 예수 그리스도 앞에 엎드려 경배하고, 금대접에 찬양을 드려요. 우리들이 찬양하는 그 찬양이 하나님 나라에 지금 상달됐어요. 우리가 드린 찬양이 그냥 세상 노래한 것이 아닙니다. 우리가 신앙으로 찬양한 그 찬양을 예수님이 받으십니다. 새 노래로 찬양하고 사람들을 피로 사서 여호와께 드리시고, 우리를 제사장으로 삼으셨습니다. 우리를 왕 같은 제사장으로 삼으시고, 각 족속과 방언과 백성들 가운데서 사람들을 피로 사서 왕 같은 제사장과 거룩한 나라로 삼아 주신 것입니다. 우리를 하나님의 백성으로 삼아 주셔서 그 감격으로 '죽임 당하신 어린 양께 능력과 권능과 지혜와 존귀와 영광과 찬송을 받으시기를 합당하도다'라고 찬양하는 것입니다.

제가 지휘자 생활할 때 헨델 메시아의 마지막 곡이 이것입니다. '죽임당하신 어린 양 그 피로 내 죄 씻어 주셨네. 찬양과 존귀, 영광, 지혜 주께 돌리세 보좌 위에 앉으신 어린 양. 찬양, 존귀, 영광, 지혜, 권능 주께 돌리세'

이것이 예수님이 현재 받으시는 영광입니다.

요한계시록 6장에 보면, 다섯째 인을 떼실 때에 순교당한 사람 있잖아요. 주기철 목사님 같이 순교 당한 사람들이 "하나님 앞에 우리가 억울하게 예수님 믿다가 죽었는데 우리의 억울함을 언제 풀어주시겠습니까?"라고 신원하는 거예요. 그랬더니, 하나님께서 "조금만 기다려라. 너 같은 너희와 같은 순교자가 더 나올 때까지 기다려라"라고 합니다. 그래서 지금 기다리시는 거예요.

그리고 요한계시록 7장에 보니까 흰옷을 입은 사람들이 찬양을 하는 것이에요. '구원하심이 보좌에 앉으신 우리 하나님과 어린 양께 있도다' 저 사람들이 누구입니까? 세상에서 살 때에 예수 믿는 것 때문에 큰 환란을 당한 사람들이며, 종려나무를 들고 주님을 찬양하고 영광을 돌리던 사람들이에요.

또한, 8장에 보니까 우리가 기도한 것이 금대접에 담겨서 하나님 보좌 앞에 상달되는 것을 보고 하나님이 기도를 응답하시는 것을 봅니다. 우리들의 기도가 응답이 안 된다고 좌절하거나 멈추지 마십시오. 하나님이 응답 주시고, 금대접에 담겨 하나님 보좌에 상달되는 그것을 우리가 이 말씀을 통해서 알 수 있습니다.

러시아의 푸틴 대통령이 사슴의 피로 영생하겠다고 목욕을 하고 있습니다. 측근인 물리학자 미하일 코발추크가 영생의 삶에 집착하는 푸틴에게 비법을 개발하자는 아이디어를 보고한 데 따른 것으로 전해졌습니다. 푸틴은 시베리아 사슴 녹용에서 추출한 사슴 피로 목욕을 하기 위해 알타이 지방에 자주 방문했다고 합니다. 그러나, 영생하는 방법은 사슴의 피에 있지 않고 사슴의 피를 통한 것이 아니라 예수님의 피를 통해서 영생합니다. 영생은 결코 세상적인 방법으로 되는 것이 아닙니다. 우리에게 영생을 주시기 위해서 하나님이 예수님을 보내 주셨습니다.

　중국 진시황제가 영원히 죽지 않겠다고 불로초를 찾으러 다녔었습니다. 그런데, 진시황제가 찾았던 불로초는 십자가입니다. 하나님께서 우리 신앙인들에게 영원한 영생을 주시는 십자가인 것입니다. 우리를 위해서 하늘에 한 성을 예비하셨다. 이것이 핵심입니다. 우리는 장차 그곳에 들어가 주님과 함께, 부활한 성도들과 함께 영원한 영생을 누리게 될 것입니다. 이것을 믿는 것이 믿음인 것입니다. 천국에 가본 사람들이 쓴 성경을 통해서 하나의 나라가 있고, 영원한 천국의 영광이 준비되어 있다는 것을 알고, 장차 우리가 거기로 들어와서 거기서 기쁘고 즐거운 그곳에서 찬양과 영광을 돌릴 때가 온다는 사실입니다. 분명한 것은 신앙을 버리거나 떠나거나 거절하는 사람은 음부의 지옥에 빠져 영원한 고통을 받게 돼요. 나는 어느 쪽인가? 짐승의 피인가? 예수님의 피인가? 영생은 예수님을 믿는 자에게 주시는 하나님의 선물인 것을 알아야 돼요. 그것만이 유일한 방법입니다. '내가 곧 길이요. 진리요 생명이 나를 믿는 자는 죽어도 살겠고 살아서 믿는 자는 영원히 죽지 않는 것'을 믿어야 하는 것입니다. 복음을 믿고 삶을 바꿔야 합니다.

　우리가 첫 열매를 보면 그 다음엔 무슨 열매가 되는지 알잖아요. 사망이 사람으로 말미암아 들어왔으니 죽은 자의 부활도 사람으로 말미암아 옵니다. 우리는 다 부활해서 영원한 영생에 들어갑니다. 우리 신앙은 부활에 있습니다. 만약에 부활에 없다면 나도 안 믿겠어요. 아담 안에서 모든 사람이 죽은 것같이 그리스도 안에서 모든 사람이 삶을 얻으리라. 그 몸은 신령한 몸이요, 썩지 않는 몸이요, 다시는 죽지 않는 영광스러운 몸으로 우리는 다시 살아난다는 것입니다.

내 가족이 예수 안 믿어요. 내 자녀들이 예수 안 믿어요. 내 남편이 예수 안 믿어요. 내 부인이 예수를 안 믿어요. 그냥 두지 마세요. 울며 매달리며 통곡하면서라도 구원받게 만들어야 합니다. 하나님이 당부했어요.

다니엘아 마지막 때까지 이 말을 간수하고 이 글을 봉함하라 많은 사람이 빨리 왕래하며 지식이 더하리라(단12:4)

많은 사람들이 빨리 왕래하며 지식이 더하는 때가 언제인가? 바로 지금이에요. 역사상 지금처럼 많은 사람들이 빨리 왕래하고 지식이 더해지는 때가 없었어요. 주님이 재심할 때가 아주 아주 가까웠다고 말입니다.

영생을 찾는 것은 인간의 본능입니다. 그리고 분명하고 확실한 것은 인간은 영생하는 존재라는 사실입니다. 그러나 영생은 사슴의 피를 통해서 이루어지는 것이 아닙니다. 세상적인 권력이나 부귀영화로 이루어지는 것이 아닙니다. 유일한 길은? 예수님의 피를 통해서 우리에게 영생이 주어지는 것입니다. 찬송가 가사처럼 '나의 죄를 씻기는 예수의 피밖에 없고, 나를 정케하기도 예수의 피밖에 없네. 귀하고 귀하다. 예수의 피 밖에 없네' 우리는 뜨거운 가슴으로 매일 외쳐야 합니다. '사슴의 피로는 안 된다!! 예수의 피밖에 없다!!'

04 하나님 나라, 지상세계, 낙원세계, 부활세계, 영원세계

하나님께서 능력으로 우주 만물을 창조하시고, '보시기에 좋았더라'며 기뻐하셨어요. 그런데 스스로 좋았더라고 하는 것보다 제3자의 인격을 가진 존재로부터 '하나님 잘하셨습니다! 영광 돌립니다!'라는 영광을 받으시기 위해 인간을 창조하셨습니다. 그래서 인간에게 자유 의지를 주셨어요. 그런데, 인간의 자유 의지로 죄를 범하여 인간에게 저주, 죄, 죽음과 같은 것들이 왔는데, 이것이 오늘 우리 삶의 현장입니다. 이에 대한 해답은 오직 여자의 후손으로 오신 예수 그리스도이십니다.

아브라함과 다윗의 자손 예수 그리스도의 계보라(마1:1)

마태복음에 현재 세계가 멀쩡하게 있고, 왕도 다 있고, 역사가 진행되어 왔는데 새롭게 아브라함과 다윗의 자손 예수 그리스도의 세계라고 합니다. 그렇다면 이 세계는 무슨 세계입니까? 이것은 진리에 속한 자들은 내 말을 알아듣는다는 말씀과 연결이 되는 것입니다. 예수 그리스도 안에서, 예수 그리스도를 통해서, 예수 그리스도에 의해서 이루어지는 새로운 나라! 하나님의 나라! 그것이 아브라함과 다윗의 자손인 예수 그리스도의 세계라는 것입니다.

성경의 주제는 하나님의 나라입니다. 그런데 하나님 나라가 어떻게 해서 어떤 과정을 통해서 이루어지느냐? 그것이 중요합니다. 우리가 지금 살고 있는 이 세상은 세상나라입니다. 그런데 이 세상은 마귀가 지배하는 곳입니다. 그런데 왜 마귀가 지배하도록 허락하십니까? 그것은 하나님께서 허용하신 제한적인 기간에 복음을 주시고, 내 자유 의지로 받아들여야 됩니다. 하나님께서 믿도록 길을 열어 주시지만 궁극적으로 받아들이는 것은 내 책임인 것입니다. 우리가 하나님의 나라를 받아들여서 죄악과 저주와 눈물과 죽음으로 가득 찬 이 세상에서 마귀가 지배하는 이 세상에 속하지 않고 하나님 나라의 백성으로 살아가는 것입니다. 이것이 지상세계의 모습입니다.

이 세상을 지배하는 마귀는 무엇입니까? 도둑질하는 자입니다. 세상에 악한 것이 그냥 악한 것이 아니라 마귀 때문에 그렇습니다. 도적이 온 것은 도둑질하고, 죽이고, 파멸시키기 위함입니다. 그런데 예수님이 오신 것은 생명을 주고, 더 풍성하게 하려 하심입니다. 내가 마귀가 좋아하는 쪽으로 따라갈 것이냐? 아니면 예수님을 따라서 생명의 풍성함 가운데 하나님 나라의 백성으로 살 것이냐? 어느 쪽에 속한 자로 살 것이냐는 것입니다.

나는 어떤 상태입니까? 그냥 교회만 다니는 직분자냐? 아니면 참으로 내 자신이 위치가 바뀌고, 신분이 바뀌고, 그래서 마귀가 지배하는 이 세상에 살지만 하나님의 나라에 속한 자로 살고 있느냐? 우리는 항상 나 자신을 점검해야 합니다.

우리가 영생이 있음을 확인하려면 예수 그리스도 안에서 내 위치가 죄인의 자리에서 의인의 자리로, 마귀의 자리에서 하나님의 자리로 바뀌고, 그래서 내가 영원한 영생을 소유한 자로 살고 있느냐? 나는 어떠한지를 점검해야만 합니다. 우리는 물질과 돈과 명예 때문에 더럽고 치사한 부정과 부패로 가득 찬 이 세상 속에서 단호하게 버리고 그리스도 예수 안에서 하나님 나라에 속한 백성으로 살아가는 것이 우리 삶의 모습이 되어야만 합니다. 하나님의 나라는 먹는 것과 마시는 것이 아니요, 오직 성령 안에 있는 의와 평강과 희락이라고 했어요. 세상에서 돈과 물질과 쾌락에 매이지 않고 하나님이 주신 은혜와 평안이 충만한 삶이 진정으로 축복된 삶인 것입니다.

 내가 수많은 사람들에게 전도를 해보지만 이를 악물고 안 믿겠다면서 제발 믿으라는 말을 하지 말라는 사람들이 있어요. 그런데 죽는 순간에 "목사님! 나 천국 가고 싶어요! 어떡하면 좋아요?"라고 부르는 사람도 있어요. 내가 "예수님 믿고 가면 천국 갑니다. '예수님 믿습니다'라고 고백하세요!"라고 하니까 "할렐루야! 할렐루야!"하고 그날 밤에 돌아가신 분도 있어요. 참 드라마틱합니다. 끝까지 안 믿는 사람이 있고, 마지막 순간에 강도처럼 예수님을 믿고 가는 사람이 있어요. 우리가 지금 지상에서 육체로 사는 동안 예수님의 십자가 부활을 믿고, 십자가를 통해서 죄 사함 받고, 부활을 통해서 나도 부활한다는 확신을 가지고 영원한 천국 낙원으로 들어가는 것입니다.

 이 땅의 세계 이후에 펼쳐질 죽음의 세계에 대해 준비하셨습니까? 나는 아직 젊어서 모릅니다. 나는 아직 나이가 있어 몰라요? 아닙니다. 태어날 때는 순서가 있지만 갈 때는 순서가 없습니다. 우리는 지금 죽어도 낙원에 들어간다는 확신과 준비된 자로 살아야 합니다. 한 번 죽는 것은 정한 것이며 그 후에는 심판이 있습니다. 우리 육체가 죽으면 하나님이 지으신 영원한 집이 있습니다.

> 장로 중 하나가 응답하여 나에게 이르되 이 흰옷 입은 자들이 누구며 또 어디서 왔느냐 내가 말하기를 내 주여 당신이 아시나이다 하니 그가 나에게 이르되 이는 큰 환난에서 나오는 자들인데 어린 양의 피에 그 옷을 씻어 희게 하였느니라(계7:13~14)

사도 요한이 밧모섬에서 하나님의 영광을 보면서 계시록을 기록했을 때에 7장에 흰옷을 입은 사람들이 하나님을 찬양하며 하나님께 영광을 돌리는 모습이 보입니다. 사도 요한이 "저 사람들이 누구입니까?"라고 물으니까 "세상에 있을 때 큰 환란 가운데 그것을 이기고 나온 사람들인데 하나님의 어린 양에 옷을 씻어 희게 한 사람들이다"라고 말합니다. 하나님을 찬양하던 피로 희게 한 그 사람들이 영혼입니까? 육체입니까? 영혼입니다. 이 땅에서 순교한 사람들이 하나님 앞에 가서 "나의 억울함을 언제 풀어주시겠습니까?"라고 물으니 "아직 지상에서 믿음을 지켜 승리한 사람들이 더 나올 때까지 기다리라"고 하십니다. 그러므로 우리가 지상 세계에서 예수를 믿고 구원받은 자로 하나님 나라를 누린 후 이 땅에서 삶이 끝나면 낙원으로 가고, 믿지 않는 사람은 음부로 갑니다. 이것은 너무나 분명한 것입니다.

'예수천당 불신지옥', 이 말이 굉장히 거북하고 어려운 말입니다. 이 말을 교인들이 듣기 싫어합니다. 그러니까 목사들이 이 지옥 얘기를 잘 안 하는 것입니다. 그런데 성경은 전부 다 지옥에 대한 이야기입니다. 하나님이 세상을 이처럼 사랑하사 독생자를 주셨으니 이런 저를 믿는 자마다 멸망치 않는다는 말씀 중 멸망은 지옥을 말하는 것이고, 영생을 얻게 한다는 말은 천국을 말하는 것입니다. 교회와 목사들이 '예수천당 불신지옥!' 얘기를 하지 않으면 다 가짜입니다. 하나님께서 인간을 창조하시고, 기뻐하시고, 축복하셨는데, 마귀에 꾀임을 당해서 범죄함으로 하나님과의 관계가 끊어졌습니다. 그래서 죄가 들어오고, 저주가 들어왔습니다. 악이 들어오고, 죽음이 들어왔습니다.

이 문제를 해결하는 것이 어린 양 예수 그리스도이십니다. 예수님이 피 흘려 죽으셨고, 그것을 믿음으로 우리가 악에 속한 세상에 살지만 지상에서 하나님 나라를 누리며 사는 것이다. 예수님이 십자가에서 죽었다는 것으로 끝이 났으면 우리가 믿을 필요가 없어요. 그러나 부활하셨기 때문에 예수님을 믿는 거예요. 예수님이 부활하신 것은 역사적인 사실입니다. 그 신성과 인성을 함께 가지신 예수 그리스도가 나의 죄 때문에 죽어주셨다는 것을 믿기만 하면 구원받는다는 은혜의 복음이 증거된 거예요. 그래서 예수님 부활하신 것처럼 나도 부활하는 것입니다.

주님의 부활과 재림에 관한 말씀이 요한계시록 19장에 기록되어 있습니다. 주님이 백마를 타고 영광중에 재림하신다 그 재림하실 때 낙원에 가 있던 영혼을 데려오십니다.

또한 고린도전서 15장에 보면 예수님이 완성하시고, 천년왕국을 이루시고, 그다음 천년왕국 끝에 불신자들이 부활합니다. 그래서 불신자들은 행위대로 갚아주십니다. 모든 것을 다 이루고 예수님이 왕 노릇하시고, 나라를 아버지께로 바칠 때가 온다. 이것이 무엇입니까?? 이 땅에서 구원의 역사를 완성하고, 이 땅에서 예수를 믿어서 구원받은 사람으로 영광을 누리다가 그다음에 죽으면 영혼으로 낙원에 가서 낙원에 말할 수 없는 영광을 누리다가 주님이 재림하실 때 낙원에 가 있는 영혼을 데리고 오셔서 썩은 것 같았던 몸이 다시 회복되어 육체와 영원히 재결합된다. 그리고 부활체로 주님이 왕이 되시고, 내가 왕 노릇하는 것입니다. 이것이 비밀입니다.

요한계시록에서 "내가 너에게 비밀을 말한다"라고 할 때 이 비밀이 바로 이 얘기입니다. 예수는 믿어도 되고 안 믿어도 되는 것이 아니에요. 선택과목이 아닙니다. 필수과목입니다. 안 믿으면 지옥이에요. 어떤 사람은 요한계시록을 안 믿어요. 어떤 사람은 "재림한다는 말이 어디 있습니까?"라고 말해요. 이런 것들은 목사들의 책임이에요. 목사가 재림에 대해 제대로 가르치지 않은 것입니다.

재림한다는 말이 어디 있냐? 요한계시록은 문학작품 중에 하나래요. 문학작품 중에 하나라는 것이 말이 됩니까? 우리 인간들에게 보여준 찬란한 영광의 나라를 보여주는 것이 계시록인데, 문학작품이라고 가리키는 목사도 있다니까요. 우리는 바른 신앙을 가지고 끝까지 바르게 신앙을 지켜야 합니다.

요한계시록 21장에 보면 하늘에서 새 예루살렘과 영광이 내려옵니다. 성부 하나님께서 우리와 함께 하셔서 다시는 눈물이 없고, 다시는 고통이 없고, 다시는 이별이 없고, 다시는 굶주림과 배고픔이 없는 영광의 나라, 그 나라가 우리에게 준비되어 있다고 증거합니다. 거기에서 우리 성도들은 황금길을 걷고, 생명수를 먹고 마시면서 영원한 영광을 누리게 될 것입니다. 이는 인간의 시간대인 코이노스가 영원한 시간대인 카이노스로 바뀌어 영원 무궁히 영광을 누리는 그것이 나에게 준비되어 있습니다. 예수님이 "너희는 마음에 근심하지 말아라 하나님을 믿으니 또 나를 믿어라 내 아버지 집에는 거할 곳이 많도다 그렇지 않으면 너희에게 일렀으리라(요14:1~2)"고 말씀하셨습니다.

저는 공대 출신입니다. 그래서 원리 원칙과 이론이 철저해야 합니다. 저는 음악을 전공한 사람은 아니지만 음악가로서 카네기홀, 케네디 센터, NBC 등에서 헨델 메시아 등의 음악을 오래 했습니다. 그런데, 음악에서 중요한 것이 무엇입니까? 그것은 음정, 박자, 화음, 표현입니다. 그러면 신학에서는 중요한 것이 뭡니까? 예수님이 메시아다. 메시아가 오실 것이다. 오셨다. 다시 오실 것이다. 이것이 신학의 핵심입니다.

십자가의 복음 외에는 다른 길이 없어요. 복음이 아니면 천국에 들어갈 방법이 없어요. 우리가 믿는 십자가의 복음은 확실하다! 분명하다! 유일하다! 완전하다! 다른 종교는 다 가짜이며, 마귀의 작품이에요. 인간의 문제를 해결할 방법은 오직 예수님밖에 없어요. 복음밖에 없어요. 예수 그리스도 십자가의 복음 외에는 해답이 없어요.

오늘날 일어나는 현상을 볼 때에 주님의 재림이 아주 아주 임박했습니다. 우리는 주님의 재림에 철저히 대비해서 맞을 준비하고 살아야 합니다. 지상에서 복음 안에서 지상천국을 누리며 살다가 이 땅을 떠나가면 낙원에 들어가서 낙원 세계의 천국을 누리고, 주님이 재림하실 때 육체와 영혼이 재결합해서 부활체로 부활의 영광을 누리며 살고 영원한 아버지 집에서 영원한 영생의 세계를 살아가는 것이 우리의 삶입니다. 그러므로, 여러분의 삶에 고난이 있고 어려움이 조금 있어도 끝까지 믿음을 포기하면 안 됩니다. 신앙생활을 소홀히 생각하면 안 됩니다. 모든 삶의 우선순위를 분명히 해야 합니다.

저는 6.25가 났을 때 북한에 속한 강원도 철원에 살았습니다. 만약에 전쟁이 일어나지 않았다면 북한에 살았을 거예요. 김일성 배치를 달고 있었어요. 어릴 적부터 노래를 좋아해 가지고 '우리는 강철 같은 조선~의 인민군 평화와 안전 통일 김일성 장군~♪' 이런 노래를 부르면서 자랐어요. 6.25가 남침이라는 것을 직접 눈으로 봤어요. 그런데 어떤 목사가 와서 자기는 북침으로 배웠데요. 지금 북한은 세계에서 최고로 가난한 거지 나라가 되었고, 남한은 세계 10대 강국이 되었습니다. 무슨 차이입니까? 그것은 복음의 차이입니다. 복음이 있으면 생명이 있고, 복음에 있으면 능력이 있고, 복음이 있으면 축복이 있고, 복음 아래에서 영생이 있습니다.

우리는 항상 네 개의 나라를 기억해야 합니다. 이 땅 지상 세계에 살면서 예수를 믿다가 우리가 죽으면 낙원 세계에 가서 영광을 누리고, 주님이 재림하실 때 낙원에 있던 영혼을 데려와서 땅속에 가 있던 몸을 다시 회복시켜 재결합시켜서 부활체로 영원한 영광을 누리고, 이 모든 것을 다 완성하고, 예수님이 나라를 성부 하나님 앞에 바치시고 성부 하나님께서 인간의 시간대에서 하나님의 시간대로 바꿔서 영원히 영광을 누리게 됩니다.

"보았다!" "알았다!" "잡았다!" "드린다!"
천국이 있다는 것을 "알았다!"
예수님을 통해서만 갈 수 있는 것을 "알았다!"
나는 예수님만을 "붙잡는다!"
예수님께 나의 삶을 "드린다!"

05 천국은 진짜 있는가, 어떤 나라인가, 보여 달라!

우리가 믿는 기독교 신앙은 하나님의 말씀인 성경에 굳건히 기초를 두고 있습니다. 성경은 역사책입니다. 이는 성경이 우화나 신화, 혹은 사람이 만들어낸 이야기가 아니라는 뜻입니다. 성경은 실제 역사 속에서 일어난 사건을 기록한 책입니다. 그런데 그 역사 속에는 하나님이라는 인격이 분명히 드러나 있습니다. 하나님께서는 역사를 지배하시고, 통치하시고, 이끌어가신다는 사실이 분명하게 나타나 있습니다. 그래서 성경은 하나님의 역사라고 할 수 있습니다. 또한, 하나님께서는 전능하신 능력으로 바다를 가르시고, 산을 움직이시며, 하늘과 땅을 움직이시며, 엄청난 사건들을 통해 역사를 이루어 가시는 모습을 우리가 볼 수 있습니다.

그런데 성경에 기록된 역사는 단순히 우연히 이루어진 것이 아니라, 이미 예언된 사건들입니다. 미리 이러한 일이 일어날 것이라고 예언되었고, 그 예언은 그대로 역사 속에서 성취되었습니다. 또한, 지금도 성취되고 있으며, 앞으로도 성취될 것입니다.

그 모든 역사의 흐름 속에서 우리에게 주는 가장 중요한 메시지는 바로 복음입니다. 복음은 인간을 죄와 사망에서 구원하시기 위한 하나님의 구원 계획입니다. 그러나 이 복음은 모든 사람이 믿고 받아들이는 것은 아닙니다. 결과적으로 보면, 구원받는 사람은 택함을 받은 사람들뿐이라고 생각됩니다. 그래서 구원받은 이들에게는 영원한 천국, 곧 하나님의 나라에서의 영생이 약속되어 있습니다. 그것을 확인하면서, 우리는 다시 한번 성경이 역사라는 사실을 강조할 수 있습니다.

또한, 성경은 과학이라는 것입니다. '성경이 과학이다'라는 표현이 어색하게 느껴질 수도 있습니다. 그러나 예를 들어 과거의 사람들이 지금 우리가 비행기를 타고 하늘을 날아다니거나 미사일이 발사되는 모습을 본다면, 그것이 마치 꿈같이 느껴질 것입니다. 그렇다면 이러한 발전이 어떻게 가능했을까요? 이는 과학의 발달을 통해 이루어졌습니다. 하지만 과학이 무(無)에서 유(有)를 창조한 것이 아닙니다. 하나님께서 창조하신 그 창조 속에서 원리와 법칙, 그리고 필요한 재료들이 이미 존재하고 있었습니다. 인간은 그것을 발견하고 활용하며 발전시켜 왔습니다. 그렇게 해서 오늘날의 문명과 과학이 이루어진 것입니다.

며칠 전, 저는 워싱턴에 있는 '마이크로숍'이라는 컴퓨터 전문 매장을 방문했습니다. 그곳에 가 보니, 마치 전혀 다른 세계에 온 것 같았습니다. 다양한 컴퓨터 도구들과 가전제품을 보면서 '이런 세계가 존재하다니'라는 생각이 들었습니다. 불과 10년, 20년 전만 해도 상상조차 할 수 없었지만, 완전히 새로운 세계가 펼쳐져 있었습니다.

마찬가지로, 100년 전 한국의 모습을 담은 사진과 현재의 한국을 비교해 보면, '어떻게 이렇게까지 달라질 수 있을까?'라는 생각이 들 정도로 완전히 다른 세계가 되었습니다. 그리고 지금 우리가 살아가는 이 세계를 보면서, 앞으로 20년, 30년 후에는 과연 어떤 세상이 펼쳐질지 상상해 보지만, 쉽게 그려지지 않을 정도로 빠르게 변화하고 있습니다. 결과적으로 보면, 과학의 발전이 이루어지는 본질적인 이유는 시간과 공간을 하나로 연결하는 데 있다고 할 수 있습니다.

옛날에는 한국에서 미국까지 가려면 배를 타고 몇 주, 길게는 한두 달씩 걸려야 했습니다. 하지만 지금은 비행기를 타면 단 하루 만에 도착할 수 있습니다. 세상이 이렇게나 빠르게 변했습니다. 예전에는 전화 한 통을 거는 것도 쉽지 않았지만, 이제는 휴대 전화를 꺼내어 버튼 하나만 누르면 몇 초 만에 연결됩니다. 심지어 화상 통화를 하면 한국과 미국에 있는 사람들이 얼굴을 마주 보고 실시간으로 대화할 수도 있습니다. 이렇게 세상이 놀랍도록 달라지고 빨라졌습니다.

그렇다면 결국 이 모든 변화가 의미하는 것은 무엇일까요? 과학의 발전은 시간과 공간, 즉 속도(Speed)와 공간(Space)을 하나로 연결하는 과정이라 할 수 있습니다. 그리고 궁극적으로 과학은 천국의 실상을 보여주는 것입니다. 그렇다면 천국은 실제로 존재하는 곳이며, 천국이 어떤 곳인지 보여 달라고 말할 수도 있습니다. 이에 대한 한 가지 중요한 사건이 성경에 기록되어 있습니다.

그리고 예수님께서는 부활하셨습니다. 부활하신 후, 십자가 사건으로 슬픔에 잠겨 엠마오로 가던 두 제자와 함께 걸으시며, 자신이 이 땅에 오셔야 했던 이유, 십자가에서 죽으셔야 했던 이유, 그리고 부활을 통해 믿는 자들에게 천국을 주셔야 하는 의미를 풀어 설명해 주셨습니다. 그러자 제자들은 나중에 "우리 마음이 뜨겁지 않았느냐?"라고 고백할 정도로 깊은 감동을 받았습니다. 그런데 예수님께서는 함께 식사하시다가 갑자기 그들 앞에서 사라지셨습니다. 또한, 제자들이 문을 닫고 모여 있을 때, 예수님께서 갑자기 그들 가운데 나타나셨습니다. 이 모습을 본 제자들은 깜짝 놀랐습니다. "도깨비가 나타난 것인가? 귀신이 온 것인가?" 하고 생각했을지도 모릅니다. 그러나 예수님께서는 제자들에게 "여기 내 손자국을 보라", "여기 내 옆구리 창자국을 보라" 하시며 보여주셨습니다. 그리고 이어서 "무언가 먹을 것이 있느냐?"라고 물으셨습니다. 제자들이 구운 생선을 드리자, 예수님께서는 그것을 직접 잡수셨습니다. 그렇게 식사를 마치신 후, 갑자기 그 자리에 계시지 않고 홀연히 사라지셨습니다. 이것이 무엇을 의미할까요? 예수님께서는 시간과 공간의 지배를 받지 않는 부활체의 삶을 보여주신 것입니다.

그렇다면 이 사실이 우리에게 주는 의미는 무엇일까요? 결국, 우리도 장차 부활하여 예수님의 모습과 같이 될 것입니다. 시간과 공간을 초월한 상태에서, 시간과 공간이 하나 된 그 나라에서, 천년왕국과 새 하늘과 새 땅에서 부활체로 영원한 영광을 누릴 그날이 우리에게 주어질 것입니다. 그리고 우리는 그날이 반드시 올 것임을 믿는 것입니다.

하나님은 죽은 자의 하나님이 아니라 산 자의 하나님이라고 말씀하셨습니다. 하나님은 아브라함의 하나님, 이삭의 하나님, 야곱의 하나님이시라고 하셨습니다. 이 말은 무엇을 의미할까요? 아브라함과 이삭, 야곱은 수천 년 전에 살았던 사람들입니다. 그러나 그들이 죽어서 사라진 것이 아니라, 그들은 지금도 천국에서, 낙원에서 영적으로 살아있다는 뜻입니다. 그들의 하나님은 여전히 살아계시다는 것입니다.

그래서 하나님께서 그들을 "그들의 하나님"이라고 부르셨습니다.

성경의 주제는 바로 하나님 나라입니다. 하나님 나라는 현재적이면서 미래적입니다. 오늘날 우리가 이 땅에서 어려움과 고난을 겪더라도, 예수님 안에서 예수님을 통해 하나님 나라를 이미 누리며 살고 있습니다. 동시에 우리는 하나님 나라를 향해 가는 삶을 살아가고 있습니다. 우리가 결국 이 땅에서의 삶을 마감하면 영원한 하나님 나라에 들어가 영원한 영광을 누리게 됩니다.

바리새인들이 예수님을 둘러싸고 '하나님 나라가 어디에 임하느냐'고 묻습니다. 이에 예수님께서는 "하나님 나라는 너희 안에 있느니라"라고 말씀하십니다. 이 말은 누가복음 17장 20절에 나오는 말씀입니다. 그러면 바리새인들 속에 하나님 나라가 있다는 말일까요? 아닙니다. 여기서 예수님께서 말씀하신 뜻은, 바리새인들이 예수님을 핍박하고 있더라도, 그들이 둘러싸고 있는 그 상황 속에서 예수님이 바로 하나님 나라를 보여주는 존재라는 의미입니다. 다시 말해, "너희 안에 있느니라"는 말은 둘러싸여(within you, among you) 있는 예수님이 바로 "내가 하나님의 나라다"라는 말입니다. "내가 하나님 나라다"는 의미는 예수님께서 직접 자신을 하나님 나라로 표현하신 것입니다. 예수님이 임재하시는 곳이 바로 하나님 나라이며, 예수님이 곧 하나님이시라는 뜻입니다.

요한복음 8장 58절에서 예수님은 "진실로 너희에게 이르노니, 아브라함이 나기 전부터 내가 있느니라"라고 말씀하셨습니다. 이 말씀에서 "내가 있느니라"라는 표현은 현재형으로, 예수님이 아브라함이 태어나기 전부터 존재하셨다는 의미입니다. 영어로 번역하면 "Before Abraham was born, I am"이라고 나옵니다.

아브라함은 예수님 당시로부터 2천 년 이상 전의 인물입니다. 예수님은 아브라함 이전에 "이미 있었다"라고 말씀하신 것은 현재입니다. "아브라함 이전부터 내가 있느니라"라는 말씀은 "내가 하나님이다"라는 뜻입니다. 그 말은 신비롭습니다.

저는 청년 때 이 말씀을 듣고 소름이 끼쳤습니다. 너무 놀랐습니다. "아브라함 이전에 내가 있느니라"라는 말은 하나님이신 예수님께는 과거도 현재고, 현재도 현재고, 미래도 현재입니다. 왜 그럴까요? 예수님이 하나님이시기 때문입니다. 그 하나님이 하나님의 나라이고, 그 하나님이 임재한 곳이 하나님 나라입니다. 이런 신비한 현상을 확인하면서 우리는 인간이 영적인 존재이며, 영생하는 존재임을 알게 됩니다.

우리는 이런 말씀을 대할 때, 혹시라도 마음의 교만을 버리고 나를 내려놓아야 합니다. 그리고 영의 눈을 열고 예수 그리스도를 나의 구주와 주님으로 영접하며, 이 땅에서 하나님 나라를 누리며 살아가야 합니다.

우리가 믿는 예수님의 십자가와 부활의 복음은 확실하며, 유일하고, 완전하고, 분명하고, 어느 종교 중 하나가 아닙니다. 종교 중 하나가 아니라, 하나님과 나와의 관계를 맺어주는 예수님을 통한 관계입니다. 그래서 예수님을 소유하고 있으면 내 안에 하나님 나라가 임한 것이고, 또한 이 땅에서 살아가면서 하나님의 나라를 누리며 살다가 이 땅을 떠나면 하나님의 집, 아버지의 집에 가게 됩니다.

우리가 나라마다 비자가 필요하듯이, 한국에서 미국으로 오려면 미국 비자를 받아야 하고, 미국에서 천국으로 가려면 천국 비자를 받아야 합니다. 천국 비자란 무엇일까요? 바로 예수 믿는 것이 천국 비자입니다. 그러므로 우리는 항상 천국 비자를 예수님을 믿는 믿음 안에서 소유하고 준비된 자로 살아가야 합니다. 어떤 상황에서도 우리는 이 확신을 가지고 살아야 합니다.

예수님이 길이라고 하시는 것은 하나님께로 가는 유일한 통로라는 의미입니다. 예수님은 인간의 죽음의 문제와 죄의 문제를 해결해 주시는 유일한 진리이십니다. 그리고 예수님 안에서, 예수님을 통해서 우리에게 영원한 생명이 주어졌다는 것입니다. 우리는 이 말씀을 믿어야 합니다. 우리는 이 확신을 가져야 합니다.

성경의 결론은 결국 예수님이 재림하시고, 우리 성도들이 단 한 명도 죽지 않고, 다시 몸을 회복시키며 영과 육을 재결합시켜 부활체로서 함께 천년왕국, 새 하늘과 새 땅에서 영원한 영광을 누리게 된다는 것입니다. 주님께서 십자가에서 죽으시고, 피 흘려 속죄 제물로 죽으시고, 그것을 믿는 사람들에게 죄 사함을 주시고, 예수님이 부활하신 것처럼 우리도 부활하여 영원히 예수님이 왕이 되시고, 우리가 왕 노릇하는 그 나라가 우리에게 준비되어 있습니다. 새 하늘과 새 땅이 우리에게 준비되어 있습니다. 황금 길을 걸으며, 생명수 생명가에서 영광을 누리는 그 나라가 실질적으로 우리에게 이루어진다는 것입니다. 그러므로 우리는 그것을 확실하고 분명하게 믿고, 그때가 나에게 다가오고 있으며, 그 하나님의 나라, 그 영광의 나라가 나에게 준비되어 있다는 확신을 가져야 합니다.

이 십자가 부활의 믿음과 은혜 복음 외에는 인생의 문제에 다른 해답이 없습니다. 이 복음을 확실하게 믿고, 그것을 체질화시켜야 합니다. 체질화시키라는 것은 나도 모르는 사이에 그 말씀이 굳어져 나는 구원받았다는 확신이 있고, 이 확신을 가지고 나 자신을 체질화시키는 겁니다. 체질화의 중요성은 예수님의 말씀을 통해서 깨닫고, 그 말씀에 따라 흔들림 없이 성도로서의 삶을 살아가는 것입니다.

우리가 다시 한번 강조해야 할 점은, 우리가 믿고 가진 기독교 신앙이 탁월하다는 사실입니다. 이 신앙으로 철저히 무장하여 우리 성도들이 체질화되어 있어야 합니다. 그리고 그 체질화를 가지고 씨름하며 승리하는 믿음의 사역을 감당해야 합니다. 최고의 복음, 완전한 복음을 가지고 있음에도 불구하고 그 힘을 제대로 발휘하지 못한다면, 그것은 안타깝지 않습니까?

다시 도전합니다. 우리가 하나님 앞에서 천국은 진짜 실재함을 믿고, 그 하나님 나라는 영원한 아버지 집이며, 그곳이 우리에게 보장되어 있음을 확신해야 합니다. 그곳에서 든든하게 기초를 다지고, 오직 예수 복음으로 우리를 체질화시켜야 합니다.

그런데 오늘날 진짜가 가짜에게 밀리고 있는 상황이 벌어지고 있습니다. 가짜가 너무 강해지면서 진짜가 힘을 발휘하지 못하는 현실, 이게 말이 됩니까? 마귀를 따를 것인지, 예수님을 따를 것인지, 자유민주주의와 시장경제, 해양 국가로 나아갈 것인지, 아니면 사회주의, 공산주의 대륙 국가로 나아갈 것인지, 우리는 어느 쪽으로 갈 것인지 결정해야 합니다.

우리는 기도해야 합니다. 한반도에서 붉은색을 지워 주시고, 한반도에 뿌리 박힌 김일성의 뿌리와 공산당, 독재의 뿌리를 없애 주시길 기도해야 합니다. 교회를 불살라버리고, 목사들과 교인들을 말살한 그 악의 뿌리가 뽑히길 기도해야 합니다. 예수 그리스도의 십자가와 부활을 믿음으로 영원한 천국과 하나님 나라가 확실하게 보장됩니다. 그것을 확실하고 분명하게 믿어 이 믿음을 확실히 체질화시키고, 사회주의와 공산주의 사상은 물리치며, 오직 예수 그리스도의 십자가 복음으로 자유민주주의, 시장경제, 해양 국가로 나아가도록 결단하고 승리해야 합니다.

06 성경대로 파니 석유가 나왔다! 성경대로 파면 영생이 나온다!

　마틴 루터가 종교 개혁을 할 당시 그를 적극적으로 지원했던 인물 중 하나는 독일의 프로시아(Prussia) 황제였습니다. 어느 날, 이 황제는 신하들에게 묻습니다. "유대인들이 이렇게 오랫동안 핍박을 받으면서도 여전히 번성하는 이유가 무엇일까?" 그러자 신하 중 한 명이 "역사를 살펴보면, 유대인들에게는 특별하신 하나님의 섭리와 인도, 보호가 있음을 부인할 수 없습니다"라고 대답했습니다.

　또한, 우리가 잘 알고 있는 《도전과 응전》이라는 책으로 유명한 영국의 역사학자 아놀드 조셉 토인비(Arnold Joseph Toynbee)는 인류 역사 속에서 민족들의 본성을 추적하며 역사를 기록했는데, '신의 법칙'을 주장하면서 "인간의 자유는 신에 의해 주어진다"고 말했습니다. 유대인들만은 그 어떤 역사적 원리와 원칙으로도 설명할 수 없는 하나님의 특별한 보호와 인도가 있다는 것을 토인비는 확인했다고 기록했습니다.

　실제로 오늘날에도 유대인들이 세계 각지에서 중요한 역할을 하는 모습을 봅니다. 예를 들어, 노벨상 수상자의 30% 이상이 유대인들입니다. 그런데, 이스라엘은 BC 586년에 망했지만, 그 후에도 유대인들은 온 세계에서 핍박과 고난을 겪어야 했습니다. 그들은 전 세계적으로 흩어져서 고통을 받았습니다. 그중에서도 히틀러에 의한 600만 명의 유대인 학살은 정말 끔찍한 사건이었죠. 이 사건 이후 세계 지도자들은 유대인들이 모두 팔레스타인 옛 땅으로 돌아가야 한다는 결정을 내렸습니다. 그 결과, 이스라엘은 독립을 이루게 되었습니다. 2500년 만에 이스라엘이 독립한 것은 정말 엄청난 사건입니다. 그런데 최근에는 또 다른 기적적인 일이 일어나고 있습니다.

오늘날 우리가 살아가는 문명사회에서 가장 중요한 자원 중 하나는 바로 에너지입니다. 에너지 없이는 모든 것이 멈추게 되죠. 에너지라고 하면, 석유, 휘발유, 가스가 가장 중요합니다. 특히 자동차와 같은 교통수단은 에너지 없이 움직일 수 없습니다. 그런데 주변의 사우디아라비아, 이란, 이라크와 같은 나라들은 풍성한 기름 자원을 가지고 있는데, 이스라엘은 기름이 전혀 나오지 않습니다. 또한, 그들은 원수지간이기 때문에 이스라엘에게 기름을 팔지 않았습니다. 그래서 이스라엘은 독립을 했어도 기름이 부족한 상황에 처하게 되었고, 그들은 먼 노르웨이나 다른 나라에서 비싼 가격을 주고 기름을 사야만 했습니다. 최근 이스라엘에서 기름이 발견된 사건은 정말 놀라운 기적적 사건으로 여겨지고 있습니다. 2023년 3월 14일, 조선일보의 기자는 이스라엘에서 기름이 나온 사실을 보도하였고, 이는 큰 주목을 받았습니다.

토비아 러스킨(Tovia Luskin)이라는 유대인 청년은 러시아에서 자라면서 지구 물리학을 공부하고, 이후 러시아의 석유회사에서 근무한 경력을 가지고 있었습니다. 그가 독립 후 본토로 돌아가 이스라엘에 도착했을 때, 이스라엘에는 기름이 전혀 없다는 사실을 알게 되었습니다. 그는 이상하게 여겼고, 그 이유를 찾아보려고 했습니다. 그래서 유명한 랍비를 찾아가서 이 문제를 의논했습니다. 랍비는 그에게 이스라엘에도 기름이 나올 수 있다고 답하였고, 그 근거는 성경에 나오는 가나안 땅을 정복하고, 12지파에게 땅을 분배한 내용에서 비롯된 것이라고 설명했습니다. 이스라엘에서 기름이 발견된 사건은 성경의 예언과 깊은 연관이 있습니다. 신명기 33장에서 모세는 이스라엘 지파들에게 축복을 하면서 각 지파가 받을 축복을 언급했습니다. 그 중 요셉지파는 "작은 산에서 보물이 나올 것"이라고 축복하며, 그 땅의 아래에서 엄청난 보물이 나올 것이라고 예언했습니다. 또한, 스불론 지파는 "모래에 감춰진 보배"가 있을 것이라며, 이 보배를 찾을 사람들이 모여들 것이라고 하였습니다. 아셀지파에 대해서는 "그의 발이 기름에 잠길지로다(신33:24)"라는 축복이 주어졌습니다. 이 말은 기름이 그 지역에서 풍성하게 나올 것이라는 예언을 의미하는 것으로 해석됩니다.

러스킨 청년은 성경의 예언을 믿고, 그 땅에서 기름을 찾겠다고 결심했습니다. 그는 "하나님의 말씀은 틀림없다"는 믿음을 바탕으로, 모래를 뚫고 바다를 건너 그 지역을 조사하기 시작했습니다. 그리고 포기하지 않고, 깊은 바닷속 1,500미터까지 탐사하며 기름을 찾아냈습니다. 포기하지 않았습니다. 그곳에서 기름, 석유, 가스가 나왔습니다.

최근에는 세일 가스, 즉 바위 속에서 석유와 가스가 나오는 현상이 발견되었습니다. 그래서 10년 만에 모래벌판 속, 바위 속, 바닷속 깊이 1,500m에서 기름을 찾은 이스라엘은 이제 세계에서 많은 석유가 나오는 나라 중 하나가 되었습니다. 사우디아라비아가 세계에서 제일 많은 석유를 생산하는 나라지만, 이스라엘은 그보다 조금 적은 양의 세일 가스를 발견하여 산유국이 되었습니다. 이스라엘은 이제 자신들이 필요한 양을 제외하고, 주변 나라들과 유럽에도 에너지를 공급할 수 있는 상황에 이르렀습니다. 그래서 현재 유대교와 기독교는 이 사건에 대해 큰 흥분을 느끼고 있습니다. 왜 흥분했느냐면, 성경의 예언과 약속, 축복이 그대로 이루어졌기 때문입니다. 성경을 믿고 끈질기게 10년, 15년 동안 땅을 살펴본 결과, 그 땅속, 모래 속, 바닷속에서 기름이 나왔습니다. 성경대로 믿고 탐사를 하니 석유와 가스가 나온 것입니다. 바닷속 1,500m에서 기름을 찾은 것은 정말 어마어마한 일이었습니다.

이 사건은 성경이 하나님의 약속의 말씀이라는 것을 증명하는 것이며, 성경에는 생명과 능력, 축복의 약속이 담겨 있다는 사실을 다시 한 번 상기시킵니다. 성경대로 파니까 석유가 나온 것처럼, 성경대로 살아가면 영생이 우리에게 주어진다는 메시지를 전하는 것입니다. 이것이 바로 그 사건의 본질적인 초점입니다.

그렇습니다. 성경을 깊이 파면 무엇이 나옵니까? 예수님이 나옵니다. 예수님을 깊이 파면 영원한 영생이 우리에게 주어집니다. 천국이 우리에게 주어진다는 그 이야기를 제가 말씀드리고 있는 것입니다. 성경을 깊이 파서 영생을 끌어내라는 도전입니다. 성경대로, 바닷속 1,500m를 지나가며 석유가 나온 것처럼, 우리가 가진 성경, 하나님의 말씀을 통해 왜 영생을 소유하지 못하느냐는 것이 안타까운 부분입니다. 성경을 파니, 메시아대신 예수님이 나왔습니다. 예수님을 깊이 파면 영원한 영생과 하나님 나라가 주어진다는 사실을 알게 됩니다.

요한복음 17장 3절에 보면, "영생은 곧 유일하신 하나님과 그의 아들 예수 그리스도를 아는 것이니라"라고 말씀하십니다. 여기서 '안다'는 것은 단순한 지식으로 아는 것이 아니라 그것은 경험을 통해 알고, 인격적인 만남을 통해 아는 것입니다. 성경을 파니 석유가 나왔고, 성경을 파니 예수님이 메시아임을 발견하게 됩니다. 그 예수님을 깊이 파고 만나게 되면, 우리는 영원히 지옥에 갈 사람에서 천국 갈 사람으로 변화됩니다. 바로 이것입니다.

> 너희가 성경에서 영생을 얻는 줄로 생각하고 성경을 상고하거니와
> 이 성경이 곧 내게 대해서 증가한 것이라(요5:39)

이 말씀은 우리가 성경을 상고하며, 성경을 믿고 따랐을 때, 그 성경이 결국 예수님을 증거하고 있다는 것을 알게 됩니다. 성경을 믿고 파면, 예수님이 메시아인 것을 알게 되고, 예수님을 만날 수 있고, 예수님을 만나니까 영생을 얻을 수 있다는 것입니다. 이것을 믿는 것이 바로 신앙생활입니다. 단순히 교회에 왔다 갔다 하는 것이 아니라, 예수님을 깊이 알고, 그 예수님을 통해 영원한 천국과 영생을 얻는 것입니다. 우리가 한국이나 미국에서 살다가 죽음이 찾아와도 그게 끝이 아닙니다. 죽음은 끝이 아니라, 부활을 통해 영원한 천국이 우리에게 주

어졌습니다. 그런데 예수님이 안타까워하시는 점은, 사람들이 영생을 얻기 위해 예수님께 오기를 원하지 않는다는 것입니다. 성경은 예수님을 증거하고, 예수님을 통해 영생이 있다고 말하고 있습니다. 그러나 사람들이 예수님께 오기를 즐겨하지 않는 것이 예수님께서 안타까워하시는 부분입니다. 우리는 마음을 열고, 교만과 세상적인 욕심을 내려놓고, 예수님을 만나야 합니다. 성경을 깊이 파고, 그 안에서 예수님이 메시아이심을 받아들이고, 그 안에서 영원한 영생이 있음을 고백하는 것이 중요합니다. "예수님을 믿습니다"라고 고백하며, 나 자신을 돌아보고 집중하는 것이 신앙생활의 핵심입니다.

성경은 단순히 역사책이 아니라, 하나님이 전능하신 능력으로 역사 속에서 일하시는 방식을 보여주는 책입니다. 성경의 역사를 보면, 하나님이 그 역사 속에서 어떻게 개입하시고 주관하시는지 알 수 있습니다. 성경은 단지 과거의 사건들을 기록한 것이 아니라, 미리 예언된 일이 이루어지는 책입니다. 성경을 깊이 파고 들면, 마치 바닷속을 파고, 땅을 파고, 모래를 파면서 석유를 발견하는 것처럼 성경의 예언을 믿고 믿음으로 나아가면, 그 예언은 그대로 이루어집니다. 성경의 역사는 단순히 과거의 사건을 기록한 것이 아니라, 하나님께서 인간을 죄와 사망에서 구원하시기 위한 구원의 역사를 담고 있습니다.

예수님의 죽음과 부활을 통해 우리는 마귀의 자녀에서 하나님의 자녀로, 지옥에 갈 사람이 천국에 갈 사람으로 변화되었으며, 그 구원의 역사는 성경 속 예언대로 이루어진 하나님의 놀라운 계획입니다. 이것이 복음입니다. 나를 위한 것입니다. 참으로 간단합니다. 그것을 내가 받아들이면 내 죄가 사함을 받고 영원한 생명을 얻게 됩니다. 하지만 "나는 안 믿습니다. 그런 거 안 믿습니다"라고 하면, 결국 자기 선택대로 되는 것입니다. 나중에는 어떻게 될까요? 지옥에 가는 것입니다. 이 말씀을 가볍게 여기면 안 됩니다. 이것이 성경이 말하는 진리입니다. 그래서 복음을 받아들이면 구원을 받고 영생을 소유하게 됩니다. 우리는 자격이 없지만, 하나님의 은혜로 선물처럼 영원한 생명을 받게 되는 것입니다.

성경은 무엇일까요? 성경은 역사입니다. 그리고 성경은 과학이기도 합니다. 요즘 과학이 얼마나 발달했습니까? 과학적으로도 성경의 진리가 드러나고 있습니다. 하나님께서 창조해 놓으신 모든 원리, 원칙, 법칙, 그리고 재료들을 인간이 찾아내어 활용하는 것이 바로 과학입니다. 즉, 무에서 유를 창조한 것이 아니라는 뜻입니다. 인간이 스스로 과학을 만들어낸 것이 아니라, 하나님이 창조하신 세상의 법칙을 찾아내어 적용한 결과가 지금의 과학 발전이라는 것입니다. 하나님께서는 이미 모든 원칙과 법칙, 그리고 필요한 재료들을 마련해 두셨습니다. 인간은 그 원리를 발견하고 활용하면서 과학을 발전시켜 왔습니다. 자동차를 만들고, 비행기를 만들고, 휴대폰과 인터넷을 개발한 것도 이러한 원리를 발견한 결과입니다. 이러한 과학의 발전이 단순한 기술적 진보를 넘어, 우리 신앙에도 깊은 의미를 준다는 것입니다. 모든 것이 성경의 원리에서 나왔다는 사실을 우리는 깨달아야 합니다.

예수님께서 3일 만에 부활하셨습니다. 제자들은 무서워 벌벌 떨며, 로마 군인들이 두려워 문을 걸어 잠그고 있었습니다. 그런데 예수님께서 갑자기 그들 가운데 나타나셨습니다. 문이 굳게 닫혀 있었는데 예수님께서 어떻게 나타나신 것입니까? 혹시 도깨비나 귀신이 나타난 것일까 하며 제자들은 놀랐는데, 예수님께서는 말씀하셨습니다. "이리 와서 내 손과 옆구리에 손을 넣어 보아라. 의심하지 말고 믿어라" 예수님의 손과 옆구리에는 십자가에서 못 박히셨던 흔적이 그대로 남아 있었습니다. 깜짝 놀란 제자들에게 예수님께서는 또 물으셨습니다. "너희에게 먹을 것이 있느냐?" 제자들이 구운 생선을 가져다 드리자, 예수님께서 그것을 잡수셨습니다. 완전히 부활하신 몸이셨던 것입니다. 제자들은 혹시 예수님께서 귀신이 아닐까 의심했지만, 예수님께서는 십자가의 상처를 그대로 지니고 계셨고, 직접 음식을 드시며 그 의심을 없애 주셨습니다. 그리고 예수님께서는 갑자기 그 자리에서 사라지셨습니다. 문이 잠겨 있었음에도 불구하고 예수님께서는 나타나셨고, 또 순식간에 사라지셨습니다. 이는 무엇을 의미하는 것입니까? 시간과 공간을 초월하는 부활의 몸, 우리가 장차 부활하여 누리게 될 영광스러운 모습을 예수님께서 직접 보여주신 것입니다. 우리는 이 사실을 믿어야 합니다. 믿으시기 바랍니다.

여기에서 흔들린다면, 우리가 장차 부활하여 예수님의 부활체처럼 영광을 누릴 그날을 어떻게 기대할 수 있겠습니까? 우리는 부활할 것이며, 시간과 공간을 초월하여 옛 성도들과 지금의 성도들이 모두 하나가 되어 함께 영광을 누리게 될 것입니다. "영광일세, 영광일세, 내가 누릴 영광일세!" 그 나라가 우리에게 주어진 것입니다. 이것을 믿는 것이 바로 예수를 믿는 것입니다.

우리는 함께 속도(Speed)로 하나 되고, 공간(Space)으로 하나 되어, 영광스러운 부활체로 영원한 영광을 누리게 될 것입니다. 우리 인간은 하나님을 찾는 본능을 가지고 있습니다. 본능이란 무엇입니까? 남자가 여자를 찾고, 여자가 남자를 찾는 것은 본능입니다. 본능이 존재한다는 것은 그 본능의 상대가 있기 때문입니다. 하나님을 찾고 영생을 구하는 본능은 우리 안에 깊이 자리 잡고 있습니다. 아무리 "나는 안 믿어, 안 믿어!"라고 해도, 결국 믿을 수밖에 없는 이유가 바로 이 본능 때문입니다.

한 남편이 있었습니다. 그의 아내는 신앙이 깊었고, 집회에 열심히 참석했습니다. 그러나 남편은 못마땅해서 집회에 가는 아내를 방해하고 끌어내기도 했습니다. 그러던 중, 몇 달 전에 그 남편에게 갑자기 병이 찾아왔습니다. 결국 그는 목사님을 초청하여 이렇게 고백했습니다. "제가 잘못했습니다. 괜한 반감 때문에 그렇게 행동했습니다. 회개합니다. 저를 위해 기도해 주십시오" 그동안 교회를 반대하며 괴롭히던 남편이 갑자기 변한 것입니다. 목사님은 놀라면서도 조심스럽게 찾아갔는데, 뜻밖에도 그는 진심으로 회개하고 예수님을 받아들였던 것입니다. 그리고 감사의 마음으로 교회에 7천 불을 헌금했습니다. 우리가 모두 놀랄 만큼 완강했던 사람이 죽음을 앞두고 자신의 잘못을 인정하며 신앙을 받아들였습니다.

이처럼 우리의 삶은 불확실합니다. 한 보험회사의 광고 문구처럼, "불확실한 세상에서 보험을 드는 것은 필수적이다" 이 말이 일리가 있습니다. 언제 무슨 일이 일어날지 모르기에 보험을 들어두는 것이 확실한 대비책이 된다는 것입니다. 기독교 복음은 단순한 윤리나 도덕이 아닙니다. 예수를 믿으면 영원한 아버지의 집에서 영광을 누리지만, 믿지 않으면 안타깝게도 음부에 빠지게 됩니다. 이것이 성경이 말하는 진리입니다. 성경에는 협상이나 타협이 없습니다. 오직 한 가지 길뿐입니다. 예수를 믿으면 천국이요, 믿지 않으면 지옥입니다. 일시적인 쾌락, 권세, 돈, 명예와 같은 것들 때문에 영원한 것을 소홀히 여기거나 등한시하거나 무시해서는 안 됩니다. 성경을 믿고 그 말씀을 따라 행동했더니 바닷속 1,500m까지 탐사하게 되었고, 돌을 뚫고, 모래 속을 파 내려갔더니 결국 석유와 가스를 발견하게 된 것입니다. 하나님의 말씀을 믿고 그 말씀대로 그곳을 파보니 그대로 이루어졌습니다. 성경은 분명하게 말합니다. "너에게 영생이 있다" 이것을 해결하는 것이 중요합니다.

마태복음 16장 26절을 보면 정신이 번쩍 들게 됩니다. "사람이 만일 온 천하를 얻고도 제 목숨을 잃으면 무엇이 유익하겠느냐 온 천하를 얻고도 자기 생명을 잃으면 무엇이 유익하겠느냐 무엇으로 값을 주고 자기 목숨을 사겠느냐" 또한 성경은 말씀합니다. "인자가 아버지의 영광으로 천사들과 함께 오리니 그때에 각 사람이 행한 대로 갚아주겠다" 주님께서 영광중에 다시 오실 때, 각 사람이 행한 대로 심판을 받게 됩니다. 우리 모두는 나이와 환경은 달라도 결국 언젠가는 죽음을 맞이하게 됩니다. 죽음은 끝이 아닙니다. 그다음 세계로 이어지는 것입니다. 온 천하를 얻었다 해도 목숨을 잃고 영생을 잃는다면 무슨 유익이 있겠습니까? 이것이 성경이 전하는 진리입니다. 예수님께서 영광 중에 재림하실 때, 천사들과 함께 오셔서 각 사람이 행한 대로 갚아 주실 것입니다. 그렇습니다.

저는 요한복음 16장 28절의 말씀이 참으로 감격스럽습니다. "내가 아버지께로부터 나와서 세상에 왔고, 이제 세상을 떠나 아버지께로 가노라" 예수님께서는 아버지께로부터 이 세상에 오셨습니다. 그리고 십자가의 죽음과 부활을 통해 믿는 자들에게 죄 사함과 영생의 길을 열어주셨습니다. 이제 세상을 떠나 아버지께로 가신 주님께서 다시 오실 것입니다. 이것이 바로 부활이며 재림입니다. 성경을 믿고 파면 예수님을 만나게 되고, 그를 통해 영생이 주어집니다. 믿음과 은혜, 영생, 한국, 미국, 천국, 이것이 우리의 삶의 핵심입니다. 그러나 잘못된 믿음을 가지면 큰일이 날 수 있습니다. 잘못 믿으면, 지정해 준 장소가 아닌 곳을 잘 못 파면 큰일 납니다. 성경대로 파보니 석유가 나온 것처럼, 성경을 따라가면 예수님을 만날 수 있습니다. 예수님을 믿으면 영원한 생명이 주어집니다. 예수님께서 말씀하셨습니다.

> 나는 부활이요 생명이니 나를 믿는 자는 죽어도 살겠고 무릇 살아서 나를 믿는 자는 영원히 죽지 아니하리니 이것을 네가 믿느냐(요 11:25-26)

우리는 날마다 신앙을 새롭게 확인해야 합니다. 내가 이것을 믿느냐? 성경을 파면 석유가 나오듯, 성경을 파면 예수님을 만날 수 있습니다. 예수님을 파면 영생이 나오고, 천국이 열립니다. 10년을 믿고, 20년을 믿어 땅을 파서 가스가 나왔듯이, 성경을 파면 메시아 대신 예수님이 나오고, 예수님을 믿으면 영원한 생명이 주어집니다.

예수님은 이 땅에 인간의 몸을 입고 오셨습니다. 크리스마스에 탄생하시고, 십자가에서 죽으셨으며, 3일 만에 부활하셨습니다. 믿는 자에게 구원의 길을 열어주신 은혜의 선물입니다. 복음은 땅끝까지 증거되어 전파되고 있습니다. 예수님이 십자가에서 죽으시고 부활하심으로, 우리에게 구원의 길을 열어주셨습니다.

> 가서 너희를 위하여 거처를 예비하면 내가 다시 와서 너희를 내게로 영접하여 나 있는 곳에 너희도 있게 하리라(요14:3)

얼마나 확실합니까?

예수님 외에는 구원받을 길이 없습니다. 예수님만이 우리를 영원한 천국으로 인도하실 구원자가 되신 것입니다. 믿음을 확실하게 가지고 성경을 파고들었더니, 석유가 나왔습니다. 마찬가지로, 성경대로 파면 메시아인 예수님이 나오고, 예수님을 파면 영원한 영생과 천국이 나에게 있습니다. 예수님을 통해 아버지의 치유와 영원한 영광, 새 하늘과 새 땅이 나에게 주어집니다.

지금 대통령을 100명을 바꿔 보세요. 인간의 죄와 저주, 악, 죽음을 해결할 방법은 없습니다. 이 땅을 다시 끝내고, 새로운 메시아 왕국과 새 하늘과 새 땅만이 부활을 통해 우리에게 주어진 보장입니다. 우리는 말씀대로 파야 합니다. 그 말씀을 믿고 파니까 석유가 나왔습니다. 말씀을 믿고 파니, 예수님이 메시아이시며 구원자라는 것이 드러났습니다. 그 예수님을 파고 믿으면 영생과 천국, 아버지 집이 우리에게 주어집니다.

07 변화산으로 올라가서,
새 하늘과 새 땅을 바라보자!

　성경은 하나님의 말씀입니다. 이 성경은 우리 인간을 죄와 사망에서 구원하는 구원의 책이고, 영생의 책이고, 그렇게 꼭 이루어 주시겠다고 하는 약속의 책입니다. 예수를 믿고 구원받은 성도들의 삶이라는 것은 천국을 향해 가는 순례자의 삶입니다.

　요한계시록(계21:1~4)에는 천국은 거룩한 새 예루살렘이 하나님께로부터 내려온다고 말씀하고 있습니다. 얼마나 화려하고 아름다운지 결혼식장에서 입장하는 신부가 단장한 것같이 아름답게 내려 온다고 합니다. 그곳은 다시는 눈물도 없고, 아픔도 없고, 질병도 없고, 고통도 없는 새 하늘과 새 땅이 이루어질 것이다라고 말씀하십니다.

　요한계시록 21장에서는 인간 역사가 이대로 계속되는 것이 아니라 끝이 나고, 역사의 끝에 가서 새 하늘과 새 땅이 이루어지고, 새 예루살렘이 이루어지고, 하나님께서 우리와 함께 계신다고 강조하고 있습니다. 여기서 우리는 새로운 것과 하나님이 함께 계신다는 말이 계속 왜 강조되는가 주목할 필요가 있습니다. 왜 눈물도 없고, 사망도 없고, 애통과 고통과 아픔이 없는 세상이 이루어진다고 말씀하실까? 우리는 그것을 깊이 생각하며 믿으셔야 됩니다.

아브라함과 다윗의 자손 예수 그리스도의 계보라(마1:1)

예수님이 이 땅에 오셔서 십자가에서 우리 인간의 죗값을 모두 다 지불해 주셨습니다. 우리는 자격이 없지만 그 사실이 나를 위한 것이라고 내가 받아들이고 믿기만 하면 죄 사함이 이루어지는 것입니다. 그래서 하나님과의 관계가 회복되는데, 이것이 복음입니다.

창세기를 보면 원래 우리의 첫 조상인 아담과 이브는 하나님과 함께 에덴동산에서 지내면서 아주 가까웠던 관계였습니다. 그러나 인간의 죄 때문에 함께하지 못하게 단절이 되어 버렸습니다. 그렇지만 예수님을 믿음으로 다시 함께하는 길을 열어주신 것입니다. 그래서 새 예루살렘이 내려오고, 다시 하나님께서 함께 하셔서 다시는 눈물도 없고, 고통도 없고, 아픔도 없는 새로운 세상을 주시겠다는 것이 성경의 약속입니다. 찬송가 442장 후렴, '주가 나 함께 동행을 하면서 나를 친구 삼으셨네. 우리 서로 받은 그 기쁨은 알 사람이 없도다'라는 가사처럼 하나님이신 예수님이 우리를 향해서 친구라고 하셨습니다. 우리는 하나님과 동행하며 친구로 함께하는 것입니다.

성경의 끝은 예수님의 피를 통한 회복입니다. 그래서 새 하늘과 새 땅이 이루어지는 것이고, 이것이 인생 문제의 해답입니다. 무슨 정치, 경제, 철학이나 대통령을 100명을 바꿔봐야 해답이 없습니다. 예수님이 구원을 주시고, 믿는 자에게 재림하시고, 새 하늘과 새 땅을 이루셔서 우리에게 영원한 구주가 되심을 믿으셔야 합니다. 이것이 아니면 해답이 없습니다. 그것은 거저 주시는 하나님의 은혜요, 선물입니다. 성경의 맨 끝은 요한계시록 22장입니다. 그 맨 끝이 뭐냐? 새 하늘과 새 땅에서 다시는 눈물이 없고, 고통이 없는 그 나라를 우리에게 주시겠다는 것입니다. 그것이 인생 문제의 해답입니다.

그러면 그 새 하늘과 새 땅을 우리가 어떻게 하면 볼 수가 있겠습니까? 먼저, 변화산으로 올라가 그 새 하늘과 새 땅을 바라봐야 됩니다. 예수님께서 "사람들이 나를 누구라 하느냐?"고 말씀하시고, 베드로를 향해서 "너는 나를 누구라 하느냐?"라고 물었어요. 베드로가 "주는 그리스도시오, 살아계신 하나님의 아들이십니다"라고 대답했을 때 예수님께서 너무 너무 좋아하시면서 이 반석 위에 교회를 세우리니 음부의 권세가 이기지 못하리라 하셨습니다. 그리고 너희들은 각자 내 제자가 되어서 자기 십자가를 지고 나를 따르라고 하셨습니다. 예수님을 믿고 예수님을 따라가는 것이 쉬운 것이 아닙니다. 그러나 자기 십자가를 지고 따르는 사람에게는 반드시 보상을 주시겠다고 약속하셨습니다. 너희가 충성하고 헌신하는 삶을 드리면 그 약속이 결코 땅에 떨어지지 않게 하시고, 보상해 주시겠다고 하신 것입니다.

성경 속에는 하나님은 절대 존재이시며, 인격을 가지신 전능하신 하나님이고, 우주 만물을 창조하시고, 바다를 움직이시고, 산을 움직이시고, 시간을 움직이시고, 공간을 움직이시고, 질병을 치료하시고, 문제를 해결해 주신 분으로서 그 하나님의 인격과 전능함이 성경 속에 그대로 다 있습니다. 또한 성경은 우연히 이루어진 것이 아니라 이런 일이 있으리라 한 예언이 이루어진 예언서입니다. 그 예언이 역사 속에서 그대로 이루어진 것이며, 그것은 인간을 죄와 사망해서 구원하시기 위한 복음입니다. 복음은 무엇입니까? 그것은 하나님의 독생자가 나를 위해서 피 흘려 죽어주심으로 그것을 믿기만 하면 구원받는다는 것이 복음이에요. 영생을 주신다는 것이 복음입니다. 그런데 이렇게 중요한 복음에 대해 많은 사람들이 이를 악물고 안 믿겠다고 하고 있습니다. 복음은 모든 사람을 위한 것이지만, 모든 사람이 구원받는 것도 아닙니다. 믿는 사람만 구원을 받는 것입니다. 영원한 영생과 하나님의 나라가 새 하늘과 새 땅 속에서 이루어진다는 그것을 말하는 것이 성경입니다.

다른 종교는 이런 것이 없습니다. 성경은 무엇입니까? 과학의 근본입니다. 오늘날 세상이 얼마나 편리합니까? 얼마나 좋습니까? 그런데 어디서 나온 것입니까? 과학자들이 과학을 발견해서 만들었지요. 그러면 과학자들은 아무것도 없는 데서 만든 것입니까? 아닙니다. 하나님이 이미 창조해 놓으신 것과 그 원리와 원칙을 찾아서 그것을 활용하는 것이 과학입니다. 무(無)에서 유(有)를 창조한 것이 아닙니다. 무에서 유를 창조하신 분은 하나님밖에 없습니다. 그 하나님이 만드신 것을 찾아내고, 원리 원칙을 찾아서 활용하는 것이 과학입니다. 시간을 하나로 만들고, 공간을 하나로 만드는 것이 과학입니다. 시간(time), 공간(space), 속도(speed)를 하나로 만들어 줌으로 옛날에는 제약을 받았으나 시공간의 제약을 개선해서 편리하게 만들어주는 것이 과학이며, 하나님이 만들어 놓으신 창조의 원리와 원칙과 법칙과 재료를 찾아서 만든 것이 과학입니다.

세상에 종교는 많지만 기독교는 종교가 아니고, 관계입니다. 하나님은 우리의 아버지이시고 나는 하나님의 자녀입니다. 그런데 죄 때문에 관계가 단절됐다가 그 죄 문제를 예수님이 피로 해결해 주셔서 죄 문제가 해결된 것입니다. 그래서 하나님과 나와의 관계가 회복된 거예요. 이것을 확실하게 보여주는 것이 부활의 사건입니다. 부활을 안 믿으면 예수 믿는 것이 아닙니다. 우리에게는 부활이 있기 때문에 기뻐하고 감사할 수 있는 것입니다. 성도의 삶은 예수님이 "너는 나를 누구라 하느냐?"고 물으실 때 "주는 그리스도시오, 살아계신 하나님의 아들이심을 내가 믿습니다"라고 고백하면서 살아가는 삶이 되어야 합니다.

한 주 동안 기도 시간이 얼마나 되며, 말씀 시간이 얼마나 되는가에 대해 우리는 항상 질문하면서 살아야 합니다. 만약에 성경도 소홀히 하고, 기도도 제대로 하지 않는 삶이라면 부끄럽게 생각해야 합니다. 말씀과 기도 속에서 맡겨진 일에 충성하고 헌신하면 주님이 보상해 주시며, 변화산으로 끌어 올라가게 해주시고, 거기서 새 하늘과 새 땅의 영광을 보는 거예요. 내가 지금 죽는다는 것은 무엇입니까?

성경에서 가장 핵심을 꼽으라면 당연히 부활입니다. 부활을 안 믿으면 예수를 믿을 필요가 없습니다. 부활이 없다면 세상 종교와 똑같은 것입니다. 내가 무엇을 믿고 있는가에 대해 의심이나 혼란이 있으면 고린도전서 15장을 읽어보시길 바랍니다. 그러면 우리의 심령이 살아납니다.

오늘날 우리가 사는 세상이 어떻습니까? 미국뿐만 아니라 온 세계가 마약으로 가득 차 있습니다. 며칠 전에 신문을 보다가 제가 울었어요. 핀란드는 전쟁이 없는 평화로운 나라 중에 대표되는 나라입니다. 그런데 핀란드에서는 내가 남자로 태어났어도 내가 여자라고 하면 그 때부터 여자가 됩니다. 여자들이 목욕하고 있는데, 남자가 들어가면서 '나는 여자입니다'라고 들어가면 괜찮은 거예요. 법으로 하나도 문제가 없어요. 도대체 이럴 수가 있는 것입니까? 마약과 동성연애가 온 나라를 지배하고 있고, 미국도 동성연애 합법화된 것이 말이 되는 것입니까? 참으로 아찔합니다.

우리가 믿는 십자가와 부활 복음의 신앙은 성경을 알면 알수록 철저한 복음주의자가 될 수밖에 없어요. 왜냐면 인생 문제의 정확한 해답이 거기에 있기 때문입니다. 복음주의자가 되면 변화산으로 올라가야 되고, 변화산으로 올라갈 수밖에 없어요. 하나님께서는 말씀과 기도로 하나님과 깊은 교제를 나누고, 충성과 헌신으로 주를 위해서 수고하면, 하나님이 변화산으로 끌어올려 주세요. 그래서 신령한 영의 세계가 보여지게 됩니다. 우리가 복음주의자가 되면 될수록 변화산으로 올라갈 수밖에 없고, 새 하늘과 새 땅에 보일 수밖에 없어요. 이 원리를 깊이 알아야 합니다. 믿음 안에서 구원의 확신과 기쁨을 가지고 말씀과 기도 안에서 헌신하고 충성하면 하나님이 모세와 엘리야처럼 보상을 주시고, 베드로 야고보 요한처럼 변화산에 끌어올려주셔서 거기서 새 하늘과 새 땅을 보게 됩니다.

성경의 결론은 부활입니다. 성경의 결론은 재림이고, 부활이고, 새 하늘과 새 땅, 아버지의 집, 그곳에서 다시는 눈물도 없고, 죽음도 없고, 핍박도 없고, 아픔도 없는 그곳에서 영광을 누리게 됩니다.

너희는 이전 일을 기억하지 말며 옛날 일을 생각하지 말라(사 43:18)

사막에 꽃이 피고, 사자들이 풀을 뜯어 먹고, 어린 아이가 독사의 굴에 손을 넣어도 해를 받지 않는 그때, 그 나라가 우리에게 준비된 그것을 바라보면서 흔들리지 말라는 것입니다. 주님이 반드시 오실 것을 기대하며, 믿음으로 말씀과 기도로 깊이 하나님과 동행하고, 주를 위해서 충성으로 헌신하고, 변화산으로 끌어올리심을 믿으며 사람들을 변화산으로 끌어올려서 거기서 새 하늘과 새 땅을 바라보며 다시는 눈물도 없고, 고통도 없는 영원한 영광의 나라에서 주님과 함께 영원한 영광을 누릴 그때를 소망해야 합니다. 그저 교회만 다니는 것이 아니라 견고하며 흔들리지 말고, 영광의 나라의 임할 때까지 승리하시는 우리 모두가 되어야만 합니다.

08 주여! 내 눈을 여소서! 보았다! 알았다! 잡았다! 드린다!

저는 한국의 집회를 위해서 나가기도 하고 또 우즈베키스탄에 선교로 나갔다가 한국에 들를 때가 있습니다. 한국에 들러서 서울에 가면 목동에 집이 있어요. 조그마한 집인데 영락교회 장순재 장로님과 이문재 권사님 집이에요. 선교를 위해서 적극적으로 지원하시는 참 귀한 분들입니다. 그런데 한 번은 아내와 같이 그 집에서 걸어갈 수 있는 가까운 지역의 친구 집을 찾아가다가 길을 잃어버렸어요. 요즈음 한국이 얼마나 복잡합니까? 어쩔 줄을 모르겠더라고요. 그때 중학교 1~2학년쯤 되어 보이는 여학생이 지나가길래 주소를 알려주고 도와 달라고 부탁을 했어요. 그랬더니, 학생이 핸드폰으로 뒤져보더니 어디로, 어떻게 가는 길을 정확하게 가르쳐주는 거예요. 제가 깜짝 놀랐어요. 그 여학생이 핸드폰 하나로 다 해결해 주는 거예요. 그래서 복잡한 서울인데도 핸드폰 하나만 가지면 어디든지 찾아갈 수 있다는 것을 알았습니다.

20여 년 전에 제가 목회할 때는 심방을 가면 지도가 없이는 찾을 수가 없었어요. 그래서 편의점에 가서 지도를 보곤 했는데 지금은 핸드폰 하나만 가지고 있으면 랩턴(좌회전), 라이턴(우회전) 해서 집 앞에까지 다 알려줘요. 얼마나 편리하고 간단한 세상이 되었는지 놀랍죠. 제가 목동 집을 말씀드린 대로 찾아가려면 지하철 5호선 목동역 7번

출구로 나가면 정확하게 만나요? 참 신기해요. 오늘날 한국의 지하철은 세계에서 최고의 수준이라고 해요. 그런데, 이 지하철을 누가 만들었는지 알아보니까 박정희 대통령이 만들었대요. 경부고속도로도 박정희가 만들었다고 합니다. 경부고속도로를 가다 보면 주위에 나무가 엄청나게 우거졌어요. 우리가 미국 올 때만 해도 산에 나무가 거의 없었어요. 이것도 박정희 대통령이 했다는 거예요. 포항제철도 박정희가 만들었다고 합니다. 박정희 대통령이 장래의 눈으로 바라보면서 국가의 장래를 알았어요. 그리고 잡았어요. 그리고 드렸어요.

요즘에 미국의 새로운 영적인 바람이 불고 있습니다. 트럼프 대통령이 취임 이후에 미국의 크리스찬 신앙을 다시 회복해야 한다고 강조하며 도전하고 있어요. 그럴 수밖에 없는 것이 선거 유세 중에 죽을 고비를 넘겼잖아요. 그 당시 0.1초만 잘못 됐어도 죽었을 것입니다. 얼마나 아슬아슬했습니까? 또한, 플로리다 지역 골프장에 트럼프가 오면 쏴 죽이려고 총을 겨누고 준비하고 있었는데, 미리 발견을 해서 위기를 모면했어요. 이런 사건을 겪었기 때문에 트럼프 대통령이 '하나님이 나를 살려주셨다. 그래서 미국이 기독교 신앙을 다시 회복해야 한다. 이것은 하나님이 나에게 주신 사명이다'라고 선포하면서 영의 눈을 열어주셨어요. 트럼프의 이런 모든 사건을 통해서 영의 눈을 열어주셔서 새롭게 '보았다! 알았다! 잡았다! 드린다!'로 미국을 끌고 가는 모습이 참으로 감사하고 아름답습니다.

또한 막내 아들에게 교육할 때 '절대로 술을 먹으면 안 된다! 담배

피우면 안 된다! 문신하지 말아라! 마약 먹으면 안 된다!'라고 정확하게 가르쳐 주고 있어요. 동성연애에 대해서도 '남자는 남자고, 여자는 여자다. 남자가 여자가 될 수 없고 여자가 남자가 될 수가 없다. 남자가 하는 경기를 여자가 하면 안 된다. 여자가 하는 경기를 남자가 하면 안 된다'라며 아주 정확하게 바로잡아주고, 백악관의 집무실 옆에 신앙을 담당할 부서를 새롭게 신설했어요. 인본주의 인권이 아니라 신본주의 신권과 말씀 중심의 청교도 신앙으로 미국이 회복해야 한다는 운동을 하고 있어요.

그런데 한국은 생각할수록 참 속이 쓰리고 아파요. 기도가 저절로 나옵니다. 위험합니다. 위기에 처해 있습니다. 하나님께 간절히 기도하고 있어요. 6.25의 그 참변에서 건져주시고, 오늘날 이렇게 번성시켜 주신 내 조국을 버리시겠습니까?라고 외치고 있어요. 지금은 돌아가셨지만 제 친구 김일호 목사가 계셨는데 그에게는 10살짜리 외손녀가 있어요. 학교에 개학을 해서 학교에 갔는데, 선생님이 뭐라고 하셨냐면 다음번에 올 때는 너희들이 가장 좋은 것을 하나씩 가져오라고 했다 합니다. 그래서 다음 날 학교에 갈 때 아이들이 농구공도 가져오고, 야구방망이도 가져오고, 컴퓨터도 가져오고, 자기가 좋아하는 걸 다 가져왔을 것 아니에요? 그런데 이 10살짜리 아이는 성경을 가져간 거예요. 선생님이 깜짝 놀라가지고 "네가 어떻게 성경을 가져왔냐? 네가 제일 좋아하는 것이냐?"고 물으니까 10살짜리 꼬마가 "이 성경 속에 모든 대답이 다 들어있어요. 그래서 저는 성경을 좋아하고 그래서 이 성경을 가져왔습니다"라고 대답했대요. 감동 아닙니까? 선생님들도 놀라고, 부모들도 놀랐다고 합니다. 정말 감동입니다! 그 10살짜리 어린 나이에 성경의 세계, 하나님의 세계, 영원한 하나님 나라의 세계를 보았던 것입니다.

> 스데반이 성령 충만하여 하늘을 우러러 주목하여 하나님의 영광과 및 예수께서 하나님 우편에 서신 것을 보고 말하되 보라 하늘이 열리고 인자가 하나님 우편에 서신 것을 보노라 한 대 그들이 큰 소리를 지르며 귀를 막고 일제히 그에게 달려들어 성 밖으로 내치고 돌로 칠새 증인들이 옷을 벗어 사울이라 하는 청년의 발 앞에 두니라. 그들이 돌로 스데반을 치니 스데반이 부르짖어 이르되 주 예수여 내 영혼을 받으시옵소서 하고, 무릎을 꿇고 크게 불러 이르되 주여 이 죄를 그들에게 돌리지 마옵소서 이 말을 하고 자니라(행 7:55~60)

스데반이 순교할 때 성령이 충만해서 하늘을 우러러 보았습니다. 그는 순교의 순간에 하늘을 주목하여 하나님의 영광과 예수께서 하나님 우편에 서신 것을 보았습니다. 그래서 하늘이 열리고 인자가 하나님 우편에 서신 것을 내가 본다고 하니까 종교인들이 듣기 싫어하고 귀를 막고 돌로 때려 죽였던 것입니다. 우리는 이걸 알아야 됩니다. 우리의 선배 스데반이 마지막 죽는 순간에 예수님이 하나님 우편에 서신 것을 본다고 하니까 돌로 쳐서 죽였어요. 이때 스데반이 부르짖어 이르되 "주 예수여! 내 영혼을 받아주시옵소서" 하고, 무릎을 꿇고 "이 죄를 저들에게 돌리지 마시옵소서" 하며 순교를 했습니다.

우리가 신앙생활하면서 내가 어떤 상태로 신앙생활을 하고 있느냐 점검해야 합니다. 가룟 유다는 예수님을 팔아버렸어요. 수제자급인데 예수님을 팔아버렸어요. 그런데 향유옥합을 깨뜨린 여인은 지금 돈으로 말하면 3만 불에 해당하는 향유병을 예수님께 확 부어드렸어요. 왜 이런 차이가 납니까? 영의 세계가 보였느냐, 안 보였느냐의 차이입니다. 가룟 유다는 그토록 예수님을 따라다녔어도 영의 세계, 영원한 영광의 나라를 보질 못했어요. 반면에 향유옥합을 드린 여인은 장차에 주어진 그 영광의 나라, 영원한 나라, 하나님 나라를 보고 부어드린 것입니다. 요한계시록 4장에 보면 하나님께서 보좌에 앉아계시는데, 생명의 주체가 되신다는 녹보석의 영광과, 거룩과 경건의 하나님이시다는 벽보석의 영광과, 심판주라는 뜻의 홍보석의 영광 가운데 무지개에 둘러싸여 계십니다. 무지개는 다시는 노아 홍수의 물심판으로 진멸하지 않으시겠다는 표현이에요. 우리도 그런 영광의 보좌에 앉아 계신 영광스런 모습을 보면서 '보았다! 알았다! 잡았다! 드린다!'의 삶을 살아야만 합니다. 이러한 삶이 신앙의 실질적인 핵심이고, 영의 눈으로 성경을 통해서 하나님의 세계, 영원한 세계, 우리에게 주시는 영원한 영광의 세계를 보고, 알고, 붙잡고, 드려야만 합니다.

우리가 부르는 찬송가는 수많은 사람들이 작곡했습니다. 그중에 패니 크로스비(Fanny Crosby)로 잘 알려진 크로스비(Frances Jane van Alstyne, 1820~1915) 여사는 수많은 찬송가를 작사·작곡하신 분이신데, 그분은 장님으로 태어나서 평생 앞을 본 적이 없어요. 그런데 육체는 장님으로 앞을 못 보고 살았으나 영은 살았어요. 찬송가 288장, '예수를 나의 구주 삼고'라는 곡도 크로스비가 작곡했고, 찬송가 240장 '주가 맡긴 모든 역사 힘을 다해 마치고'도 그분이 작곡했고, 찬송가 279장 '인애하신 구세주여 내 말 들으사'라는 곡도 그분이 작곡했어요. 육체의 눈은 평생 앞을 못 보는 장님이었지만, 영의 눈이 열려 가지고 8천 곡 이상의 찬송가를 작사 작곡했습니다. 나는 지금 영의 눈이 열려 있습니까? 아니면 닫혀 있습니까?

어떤 목사님의 간증입니다. 어떤 부자 할아버지가 있었는데, 양로원에 가 있었어요. 그래서 다섯 번을 찾아가서 복음을 전했대요. 처음에는 강하게 거절했지만 그 마음이 점점 돌아와서 계속 방문하여 결국은 예수님을 믿는다고 확실하게 결단을 하고 돌아가셨어요. 그래서 목사님이 자손들에게 아버지가 예수 믿고 구원 받았으니 아버지 이름으로 장학금을 만들자고 조언을 했는데, 자손들이 목사가 돈을 떼어먹으려 한다며 화를 내어서 어려움을 겪었다는 얘기를 들었습니다.

이스라엘 백성들이 애굽에서 나와서 홍해 바다를 맨땅으로 건너왔어요. 광야 40년을 구름 기둥 불 기둥으로 인도했어요. 만나와 메추라기로 먹여주셨어요. 그런데, 마지막에 여리고 성을 정복할 때에 기생 라합이 스파이를 만났습니다. 그때 기생 라합이 무엇이라 했습니까? "상천 하지에 이스라엘의 하나님이 참 하나님이십니다. 내가 믿겠습니다"라고 말하고 붉은 밧줄을 내렸어요. 그런데, 그 당시 기생 라합만이 안 것이 아니라 다른 여리고 사람들도 상천하지에 이스라엘 하나님이 참 하나님인 것을 다 알았어요. 그런데 그 많은 여리고 족속 중에서 기생 라합만 신앙 고백을 했어요. 왜 하나님은 불공평하게 이방인들 다 죽이고 그랬냐라고 할지 모르지만 기생 라합은 살았습니다. 왜냐하면 그녀는 신앙고백을 했기 때문입니다. 다른 부족들도 기생 라합처럼 그걸 다 봤고 알았습니다. 그랬으면 상천하지에 이스라엘의 하나님이 참 하나님이십니다라고 믿고 고백하면 그들도 다 구원받았을 거예요. 그런데 아니었습니다. 그래서 다 진멸당하고 말았어요. 이런 원리를 바라보면서 참 안타깝죠. 지금도 마찬가지입니다.

> 네가 만일 네 입으로 예수를 주로 시인하며 또 하나님께서 그를 죽은 자 가운데서 살리신 것을 네 마음에 믿으면 구원을 받으리라. 사람이 마음으로 믿어 의에 이르고 입으로 시인하여 구원에 이르느니라(롬10:9~10)

로마서 10장 9~10절에서 '네가'라는 말은 모든 사람을 다 포함합니다. 또한 '누구든지 저를 믿는 자는 구원을 얻으리라! 누구든지 예수님을 부르는 자는 구원을 얻으리라'에서 중요한 단어는 '누구든지'입니다. 우리는 교만과 이기심과 세상적인 탐욕과 거절하는 나쁜 습관, 이 모든 것을 다 버리고 영의 눈을 열어 하나님의 영광을 바라보면서 '보았다! 잡았다! 드린다!'의 신앙으로 내가 구원받고, 내 주변의 남편, 자녀, 친지들을 구원시키는 사명을 감당해야 합니다.

> 이러므로 우리에게 구름 같이 둘러싼 허다한 증인들이 있으니 모든 무거운 것과 얽매이기 쉬운 죄를 벗어 버리고 인내로써 우리 앞에 당한 경주를 하며 믿음의 주요 또 온전하게 하시는 이인 예수를 바라보자 그는 그 앞에 있는 기쁨을 위하여 십자가를 참으사 부끄러움을 개의치 아니하시더니 하나님 보좌 우편에 앉으셨느니라(히 12:1~2)

히브리서 12장 1절에 승리한 허다한 무리들이 박수를 치고 신앙생활 잘하라, 끝까지 믿음을 지키라면서 믿음의 주요 온전케 하시는 예수 그리스도를 바라보라고 해요. 여기서 바라보다는 단어는 영어로 'fix', 고정시키라!는 말입니다. 우리의 신앙에서 잘못된 것, 해이해진 것, 탈선한 것들을 다시 고쳐서 예수 그리스도께 고정시키라는 것입니다.

우리는 내 눈을 열어 달라고 간절히 구해야 합니다. 그래서 내가 주의 영광을 '보았다! 알았다! 잡았다! 드린다!'의 삶으로 하나님 앞에서 온전하고 바른 신앙으로 사명을 감당해야만 합니다.

기독교 복음의 핵심은
"448-5510"이다

ⓒ 손형식, 2025

초판 1쇄 발행 2025년 4월 25일

지은이   손형식
펴낸이   이기봉
편집   좋은땅 편집팀
펴낸곳   도서출판 좋은땅
주소   서울특별시 마포구 양화로12길 26 지월드빌딩 (서교동 395-7)
전화   02)374-8616~7
팩스   02)374-8614
이메일   gworldbook@naver.com
홈페이지   www.g-world.co.kr

ISBN   979-11-388-4211-2 (03230)

- 가격은 뒤표지에 있습니다.
- 이 책은 저작권법에 의하여 보호를 받는 저작물이므로 무단 전재와 복제를 금합니다.
- 파본은 구입하신 서점에서 교환해 드립니다.